从"云端"走进校园

——高校网络思想政治教育案例精选

郭 强 主编

清华大学出版社

北 京

内 容 简 介

本书是陕西高校网络思想政治工作中心开展网络思想政治工作理论研究和实践探索的总结，以网络为主阵地，整合线上线下优质的教育资源、教育理念和教育方式方法，以全环境育人理念为指导，以全面贯彻落实立德树人教育根本任务为目标，从理论和实践两个维度积极探索网络思想政治工作方式、方法、手段和路径的创新。

本书共五章，分别为网络思政品牌建设、互联网+党建、网络文化育人、新媒体建设和网络日常管理与服务。本书汇编陕西高校网络思想政治教育的典型工作案例，探索并阐述新时代高校网络思想政治工作的有效方法和创新路径，旨在为高校网络思想政治工作者提供直观的经验借鉴，不断提升其网络思想政治工作规律的把握能力、网络文化发展的引领能力、网络理论阵地的保障能力，提升网络育人实效。

本书典型工作案例对高校开展网络思想政治工作具有深刻的理论价值和积极的示范意义，可供从事高校网络思想政治工作者参考阅读。

图书在版编目(CIP)数据

从"云端"走进校园：高校网络思想政治教育案例精选 / 郭强主编. —北京：清华大学出版社，2023.8
ISBN 978-7-302-64243-5

Ⅰ．①从…　Ⅱ．①郭…　Ⅲ．①互联网络－应用－高等学校－思想政治教育－案例－中国
Ⅳ．①G641-39

中国国家版本馆 CIP 数据核字(2023)第 135982 号

责任编辑：王　定
封面设计：周晓亮
版式设计：思创景点
责任校对：马遥遥
责任印制：宋　林

出版发行：清华大学出版社
　　　　　网　　　址：http://www.tup.com.cn，http://www.wqbook.com
　　　　　地　　　址：北京清华大学学研大厦 A 座　　　　　邮　　编：100084
　　　　　社 总 机：010-83470000　　　　　　　　　　　邮　　购：010-62786544
　　　　　投稿与读者服务：010-62776969，c-service@tup.tsinghua.edu.cn
　　　　　质 量 反 馈：010-62772015，zhiliang@tup.tsinghua.edu.cn
印 装 者：天津鑫丰华印务有限公司
经　　销：全国新华书店
开　　本：185mm×260mm　　　印　　张：15.25　　　　字　　数：325 千字
版　　次：2023 年 9 月第 1 版　　　印　　次：2023 年 9 月第 1 次印刷
定　　价：79.80 元

产品编号：099123-01

本书编委会

主　编：郭　强

副主编：李　萌　董　雪　蓝　璟　张钦峰

编　委：(排名不分先后)

刘锐腾	纪　燕	王　磐	陶兴旺	杨亚倩	王一涵
周　凯	马婷婷	杨省喆	朱　伟	卢　毅	郑瑞博
李　聪	王　霞	谢宝利	冯洁玉	张玉鹏	姜东亮
王　凯	亓　璐	雷　丹	韩　晔	张乾隆	王琳颖
张　科	官　玮	赵　佳	邓　萌	曹姬倩蕊	
周　远	张　丹	顾　蓉	符　恒	范紫轩	李　重
纪梦然	梁　辉	高　凯	任　旭	安　玲	郑美红
苗　智	柳心雨	张伟刚	沈璇博	李　帅	闫明佳
赵　闯	刘贝民	王静蓉	魏倩茹	徐　嘉	柳程曦
谢　果	张　诚	赵晨潇	崔澜夕	陈　琰	李友治
刘　楠	薛超飞	柳　雨	王英瑛	陈　骁	王　宁
李凯乐	吴艺璇	张　易	周欣贤	王　斌	严　青
胡亚华					

前言

党的十八大以来,习近平总书记高度重视高校思想政治工作,多次深入高校考察并同师生座谈,多次给师生回信,多次出席会议,围绕加强和改进高校思想政治工作,作出了一系列重要讲话、指示、批示,为加强和改进高校思想政治工作提供了根本遵循。习近平总书记2016年12月在全国高校思想政治工作会议上强调:"做好高校思想政治工作,要因事而化、因时而进、因势而新。""要运用新媒体新技术使工作活起来,推动思想政治工作传统优势同信息技术高度融合,增强时代感和吸引力。"习近平总书记2022年10月在党的二十大报告中明确指出:"用社会主义核心价值观铸魂育人,完善思想政治工作体系,推进大中小学思想政治教育一体化建设。"

网络信息技术的发展和变革使得高校思想政治工作的开展摆脱了时间、空间等传统制约条件的束缚,网络阵地在舆论引导、思想引领、文化传承、服务学生等方面发挥的作用日益显著,极大地提升了育人的实效。推动高校网络思想政治工作从理念到实践的改革创新,是提升新时代高校思想政治工作实效性的重要举措,也是加快构建新时代高校思想政治工作体系的重要一环。

当代大学生无人不网、无时不网、无处不网,高校思想政治工作过不了网络关,就过不了时代关。互联网深刻地影响着大学生学习和交流互动的方式,在一定程度上改变了大学生的思维模式和行为习惯。但互联网平台上传播的信息和资讯日趋多样化、复杂化,大学生思想活跃,对于新鲜事物的接受能力较强,容易受到错误价值观的影响,这应引起高校思想政治工作者(以下简称"思政工作者")的高度警惕和充分重视。为了积极应对风险和挑战,高校必须从当前师生思想状况和发展需求方面把握新时代高校网络思想政治教育工作的新形势、新要求。与此同时,如何将互联网技术与传统思想政治工作相融合,如何借助互联网平台凝聚高校育人合力等问题,还需要高校思政工作者在教育实践中继续探索。面对瞬息万变的网络时代,高校思想政治教育工作面临着新的发展形势、发展机遇、发展挑战,担负着时代赋予的艰巨任务和光荣使命。

2019年3月,教育部思想政治工作司、陕西省委教育工委、陕西省教育厅委托陕西科技大学具体建设教育部(陕西)高校网络思想政治工作中心,其主要职能是繁荣网络文化、推动平台共建、开展调查研究、培育工作队伍。陕西高校网络思想政治工作中心坚持以习近平新时代中国特色社会主义思想为指导,充分发挥贯通上下、联通左右、引领助推、参谋智库的作用,协同陕西大学生在线、陕西省高校易班发展中心不断加大对陕西高校网络文化建设与管理的联动力度,整合陕西高校网络文化建设资源,着力推动陕西高校形成共建共享、互联互通、同向同行的高校网络育人工作格局。

近年来，陕西高校认真贯彻落实习近平新时代中国特色社会主义思想，进一步把全国高校思想政治工作会议精神引向深入，推动思想政治工作传统优势同信息技术高度融合，将提升网络育人实效作为网络思想政治工作的出发点和落脚点，积极探索和创新网络育人路径，通过健全机制、搭建平台、整合资源构筑网络育人新阵地，传播网络育人新内容，营造网络育人新格局，全方位地提升高校网络思想政治工作质量。当前，陕西高校在新时代高校思想政治工作的实践过程中不负历史使命，对互联网平台和技术融合育人力量的运用已初见规模和成效，积累了成功做法，形成了宝贵经验。

本书系统地总结了高校网络思想政治工作的研究思考和经验做法，精选陕西高校网络思想政治工作探索实践案例，重点对近年来陕西高校网络思想政治工作研究的主要成果进行系统梳理，阐述新时代高校大学生网络思想政治教育工作的有效方式方法，探索新时代高校大学生网络思想政治教育工作的创新路径。本书共五章。其中，第一章网络思政品牌建设，重点收集了各高校统筹理论与实践，挖掘特色文化内涵，明确建设标准、方向和思路，打造具有标志性、影响力、校本化的工作品牌案例；第二章互联网+党建，重点收集了高校运用互联网开展党建工作和思想政治工作的优秀案例，展示了高校思政工作者及时、有效、全面应用互联网技术开展党建工作与思想政治工作的实践能力和研究水平；第三章网络文化育人，重点收集了高校从不同维度对网络文化育人进行多元探索的优秀案例，为高校思政工作者探索和认识网络文化育人提供了新思路；第四章新媒体建设，重点收集了高校新媒体紧跟时代步伐，主动占领网络阵地，用主流舆论、主流文化、主流价值主导网络空间，推动互联网融入思想政治工作的优秀案例；第五章网络日常管理与服务，重点收集了高校利用网络创新性地开展心理健康教育及日常管理服务工作的优秀案例，增强了大学生日常管理工作的针对性和实效性。

本书是陕西省财政重大项目——"陕西省大中小学思政教育一体化建设路径研究项目"课题研究成果，由陕西高校网络思想政治工作中心、陕西高校网络意识形态研究中心支持出品，郭强担任主编，李萌、董雪、蓝璟、张钦峰担任副主编，具体编写分工如下：郭强主编第一章，李萌、董雪主编第二章，郭强、李萌、蓝璟主编第三章和第四章，郭强、董雪、张钦峰主编第五章。书中案例由西安交通大学、西北工业大学、西安电子科技大学、西安建筑科技大学、陕西科技大学、陕西理工大学、西安工业大学、西安音乐学院、西安培华学院、陕西铁路工程职业技术学院、陕西工业职业技术学院、陕西交通职业技术学院等院校共同参与完成。全书由郭强负责统筹设计、审核定稿。

本书在编写过程中参阅、收集了大量文献资料，参考了很多专家学者的研究成果，已将其列于书后的参考文献中，对相关作者表示衷心的感谢！同时，本书得到教育部(陕西)高校网络思想政治工作中心以及在网络思想政治工作中取得突出成绩的兄弟院校的大力支持，在此一并表示感谢！

由于时间仓促，编者水平有限，书中不足之处在所难免，恳请读者批评指正。

编　者

2023 年 5 月

目录

第一章　网络思政品牌建设 ·· 1

"一轴两极三驱动"网络育人模式的探索与构建 ································· 2

"易"网情深·"思想引领"网络育人精品栏目建设的案例分析 ············· 27

基于"有易思"共享供给站的高校网络思政教育新样态探索与实践 ········· 32

构建"解茫盒"云平台，打造线上线下联动融合新格局 ····················· 38

翱翔青年云讲堂 ··· 44

"三全育人"背景下网络育人矩阵构建探索 ································· 51

构建一体化"微传播"，提升思政"时效性" ································· 56

"三四四制"三部曲奏响西安音乐学院思政强音 ····························· 60

打造网络思政工作品牌，构筑立德铸魂育人高地 ····························· 64

"五点一线"网络思政活动模式的探索 ····································· 68

工科专业学生思政引领教育案例分析 ····································· 73

高校"云端"新生入学教育模式探索与思考 ································· 78

第二章　互联网+党建 ·· 83

"百人百讲"网络实践，为高质量党建育人赋能 ····························· 84

网络思政"金钥匙"巧开培养学生党员"百宝箱" ····························· 89

"五个一"用好网络平台，让党史学习教育走新又走心 ····················· 94

巧用掌上"易"支部，让支部工作"红红火火" ····························· 99

第三章　网络文化育人 ·· 105

"三层次三维度"师生网络理论宣讲体系 ································· 106

云上思政化危局，"易"抗疫情育新人 ····································· 112

让高校评论在网络思政中奏响"融"强音 ································· 117

用微电影语言对话网络思想政治教育 ····································· 121

"艺生向阳"——"五育并举"涵养奋斗精神网络思政工作实践 ············· 125

发现　融合　创新——网络思政新媒体平台建设的行与思 ················· 131

"遇见心灯""三微"视频栏目开展大学生网络思政教育的实践与探索 ······· 135

"辅导员来啦"网络文化工作室微视频中的大情怀 ····················· 141

构建"互联网+普法"大矩阵，让高校法治宣传有用又有趣 …………… 145

"旭"述芳华——艺术类学生"二十不惑"的网络陪伴教育平台 …………… 150

理工类学生影音制作实践育人路径探析 …………… 154

第四章　新媒体建设 …………… 158

构建省级高校网络思政工作平台，助推高校网络思政教育 …………… 159

构建"两域三级四维"网络思想政治教育新模式 …………… 164

文以载道，网润无声 …………… 171

"公读共听"微信公众号网络思政教育工作案例 …………… 175

做有温度的校园新媒体平台 …………… 179

利用高校微信公众号，加强大学生思想政治教育 …………… 183

创意互交型网络思想政治教育模式的探索与实践 …………… 187

"网上重走长征路"互动学习平台在网络思政教育中的应用实践 …………… 192

第五章　网络日常管理与服务 …………… 197

为"心"赋能、抗"疫"助学网络心理健康教育工作案例 …………… 198

"艺心坊"网络文化工作室生命教育探索与实践 …………… 202

构建多媒体网络心理育人实践模式 …………… 208

"云端+"视野下的农村家庭经济困难学生资助育人实践 …………… 214

构建网络过程化资助育人模式 …………… 220

"点心成长营"——辅导员开展大学生心理健康教育的新探索 …………… 225

参考文献 …………… 233

网络思政品牌建设

2016 年 12 月，习近平总书记在全国高校思想政治工作会议上强调："要运用新媒体新技术使工作活起来，推动思想政治工作传统优势同信息技术高度融合，增强时代感和吸引力。"信息化时代为高校思想政治教育的发展提供了前所未有的内生动力，不断提高思想政治教育工作的信息化能力和水平，成为当代高校落实立德树人根本任务的重要遵循。当前，各高校大力挖掘特色文化内涵和资源禀赋，充分结合网络传播的分众化、差异化特点，针对各类群体网上阅读习惯和接受心理，通过"互动式"学习和"分享式"传播方式，为网上思政教育注入"活水"，推动更多优质思政资源触达师生，涌现了一批示范性广、辐射力强、运行效果好的网络思政品牌，本章重点遴选收录了高校 12 个典型案例，为更多高校培育孵化工作品牌、产出优质思政内容提供借鉴和参考。

"一轴两极三驱动" 网络育人模式的探索与构建

郭强　李萌　董雪

(陕西科技大学)

习近平总书记在 2016 年全国高校思想政治工作会议上强调："要运用新媒体新技术使工作活起来，推动思想政治工作传统优势同信息技术高度融合，增强时代感和吸引力。"这为加强和改进新形势下高校思想政治工作，进一步推动思想政治工作内容和载体创新，提升工作实效指明了方向，提供了依据。

陕西科技大学始终高度重视网络思政工作，2015 年在全省率先启动易班建设，2016 年入选全国十佳易班工作站并获批陕西省高校易班发展中心，2019 年首批获批教育部(陕西)高校网络思想政治工作中心，2021 年成立校级网络思想政治工作中心，2022 年入选首批教育部"青梨派"网络思政课程平台以及全省"大思政课"网络教学资源建设平台。为深入学习贯彻习近平总书记关于高校党的建设和思想政治工作的重要论述，用好用强易班领衔的网络思政平台，陕西科技大学探索构建了"一轴两极三驱动"网络育人模式。该模式以立德树人为根本任务、以精准把握航向为根本、以精准识别对象为前提、以精准供需对接为主线、以精准创新机制为动力，积极践行"精准思政"逻辑思路，旨在将以易班为代表的网络思政平台打造成思政教育的新平台、理论学习的新空间、舆论引导的新阵地，推动思政教育由线下向线上、由单一向多维的转变，实现网络育人的"软着陆"。陕西科技大学经过近 8 年的实践探索，已经形成了借鉴度高、推广力强的育人模式，网络思政工作在全省首屈一指，在全国也颇具影响力。

一、项目前期基础

(一) 实施情况

1. 将网络思政作为思想政治工作提质增效的关键

学校高度重视思想政治工作，尤其注重将网络思政作为思想政治工作提质增效的关键环节，表现在以下几方面：

(1) 建成了"显隐融合·四位一体"的"大思政"育人模式。2006 年，学校专门召开了思想政治教育会议，明确提出了遵循思想政治教育规律，按照"显性教育与隐性教育相融合"的原则，建设"大思政"队伍、打造"大思政"课堂、构建"大思政"格局的工作思路，开展了积极的实践探索。党的十八大以来，学校认真贯彻落实习近平总书记关于加强和改进高校思想政治工作的重要指示、批示和中共中央 国务院《关于加强和改进新形势下高校思想政治工作的意见》，不断优化方案，持续深化改革。经过 16 年的探索与创新，学校建成了一个以教职员工为推进主体、以"四个课堂"为主要阵地、以"四个结合"为基本方法、以德智体美劳全面发展的社会主义建设者和接班人为培养目标，即课程、文化、实践、网络"显隐融合·四位一体"的"大思政"育人模式。

本项目主持人系学校分管大学生思想政治工作的党委副书记，主要负责该模式的系统设计规划，团队成员深度参与了学校思想政治工作改革与建设，充分发挥了"大思政"育人模式的成果优势和合力育人的叠加效益，并以网络育人工程为切入点，将易班等网络思政平台的开放性、共享性、便利性、安全性的固有优势与学校"大思政"育人模式的现实需求相结合，将思政元素贯穿队伍建设、平台开发、内容丰富与教育实践的各环节、全过程，持续开展融入式、嵌入式、渗入式思政教育，在"显隐融合"中滋养学生的知情意行。

(2) 构建了多元参与、全程嵌入的网络思政工作体系以及易班领衔、贯通发力的思政网络工作格局。学校党委从政治高度加强与推进网络思政工作，在西部高校中率先独立设置校级网络思想政治工作中心(与校易班发展中心合署办公)，形成了对于网络思政、网络文明、网络文化、网络研究、网络意识形态等重要工作的"一网统筹、归口管理、整体谋划、协同推进"，建好建强网络育人"同心圆""共同体"。目前，学校已建成了涵盖精准赋能实践中心、网络思政教育研究中心、优质网络文化作品培育众创空间三大创新平台的工作阵地，承建了省级高校网络思想政治工作中心和省级高校易班发展中心，构建了省校协同、多元参与、全程嵌入、共建共享的网络思政工作体系，切实扩大了育人覆盖面，提高了育人影响力。

学校合理布局校园网络育人矩阵，系统整合网络育人元素和校园育人资源；以易班为引领、以易班工作站为载体，统筹校院两级官网、微信、QQ、抖音、B 站等媒体平台，出产高质量内容产品，精准开展网络思政教育，打造"有易思共享供给站""萌哥有话说""婷姐说就业"等 30 多个影响力较大的网络育人品牌，培育了教育部思想政治工作精品项目、教育部辅导员工作精品项目、教育部人文社科项目(辅导员专项)等一批网络育人项目，提升了思政网络的抵达率和吸引力，引导学生在网络思政与思政网络的融合、浸润、互动中培根铸魂、启智润心。

(3) 锻造了一支高素质、专业化、创新型网络思政工作队伍。

① 建成"大网络"工作队伍。学校通过明确校内不同育人主体的育人职责，形成了以党务和共青团干部、思政课教师、辅导员为骨干，党政管理干部和专业教师积极参与，其他教职工各司其职、齐抓共管的网络思政教育协同机制。

② 构建常态化培训机制。学校专门制订"培优计划"，每年动态投入专项经费，支持专业教师队伍、党务工作队伍和专职思政队伍结合自身特点与优势，深度参与网络思政教育；建立了 30 多个师生网络文化工作室，引导师生积极参与网络文化作品创作，形成了正面舆论场；选择在课程、科研、文化、心理、就业等诸多育人环节中结合网络开展隐性

教育的典型案例，培育了 22 个网络育人精品项目，不断完善长效机制，以高素质专业化人才队伍助力网络思政工作质量的提高。

③ 培养"标志性"工作骨干。学校在网络思政战线上培养了以教育部思想政治工作中青年骨干、全国网络教育名师、全国网络正能量榜样、全国高校辅导员年度人物、省级优秀共产党员、省级担当作为好干部、"中国好人"、"陕西好人"以及教育部思想政治工作培训研究中心专家库成员、国家教育行政学院网络思政培训专家为代表的一大批网络育人骨干。网络思政工作队伍还涵盖了全省高校杰出管理者，以及 3 名全国高校辅导员素质能力大赛一等奖选手(全国第一所连续三年蝉联一等奖高校)，4 名二等奖、三等奖选手，9 名省级校思政课"大练兵"活动"教学标兵""教学能手"，14 名省十佳辅导员及优秀辅导员，6 名全省"校园好网民"，这些人都为网络思政的内涵式发展奠定了跨学科、专业化乃至专家化的团队基础。学校锻造了一支高质量、专业化、创新型的网络思政工作队伍，为加强和改进思想政治工作提供了强有力的人才支撑。

2. 形成了成熟的载体平台与完善的体制机制

(1) 项目内涵。在具体建设过程中，学校始终坚持"需求牵引、应用为先、精准赋能、共建共享"的工作思路，按照"一轴两极三驱动"的网络育人模式，最终实现了系统化构建和分众化引导，着力解决思想政治工作内容针对性不强、抵达率不够、黏着度不足等问题。

①"一轴"即把准主题主线：坚持用习近平新时代中国特色社会主义思想铸魂育人，将思政元素贯穿学生教育管理服务全过程。

学校积极发挥网络平台对思政教育主渠道(课堂)、主阵地(日常思想政治工作)的同步强化作用，将网络平台开放性、共享性、便利性、安全性的载体优势与高校"大思政"育人格局的现实需求相结合，既开展显性的思政网络建设，把正确的政治方向、价值取向、育人导向贯穿办学治校全过程，又实施隐性的网络思政教育，将思政元素贯穿队伍建设、平台开发、内容丰富与教育实践的各个环节。

②"两极"即推动双主体协同：聚合教师主体和学生主体，推动主体协同、目标协同和方法协同，在网络思政教育活动过程中实现整合与优化、协调与同步、认同与融合。

一是强化教师主体的正面引导作用。打造一支由思政课教师、教学名师、党政干部组成的网络"领航员"队伍，提升理性说服人、感性吸引人的网络育人效果。

二是突出学生客体的朋辈引领作用。建设大学生融媒体中心、易班学生工作站、党团组织新媒体工作站，培养一批网络"护航员"学生团队，强化朋辈教育的育人效果。

三是推动构建同向同行、协调互动的主客体关系。突出教育主体和教育客体在网络虚拟环境下通过供给与需求相互协调、相互转化、互动升级。

③"三驱动"即聚焦精准导向：开展精准化技术赋能，实现品牌化内容培育，组织系统化科学研究。

一是精准化技术赋能驱动。通过大数据动态分析系统加强信息共建与资源共享，促进优质育人资源多维度供给、个性化推送和过程性反馈；通过开发校本化应用软件丰富易班平台软件生态圈，在底层设计中融入思政育人元素，确保易班平台教育与信息服务功能有机融合，突出校本化建设特色；通过主动与教师队伍对接，优化易班优课课群体系建设，在章节设置、演示方法及考核方式上结合课程所需进行调整，确保易班平台推广与教育运用相辅相成。

二是品牌化内容培育驱动。以品牌化内容培育为提高师生作品供给质量的主要方式，以各具特色、着力不同的网络文化工作室为品牌内容创作培育基地，以教育所求、青年所需的网络文化专栏(辑)为品牌化内容供给示范窗口，形成"精培善供"的内容供给模式，既满足本校师生在思政相关宽口径领域的优质文化内容需求，又为师生团队思政精品资源创作搭建起实践和培育的平台。

三是系统化科学研究驱动。搭建行动研究平台，联动有关学科的专业师资力量团队，充分研究青年学生的认知规律和接受特点，用好"精准画像"，发挥网络思政研究型团队的支撑保障作用，开展前瞻性、针对性、储备性政策研究。深度参与教育部思想政治工作司、社会科学司、省级网信工作部门、省级教育主管部门有关网络思政、网络意识形态的重大决策制定、重要工作组织、重点项目实施，产出高质量研究成果、决策咨询报告和实践报告(如参与起草了《关于开展"共抗疫情、爱国力行"主题宣传教育和网络文化成果征集展示工作的通知》《关于开展"网上重走长征路"暨推动"四史"学习教育的工作方案的通知》《"青春献礼二十大，强国有我新征程"迎接学习宣传党的二十大主题宣传教育活动工作方案》《陕西高校网络意识形态和网络文明建设调研报告》等文件)，定期发布网络思政工作研究课题与实践项目，完善支持机制，强化项目管理，推动成果转化应用。

(2) 载体平台。积极打造队伍协同平台(两极)、技术赋能平台、内容供给平台、科学研究平台("三驱动")四大校本化载体平台，将思政元素贯穿其中，使其互为依存、有机融合、共同作用。

① 重视主体间性，打造师生联动的队伍协同平台。以"培优计划"常态化实施为抓手，建设网络"领航员"队伍，强化教师主体性引导。以覆盖校、院、班三级的易班学生工作体系为依托，培育涵盖文化创作、网络评论、活动策划、应用开发等的"护航员"队伍，注重学生主体性实践参与。以网络文化工作室为载体使教师指导与学生互助相结合。通过对接学生网络热点数据分析，定制教学内容，开展交互传播，做好效果评估，实现主体与客体教育内容信息选择的同频共振。

② 做优校本化创新，打造融入日常教学的技术赋能平台。以易班开放平台为底层架构，建成了个性化的"青梨派大思政课"资源系统、动态可视化的智慧学工大数据动态分析系统、资源自更新的高校辅导员队伍能力提升大数据赋能系统等三大系统。通过易班轻应用平台，结合校情、生情，开展定制化程序开发，建成了以"易帮通"为代表的小程序、以"易班优课"为核心的慕课体系及"迎新系统""军训日志"等各类快搭轻应用 2672 个。通过建设网络热点大数据分析系统，掌握学生喜欢的网络资源、关注的社会热点、访问站

点的规律，了解学生网络舆情动态和网络行为特征。

③ 做强供给侧结构性改革，打造以文化人的内容供给平台。聚焦学生对精品网络文化产品的需求，打造以共建共享为方式、以质优量足为要求的可持续文化品牌，产出了一系列深受师生好评的优秀网络文化原创产品。聚焦满足不同受众群发展需求，做强全媒体平台构建，用大学生喜闻乐见的方式开展议题设置和互动传播，建立各类易班优课课群 818 个，累计活跃度达 218 913 人次，总教学活跃度长期位居全国前列，汇聚优质教育教学资源、精品文艺文化资源，丰富就业创业资源、日常便利资源，服务于学生多维度发展。

④ 做实规律探索，打造知行交融的科学研究平台。设立专项课题聚焦学科前沿探索，设立专门项目聚焦实践总结，通过持续实施"四个一"计划推动网络思政工作行动研究：一"营"以网络评论能力培训探索网络干部胜任力构成，一"节"以网络文化节创作观察作品生成机制，一"品"以网络育人品牌申报开展网络育人政策研究，一"工程"以网络育人成果总结归纳实践成果。"四个一"计划相辅相成，共同助力学校网络思政工作内涵式发展。

(3) 机制体制。

① 统筹领导机制。按照"网下管什么，网上就要管什么"的原则，加强工作统筹、决策咨询和评估督导。强化网络思政工作和网络意识形态工作的督导考核和问责机制，将加强和改进网络思政工作作为二级单位贯彻落实网络意识形态工作责任制的重要内容与各级党组织和党员干部工作考查、考核的重要内容，纳入巡察工作监督、年度目标考核、安全稳定责任落实等范畴。2021 年，学校接受了每 5 年 1 次的省委巡视，着力提升干部教师队伍网络意识形态工作能力的有关举措得到了高度认可。

② 协调联动机制。建立了网络思政中心、宣传部、学工部、研工部、教师工作部、团委等部门联合发文、共同培育、协同组织、督导保障的长效工作机制，形成了优势互补、线上线下协同共进的工作格局。网络思想政治工作中心主任兼任党委宣传部副部长、党委学工部副部长，党委学工部部长兼任网络思想政治工作中心副主任，不仅将网络育人的领域拓展到学校思想宣传战线乃至全校教职员工，而且能更好地整合学工资源，牵头推动大学生思政教育工作和辅导员专业化学习、研究团队建设工作。

③ 引领激励机制。构建内容全面、指标合理、方法科学的激励考核体系，完善网络文化成果评价认证体系，将优秀网络文化成果按照等同关系纳入学校个人年度考核、评优评先、专业技术职务评聘、科研成果统计范围并予以相应体现。探索建立高校网络文化研究评价专门机构，从发布平台权威性、专家评价、读者认同度等方面生成认定结果，成果的思想教育性和专业学术性由不少于三位专家评委匿名打分，最终分数由网络影响力、思想教育性、专业学术性三部分加权得出。

④ 综合保障机制。在确保按照学生人均 40 元独立设置网络思政运行经费的基础上，通过上级配套、专项经费划拨、校友资源支持等方式，每年保持 300 万元左右的基础建设规模投入，确保硬件建设持续优化，软件建设保持先进。建成 1100 余平方米设备先进、功

能齐全的运营场地。着力拓展外部资源，确保网络思政工作基础性建设始终走在前列。

⑤ 开放共建机制。深入对接教育部思想政治工作司、社会科学司以及陕西省委教育工委、陕西省委网信办有关重点工作与方向，主动承担重要工作任务。加强与中国大学生在线、全国高校思想政治工作网、易班网等专门机构力量的协同联动，高质量开展项目培育、内容产出、队伍培养等专题工作，分类型与有关部门、有关单位联合共建网络思政教育专门机构。

3. 已开展了一些重点工作

学校通过"四个聚力"的协同作用，以系统性思维增强队伍建设的联动性、技术赋能的精准性、产品供给的及时性、科学研究的先导性，推动网络思政工作提质增效。

(1) 聚力人才培养，为队伍扩容提供硬支撑。

① 提升教师网络"领航员"队伍育人能力。打造了一支"五位一体"(辅导员、思政课教师、教学名师、党政干部、校外媒体人)、"三专特色"(专业、专门、专家)的网络"领航员"队伍。积极开展网络内容创作、生产与传播、网络安全和网络技术开发、网络教育研究、网络思政教育管理。通过统一管理指挥、整合力量、培养提升和激励考核等措施，激发教师参与网络育人的主动性和自觉性。持续加强队伍专业化、职业化建设，培育队伍网络素养，与国家教育行政学院合作，共建高校思想政治工作骨干素质能力提升专题网，定制培育课程，确保每名宣传思想骨干、网络思政骨干每年参加培训不少于16个学时。

② 增强学生网络"护航员"队伍工作能力。打造了一支由易班工作站学生骨干、新媒体中心学生骨干、党团班宣传员学生骨干、网络文化工作室学生骨干等构成的500余人的网络"护航员"学生团队。激励学生主动做好"发声筒"，运用网络媒介开展学生日常思想引领工作；做好"回音壁"，关注学生思想动态变化；做好"导流器"，承担突发事件网络舆论引导任务。修订发布《陕西科技大学网络护航员队伍管理办法(试行)》，明确网络"护航员"队伍的配备选聘、发展培养、考核激励机制，调动学生主体参与校园网络空间治理、共创良好校园网络生态环境的积极性。每半年举办一次网络骨干特训营，先后邀请12名网络思政工作专家、10名全国"最美高校辅导员"、8名网络新媒体专家开展专题培训20余场，惠及学生3000余人次，提升学生网络"护航员"队伍能力素养。

③ 重视师生协同联动，突出教育主客体在网络虚拟环境下通过供给与需求形成协调互动共同体。在组织建设方面，师生共同建设易班工作站10余个、网络文化工作室30余个；在内容产出方面，师生协作共同打造了网络思政品牌栏目9个，如以"榜样，你好！"为代表的"口袋"思政课堂、以"辅导员来啦"为代表的思政短视频、以抗击疫情互助平台为代表的交互体验轻应用等。通过品牌栏目的不断优化，推动教育主客体间的同向同行、协调同步。

(2) 聚力技术赋能，为教育管理提供精准信息。

① 驱动校本化平台应用程序建设，赋能管理服务。基于易班实名制信息池，研发"智

慧学工综合服务"平台。该平台包含"我在校园""易点通""易帮通"等 10 余个子系统，涉及学生综合素质评价、日常事务管理、文化活动开展等多项内容，其中晚点名系统、请假系统、去向统计系统等 3 项功能获批软件著作权。在疫情防控常态化期间，创新上线"易班校园通行码"，增设校内"核酸报告比对"功能，实现官方检测数据高效精准同步，进一步提升了基层防疫工作的便利化、人性化、数据化。利用数字基座概念，建设"SUST 云科大"微信服务号，实现易班内容、思政教育、生活服务等功能集合，不再依赖易班 App，通过"SUST 云科大"微信服务号即可无障碍使用上述资源、功能。该服务号后台关注人数达到 18 436 人。作为全国首批试点单位，学校校本化平台建设在全国得到推广，获批易班全国五星工作站(全国仅两家)。

② 精细化描绘学生画像，赋能精准思政。建立完善的信息采集系统，通过网络爬虫技术收集与大学生相关的数据信息，完善精准思政的数据信息基础，建立起外部环境与学生行为的关系网络，在网络空间建构学生的数字孪生体。

一是精准识别。采用智慧学工大数据动态分析系统、网络热点大数据分析系统将大学生学习生活的趋向、休闲娱乐的偏好、心理状况的评估、社会实践的过程等全样本数据纳入聚类分析的抓取指标范围，对学生进行全方位透视。

二是"精准画像"。通过大数据技术，实现智能媒体内容推荐和用户阅读行为分析，对大学生基本行为特征、大学生行为动向预测和大学生思想需求预测等进行多维聚类分析。

三是精准施策。根据不同学生个体和不同群体的场景偏好、时间偏好、载体偏好等，为学生思政教育提供指导依据，推送精准思政内容。例如，在疫情防控静态管理期间，为了回应学生在日常管理、生活学习、教学考试等方面的困惑和问题，主动上线"为什么？""他(她)说"等网文专栏，其中《老师，疫情这么严峻，为什么还不放假？》《同学，你为什么不戴口罩？》《她说：造谣传谣，举报他！》等推文阅读量近万人次，引发师生广泛关注和强烈共鸣。

(3) 聚力产品供给，为文化涵育提供软服务。强化平台内部协调，实现信息内容、工作渠道、传播载体、经营管理等的深度融合，构建了形态多样、立体交叉的"一网+两微+四端"全媒体矩阵传播格局。借助 VR(虚拟现实)、智能搜索、算法推荐等新型应用技术植入平台，形成了网络育人合力，提升了网络育人传播力。其产品及服务情况见表 1-1。

表 1-1 产品及服务情况

产品类别	主题活动	主要内容	合作平台	师生参与情况
主题宣讲式	"榜样，你好！"——百名高校思想政治工作骨眼中的党史人物短视频讲述活动	联动全国 100 名教育部中青年思想政治工作骨干、网络教育名师、"最美高校辅导员"、高校辅导员年度人物讲述党史人物故事，共录制 101 期	"学习强国"App、陕西教育融媒体、全国易班网、全国高校思想政治工作网等	全网浏览量破 500 万人次

产品类别	主题活动	主要内容	合作平台	师生参与情况
主题宣讲式	"百人百讲党史微课堂"	组织 100 名骨干学生分享党史人物学习体会，共制作 100 期	陕西高校网络思想政治工作中心、陕西省高校易班发展中心	浏览量破 10 万人次
课程教学式	"红色情景课堂"	开展思政课程"项目化实践"改革，通过红色情景剧、歌舞和诗朗诵等表现形式进行教学内容呈现	陕西高校网络思想政治工作中心、陕西省高校易班发展中心	网络学习超过 16 万人次
课程教学式	"婷姐说就业"	以职业生涯规划和就业为主题，围绕自我定位、职业目标确定、简历制作、面试技巧等九大内容，结合时事热点和与学生密切相关的问题开展精准化指导	全国易班网	网络学习超过 5 万人次
接龙互动式	"红星照耀学'四史'，百年辉煌再启程""@大接龙"	依托官方网络平台，全景展示师生"四史"学习交流情况，分享学习心得，进行"@大接龙"网络互动	陕西高校网络思想政治工作中心、有关高校官微平台	全省 90 余所高校、50 余万师生参与
接龙互动式	"网络中国节"	庆祝中国传统节日，弘扬中国传统文化，互动分享原创影音图文网络文化作品	陕西高校网络思想政治工作中心、陕西省高校易班发展中心	全省 90 余所高校参与，话题累计传播量突破 500 万人次
接龙互动式	"为建党百年发声——红色经典影视配音"	庆祝建党 100 周年，互动展播红色经典影视	陕西高校网络思想政治工作中心、陕西省高校易班发展中心	网络互动参与量超过 20 万人次
交互体验式	"网上重走长征路——党史学习教育平台"	利用集 VR、H5 等技术于一体的应用程序，进入不同城市及红色景点进行 VR 参观学习。观看经典革命电影、视频讲解等内容	全国易班网	累计互动、转发超过 3 万人次
交互体验式	"解茫盒——我为师生办实事"	研发 App，以解决学生的思想困惑和现实困顿为切入点，打造集教育教学、生活服务、文化娱乐、思政教育等功能于一体的互动交流空间	全国易班网	累计互动、转发、关注超过 40 万人次
音视频式	"辅导员来啦"	用短视频进行思政教育引领	中国大学生在线、陕西高校网络思想政治工作中心、陕西省高校易班发展中心	已发布 49 期原创视频，创立"辅导员来啦 SUST"微信公众平台，累计转发、关注超过 56 万人次

续表

产品类别	主题活动	主要内容	合作平台	师生参与情况
图文式	"小中树洞"	围绕时间节点和学生需求，针对性地供给生动的网络文化作品，融合全国性思政平台全网发布共享。涌现了《以上单词中共有____个词存在拼写错误？》《科大版"最亲的人"》《我的辅导员是这 Young》《学生干部竞选，为什么有的人一上场就赢了？》等多篇高关注度作品	中国大学生在线、全国高校思想政治工作网	8 篇作品浏览量破 10 万人次，最快半小时破 10 万人次，系列作品全网浏览量破 100 万人次
	"师说"	聚合全校思政教育师资，集中推出网络思政教育内容	中国大学生在线、高校辅导员在线、高校辅导员微信公众号、陕西高校网络思想政治工作中心、陕西省高校易班发展中心	涌现了"萌哥有话说"(关注辅导员人数近 10 万，总字数超过 500 万)、"借阅"等典型代表栏目。仅疫情期间，推送网文就有 800 余篇，总浏览量 25 万人次。"团干说"网络课程单篇阅读量超过 14 万人次

① 通过易班网("一网")进行互动轻应用类思政引领，如"解茫盒——我为师生办实事"，以解决学生的思想困惑和现实困顿为切入点，打造集教育教学、生活服务、文化娱乐、思政教育等功能于一体的互动交流空间。

② 通过官方微信订阅号"SUST 云科大""陕科大学工部"，官方微博号"陕科小豹"等微信、微博平台("两微")打造网文教育矩阵，作品创作坚持问题导向、善于解惑释疑，及时回应学生的关切和诉求。

③ 通过抖音号"陕科大易班"、B 站号"陕科大易班"、视频号"陕科大易班"、QQ 号"小易 QQ"等平台("四端")进行短视频类思政教育引领。

(4) 聚力科学研究，为提质增效解决真问题。

① 提升质量，反哺工作实践。组织开展高校网络思政工作现实问题和前沿问题研究，兼容基础研究与应用研究的高质量学术成果，服务于网络思政教育工作，努力建设学校网络育人的"决策咨询机构""思想预警园地""学术交流平台""协同创新基地"。依托陕西省高等学校思想政治教育研究会等平台(研究会秘书处设在网络思想政治工作中心)，重点

开展了"网络文明建设、网络意识形态工作、'大思政课'建设、大中小学思想工作一体化、网络思想政治工作队伍建设"等专题研究。近3年来，网络思政有关的课题项目到账经费200余万元。

② 建强团队，提高研究质量。从2020年起，每年资助40项网络思政课题(项目)研究，打造了一批高校思想政治工作精品项目，涌现了全国高校网络教育名师、教育部高校思想政治工作中青年骨干、中央网信办全国网络正能量榜样3人次，组建了一支由马克思主义理论、教育学、管理学、社会学等学科专家领衔的网络思政研究团队。近3年来，累计获得省级以上网络思政专项课题近20项，总数量位居全省首位。网络思政中心专职干部承建了2个省级高校辅导员工作室(网络育人方向，唯一以个人姓名命名)和1个省级劳模创新工作室，省级立项率居全省高校第一。

(二) 项目特色

1. 无"网"不利，构建"高精尖设计、提升吸引力"的品牌特色

(1) 技术赋能，打造破圈入层的育人品牌。主动适应自媒体环境和圈层舆论场域的变化，借助互联网技术，运用人工智能，开发智慧学工大数据动态分析系统等，根据教育对象特点提供分层化、差异化教育管理服务内容，及时解决大学生成长中的困惑。针对网络受众的圈层化特征，进行差异化内容输出，制作"师说""辅导员来啦""青春榜样"等30余个梯队式育人栏目，推出"红星照耀学'四史'，百年辉煌再启程""老师怎么看""解茫盒——我为师生办实事"等系列内容精品。

(2) 因时而新，打造再造圈层的育人品牌。在全面掌握各类型大学生的知识把握、思想困惑、价值选择、思维习惯的基础上，吸引大学生主动加入由高校主导的网络圈层，不断升级、扩充、再造新圈层。紧密结合建党百年、乡村振兴、疫情防控等重大事件节点，积极创作青年学生喜闻乐见的网络文化精品，搭建网络竞答、互动分享等新媒体平台，组织"党史知识竞赛""百人百讲党史微课堂""巧剪寄初心，青春献祖国"等主题活动，制作《心向党，在路上》《石榴籽，一家亲》等专题作品，打造《歌声飘过一百年》《三行情书写给党》《七月颂》等品牌节目。

2. 继"网"开来，突出"长效化建设、赋能组织力"的实践特色

(1) 创作平台立体化。按照"核心定向层、关键执行层、育人共同体"三个层次，打造突出科学性、能动性、公平性、文化性的组织结构，以保证源源不断地产出具有思政教育内涵且学生喜闻乐见的网络创作内容。纵向贯通，协调省校两级网络思政工作门户网站统一运行、优势互补，构建起了以易班为切入口的"校－院－班－舍"四级网络育人平台。横向统筹，整理网络思政课程、网络课程思政、网络日常思政、网络心理咨询、网络党建团建五大领域资源，建立起"思政课教学成果展示""思政资源共享"等育人平台。

(2) 传播平台扁平化。使现有网络媒介平台优势相互整合、相互利用，构建新媒体多元化平台。进一步加强与易班网、中国大学生在线、全国高校思想政治工作网等的共建工作，运营并建设好现有省校"四中心"网络平台，积极拓展学生喜爱的新型网络平台，组建全省高校网络联盟和平台集群。聚合校级微信、抖音、B 站等新媒体平台的优质资源，根据各平台学生用户特点，打造有针对性的育人产品，整体上构建了传播快、声场大、力量强的"云思政"教育矩阵。

3. 一"网"情深，打造"多维度布局、凝聚向心力"的育人特色

(1) 做大建强教师主体队伍。一是扩大队伍主体。学校将思政课教师、辅导员、党政干部、专业课教师共同作为网络思政队伍育人主体。二是加强队伍培训。学校将网络思政、网络意识形态工作等纳入新入职教师、新提拔干部和辅导员的培训规划范围，每年设立专项培训经费，制订系统培训计划，开展培训工作。三是提升队伍积极性。学校将教师在高校平台发布的网络优秀作品、高点击率的网络思政优秀产品、全国"一节一推选"等高水平网络育人获奖作品等同于高级别期刊纳入职称评价体系，有效激发了全体教职员工加强网络教育的积极性。

(2) 提升学生骨干网络素养。一是扩大学生骨干覆盖面。学校先后承办全省、全国易班交流培训会 10 次，培训师生 3000 余人次，常态化开展国家级—省级—校级三级培训，每年承办全省、全校、网络评论员骨干培训，覆盖高校师生 1000 余人。二是完善学生骨干培育体系，打造"在线教学+云端论坛+团队学习+任务驱动"的线上培训模式，为学生骨干提供"虚拟学院""专家零距离"等培训活动，实现学生队伍网络素养水平稳步提升。学校学生骨干网上议题设置能力和舆论引导水平不断提高，据调查超过 75%的学生骨干能在网络舆情中做到团结引导同学，维护学校稳定和意识形态安全。师生共同创作，优秀网络文化作品不断涌现，网络文明蔚然成风。

4. 数"网"知来，集聚"系统性输出、深化影响力"的成果特色

(1) 产出满足学生需求的网络作品。紧紧围绕内容建设，通过举办网络文化节、开设网络文化工作室等多种形式，创作出一系列有深度、有温度、有亮度的网络文化作品。网络思政教育的内容供给从单向度的自说自话逐渐转向以用户体验和用户需求为导向，基本形成了常态化、持续化的优质内容创作和供给机制，产出 12 篇阅读量 10 万人次以上的优秀产品。

(2) 产出促进实践提升的研究成果。学校连续 2 年承担省委网信办全省高校网络意识形态专题调研，建立了陕西高校网络意识形态与网络文明建设调研数据库，形成了 20 多万字的《陕西高校网络意识形态与网络文明建设情况专题调研报告》，得到了省委有关领导的肯定。深入剖析研究网络思政教育的规律和特点，编辑出版全省、全校网络成果典型案例集，有效发挥网络滋养人心、凝聚力量的积极作用。

5. 勇"网"直前，形成"靶向式优化、激活引领力"的创新特色

(1) 创新体制机构设置。在西部地区高校中率先成立正处级建制网络思想政治工作中心(与校易班发展中心合署办公)，形成了对于网络思政、网络文明、网络文化、网络研究、

网络意识形态等重要工作的"一网统筹、归口管理",构建起了党委统一领导、党政齐抓共管、各单位上下联动、教职工共同参与的"大思政"工作格局。

(2) 改革师生评价体系。将网络思政教育作为学校年度工作要点,出台《陕西科技大学"双一流"建设标志性成果激励办法(思想政治工作)》,修订《陕西科技大学大学生综合素质测评办法》,将"全国网络教育名师""五个一百正能量网络作品推选""全国大学生网络文化节暨优秀网络教育作品推选展示活动"等与网络思政有关的 18 项指标纳入其中,推动优秀网络文化成果纳入教师科研评价体系和学生综合测评体系,有效激发了师生参与网络思政教育的积极性。

(三) 育人实效

1. 集群效应凸显,成为网络育人品牌"孵化器",师生受教育长才干

本项目整合校院两级 150 多个新媒体资源集群,培育"辅导员来啦""旭述芳华""星映""梯田影像"等 30 多个网络文化工作室,网络育人品牌"有易思"共享供给站相关网络思政作品内容在"学习强国"App、中国大学生在线、全国高校思想政治工作网、陕西教育融媒体、高校辅导员官方微信等平台总浏览量超过 1000 万人次,师生反响热烈,引发了广泛关注。同时,发挥省校两级四个中心的优势,极大地提升了工作效能,组织发起的"红星照耀学"四史",百年辉煌再启程"主题活动累计吸引全省 90 余所高校 50 万名师生参与分享接龙。组织开展陕西省"高校青年网络战'疫'"系列活动,以微博为平台进行联动,吸引全省 60 余所高校师生参与话题讨论与传播,话题累计阅读量超过 800 万人次。承办陕西省高校云端人文大讲堂,在线观看人数累计超过 30 万。

学校师生连续 5 年在全国大学生网络文化节和全国高校网络教育优秀作品推选展示活动中获奖,数量位列全国前五。连续 2 次获全国高校年度"十佳易班工作站"(该奖项仅评选 2 次,且有 1 次位列第一),连续 7 年获得"全国易班优秀共建高校"。项目组成员相继入选中央文明办"中国好人(敬业奉献)",获评教育部"全国网络教育名师""思想政治工作中青年骨干""全国高校辅导员年度人物"等荣誉称号,当选中央网信办评比的"全国网络正能量榜样"。

2. 及时回应热点,成为网络育人实践"样板间",战线影响显著增强

近年来,多名项目组成员被邀请参加省内外学术论坛、教学工作坊、辅导员培训,就项目的基本理念、设计思路、策划方案、育人效果等与高校的专家、学者进行广泛的交流。项目组成员先后在浙江大学、上海交通大学、华中科技大学、北京师范大学、天津大学、南开大学、电子科技大学、同济大学等 50 余所"双一流"高校以及近 300 所普通高校进行专题交流,累计吸引西安交通大学、西北工业大学、山东大学等省内外 200 余所高校慕名来校调研交流。

由项目组主要成员运营的思政公众号"萌哥有话说",思政战线关注人数近 10 万,完

成专著《辅导员梦工厂》《高校辅导员的七项修炼》《萌哥说案例——一名高校思政骨干的实践与思考》《萌哥有话说》等6部，累计点击量超过1000万人次，囊括了全国高校网络宣传教育优秀作品推选展示一等奖、二等奖、三等奖等奖项，得到了教育部辅导员工作精品项目以及多项全省思想政治工作精品项目立项资助，运营负责人被全国首批200个重点思政公众号"高校辅导员"(中国高等教育学会高校辅导员研究分会官方微信平台)特聘为总策划。

3. 汇集资源优势，成为网络育人成效"辐射源"，获得各界广泛关注

由于网络育人工作成效突出，学校网络思想政治工作中心负责人参加了习近平总书记主持召开的学校思政课教师座谈会。中央"不忘初心、牢记使命"主题教育第五巡回督导组称赞学校"网络思想政治工作做得很不错"。陕西省政协主席，陕西省委常委、省委秘书长，陕西省委常委、省委统战部部长，陕西省副省长，陕西省委宣传部常务副部长，陕西省委网信办主任，陕西省委教育工委等相关领导相继专题调研学校网络思想政治工作中心，高度赞扬学校的网络育人成效。教育部思想政治工作司分管副司长连续两次调研学校网络思政工作，称赞学校网络育人项目"省属院校领先甚至在全国高等学校领先"。教育部中国大学生在线负责人、全国易班负责人高度评价学校网络思政工作，并在全国平台进行典型经验分享。

2020年，学校策划组织的陕西省高校师生学习习近平总书记重要回信精神"@大接龙"活动作为典型案例被《人民日报》在报眼的位置报道。2021年，《人民日报》《光明日报》《陕西新闻联播》3次大篇幅专访项目相关负责人，《陕西省委教育工委党史学习教育简报》3次专题报道项目典型经验，作品《"榜样，你好！"——百名高校思想政治工作骨干眼中的党史人物短视频讲述活动》被推荐至中宣部《每日要情》刊登，得到了"学习强国"App的全文转载。有关经验做法连续2年入选全国"优秀易班共建案例"。《人民日报》客户端、全国高校思想政治工作网、《陕西新闻联播》、《当代陕西》、陕西党建网、陕西网、高校辅导员等10余家主流媒体多次报道相关工作。2022年3月15日，教育部《高校思想政治工作简报》专题报道学校网络思政工作的经验举措。

4. 聚焦发展前沿，成为网络育人研究"试验田"，成果丰硕亮点频出

学校累计获得省级以上网络思政专项课题近20项，总数量位居全省首位。连续2年承担省委网信办陕西省高校网络意识形态专题调研、陕西省高校网络意识形态与网络文明建设调研数据库建设工作，形成了20多万字的《陕西省高校网络意识形态与网络文明建设情况专题调研报告》，得到了陕西省委分管领导的肯定。智慧学工系统获2项国家技术专利，多项网络思政产品得到了教育部、陕西省委教育工委的立项资助。近3年来，网络思政有关的课题项目到账经费近200万元(全省高校网络意识形态工作专项调研35万元，全省网络意识形态"四个一"实践项目40万元，全省大中小思想政治工作一体化建设100万元，其余各类科研项目经费22万元)。

项目组成员先后在《光明日报》《中国社会科学报》《陕西日报》《湖北日报》等省部级媒体发表专题文章 10 篇，出版《我在大学讲党课》《易班建设指导指南》等研究专著 9 部，获省级教学成果奖特等奖 2 项，主持省级以上研究课题 24 项，发表高水平论文 25 篇。

(四) 推广价值

1. 典型案例的推广应用、示范引领价值

(1) 坚持问题导向，探索高校网络思政新样态："有易思"共享供给站的品牌创建模式可借鉴。积极运用新媒体技术，紧密对接学生的实际需求、接受习惯、心理特点，打造了"有易思"共享供给站，突出"大平台、小应用"的互联网思维，运用移动课堂、互动活动、交互体验轻应用等多种形式，综合拍、画、说、演、唱等多种方式，制作推出系列精品思政内容。该项目被列为省级好网民重点项目、高校网络思政优秀工作案例、优秀网络文化成果、高校"大思政课"建设"一校一品牌"创建项目。

① 有内涵，"易"形式，网络思政内容深受喜爱。聚焦不同受众网络群体，用大学生喜闻乐见的方式进行议题设置和互动传播，制作"口袋"思政课堂、网络接龙互动活动、交互体验轻应用、思政短视频等网络育人栏目。其中，"榜样，你好！——百名高校思想政治工作骨干眼中的党史人物"短视频讲述活动以文物为切入点，通过座谈访谈、书信朗读等形式创新讲述红色故事，借助短视频这一生动载体广泛传播，全网点击量突破 500 万人次。此外，"贺建党百年，绘时代光影"摄影展示活动、"百年恰是风华正茂"艺术作品设计活动、"为建党百年发'声'"——红色经典影视配音活动、"解茫盒——我为师生办实事"等品牌栏目均在省内外产生了很好的反响。

② 有格局，"易"定位，网络思政模式共建共享。探索构建了网络育人共享社区的新模式：一是在传播者的策划制作层面共建共享。针对西部地区高校网络思政教育资源有限的现实，积极主动联合有关单位、媒体、高校等，拓宽合作面，提升产品输出水准。这种共享模式使学校的思政资源与设备的功能被互联网无限放大，极大地提升了思政教育的层次与水平，增强了育人的实效。二是在受众的定位层面共享共育。针对网络思政教育效能不足的问题，聚焦高校立德树人根本任务，立足本校学生，面向陕西省"双非"高校学生，将网络思政教育内容拓展推送给其他青年群体，搭建了青年群体表达、交流、合作的"朋友圈"。

③ 有温度，"易"思维，网络思政供给侧结构性改革转型。高度重视作为网络思政需求侧的大学生的主体性特点，面对思政教育供给侧不平衡、不充分的现实，着力解决针对性不强、抵达率不够、黏着度不足的问题，努力创作符合网络规律、新媒体特点、大学生需求的作品，以用户思维积极抢占网络思政教育新阵地，实现教育供给侧的转型升级，切实提升引领力和实效性。针对学生乐于表现才能的特点，积极提供网络展示平台汇聚正能量；针对学生内在需求多元化的特点，着力提供丰富的教育资源，彰显亲和力；针对学生热衷交流分享的特点，主动提供网络互动应用，增强导向性。面向学生主体开设以提升思

政网络用户黏着度为目标的"小中树洞"栏目中有多篇阅读量突破 10 万人次，师生反响热烈，引发了广泛关注。

(2) 坚持守正创新，统合网络产品创作强阵营：网络文化工作室的分类推进思路可推广。为深入探索新时代师生参与校园网络文化建设的新机制、新模式，促进校园网络文化作品创作与产出，陕西科技大学于 2020 年 9 月正式启动校级网络文化工作室建设工作，先后建设和培育了 30 多个网络文化工作室，涵盖短视频、应用开发、微电影、摄影、网文、理论宣讲等 10 余种类别，先后荣获省级以上奖项 50 余项。

① "奇点"网络文化工作室。"奇点"网络文化工作室是基于易班开发校本化应用的学生网络文化工作室。成立至今，该工作室产出了"我的校园""易点通""易帮通"等多类易班应用系统，减少了辅导员的事务性工作，丰富了学生网络文化形式，提高了易班的用户黏着度。目前，该工作室产出各类应用近 20 项，申请软件著作 5 项，连续 5 年代表学校参加全国易班创新技术大会，并分别取得一等奖 1 项、二等奖 2 项、三等奖 1 项、优秀奖 1 项的成绩。团队成员参加中国计算机设计大赛，获西北赛区一等奖 7 项、全国三等奖 2 项。其代表作品有"我的校园""易点通""易帮通""网上重走长征路""总书记的这 10 年""陕西红旅"等应用。

② "辅导员来啦"网络文化工作室。"辅导员来啦"网络文化工作室是一个以辅导员为核心团队、以大学生思政教育为目标、以网络原创短视频为主要题材，探索新时代辅导员网络思政教育新阵地的工作室。该工作室围绕宏观育人导向、时事热点，挖掘、创作有深度、有趣味、有灵魂的高校网络文化作品，力求以"微"言述大义，展大情怀。作品涵盖疫情防控、党史学习教育、学业规划等主题，覆盖了易班、微信、微博、抖音等网络平台，累计浏览量近百万人次。作品先后被中国大学生在线、陕西高校网络思想政治工作中心等国家级、省级、校级媒体平台报道推广。其中，视频《你以为你以为的辅导员就是你以为的吗？》在中国大学生在线头条一经推出，半小时浏览量就突破 5 万人次，短短 3.5 小时浏览量突破 10 万人次，引发了全国高校师生的热烈讨论和争相转载。工作室原创作品在省级以上各类网络新媒体作品比赛中获奖 10 余次。

③ "艺心向党"工作室。"艺心向党"工作室坚持"思政+美育"的基本原则，立足艺术类专业特色，将学生党建与新媒体技术高度融合，着力打造"行走"的党建育人平台，引导广大青年赓续红色血脉、传承红色基因。由实践项目孵化而来的双创项目先后荣获挑战杯全国金奖 1 项、"互联网+"大赛全国银奖 2 项。项目"延安红色文艺融入网络党史学习教育"入选陕西省网络思政重点资助项目，项目"艺心向党——打造延安红色文艺的智慧讲习堂"入选国家级大学生创新创业训练项目。团队成员赵洋被评为第二批全国高校"百名研究生党员标兵"。"设计扶贫"公益事迹被中央电视台、陕西卫视等国家级、省级媒体报道。原创作品《武汉战疫·陕科大特别版》被团省委转载报道，入选《人民日报》人民抗疫短视频集。

(3) 坚持系统观念，一键开启"三全"育人微课堂：校本化易班优课的构建实施方法可复制。按照"三贴近"原则，观照青年成长需求的多样主题，回应学生现实关切，基于易班优课平台开展网上课程建设。自易班成立以来，历时 7 年打造原创优课 300 余门和学习课群 5400 余个，多门课程入选全国易班优质课程资源库，累计参与学习人次超过 20 万，课群学习活跃度在全国 1000 余所共建高校中稳居前 25 名。2022 年获得优课类全国性奖项 9 个，总量位居全国第二。

① 回应信仰之问，打造党建团建易班优课：厚植大学生爱党爱国情怀。以建党 100 周年为契机，校易班联合学校"红色基因　薪火传承"研究生宣讲团打造"党史青年说"系列课程，包含《从中共一大代表的迥异人生谈信仰》《身已许国，再难许卿》《一声埋名铸国盾，甲光向日金鳞开》等 12 讲；为迎接党的二十大胜利召开，制作"伟大精神青年说"课程，包含《聆听太行精神　铸就不朽丰碑》《不用扬鞭自奋蹄》等 3 节。联合校团委打造系列课程"青春心向党，建功新时代""团干说"等，联合师生思政骨干打造"湖畔讲堂——穿越百年的对话""红色情景课堂"等课程。推进本科生党支部进易班，实现网络组织教育全覆盖。2022 年获得全国易班优课党建学习课群比赛优秀组织奖、易班优课党支部学习课群比赛优秀组织奖。

② 回应成长之问，打造学业服务易班优课：培养大学生自主学习能力。针对学生学习需求，联合学生骨干力量打造系列课程"学霸讲堂"，包含"有机化学""英语定语从句"等内容；针对学生考研需求，联合公共课教研室上线系列课程"高校融媒体课堂"，包含"线性代数考点精讲""概率论与数理统计考点精讲"等内容；针对学生就业需要，联合就业指导中心上线系列课程"婷姐说就业"等，包含"生涯决策与行动""简历设计与制作"等内容。针对新生入学教育、社会实践、安全教育等，集合优质资源打造专题课群 700 余个，获得 2022 年易班优课新生入学教育活动优秀组织奖。

③ 回应心灵之问，打造心理健康教育易班优课：涵养大学生积极心理健康素养。与学校心理中心协作，针对新生心理教育，打造 "新人心语" 课程，包含"自我认识——我就是我，独一无二的烟火""调适你的情绪小怪兽"等内容；注重家校协作，联合家长打造"给家长的'心课堂'"课程，包含"探寻'重要他人'，优化社会支持系统""家长如何识别学生的情绪"等内容；联合辅导员打造系列优课"关切青年、幸福有我"，包含"千万别让短视频成为青春时光的杀手""避开网络谣言的'坑'"。2022 年，学校心理微课获得省级一等奖。

2. 育人经验的推广应用、示范引领价值

(1) 提出了"两协同"的网络育人新理念，实现从"单向说教"到"双向互动"的转变。提出了主客体两级协同的网络育人新理念。该理念的提出解决了有关网络思政教育主客体关系的重难点问题，打破了传统单一的网络思政教育主体或单一教育对象客体都难以实现网络思政教育目的的现实困境；深化了对思政教育规律的主客体认识，解决了网络思政教育主客体协同关系生成的问题，使教育主客体通过各类网络育人载体、网络育人实践活动、网络文化产品创造，以及整合与优化、协调与同步、认同和融合等方法生成协调同步的主客体关系，共同完成网络思政教育活动和任务，提高思政教育的实效。

(2) 创立了"三驱动"的网络育人新方法，实现从"大水漫灌"到"精准滴灌"的转变。通过"内容为王"的品牌化培育，驱动创造集思想教育、政治教育、道德教育、法治教育和心理教育于一体的话语内容，使学生坚定"两个维护"的政治自觉、增强"四个自信"，不断提高思政教育的吸引力和影响力；通过精准化技术赋能的网络载体转变，驱动新技术平台建设在思政教育领域的融合和布局，将新型应用技术植入平台，建立一批形态多样、功能强大、灵活便捷的新型思政教育网络平台，有效提升网络育人传播力；通过系统化的科学研究驱动网络思政教育理论和实践的结合，整合各类实践资源，强化项目管理。通过"三驱动"网络育人新方法的创立，构建了教育主客体的协同关系，形成了内容、载体和研究互通互补的网络思政育人新方法，为高校进行网络思政教育方法改革开辟了新视域。

(3) 建立了"大融合"的网络育人新机制，实现从"耳提面命"到"润物无声"的转变。完善教育保障机制，构建了党委统一领导、党政齐抓共管、各部门联动、教职工共同参与的网络"大思政"工作格局，实现了网络文化、网络文明、网络教育、网络研究等工作体系归类管理，以保障网络思政教育工作有序开展；完善运行机制，基于实施网络思政育人模式的需要，加强网络思政教育队伍建设，增加网络思政教育专项经费投入，优化显隐资源配置，完善治理体系和管理机制，制定、修订规章制度，形成了有力的运行机制；深化教育评价机制改革，将教师网络育人工作实绩纳入考核评价体系，建立了评价反馈机制；通过协同联动的育人长效机制，形成了高校网络思政教育的新模式。

二、项目提升规划

(一) 建设目标

1. 工作体系构建

本项目将在原有工作基础上，坚持以习近平新时代中国特色社会主义思想铸魂育人，以立德树人为根本，以理想信念教育为核心，以社会主义核心价值观为引领，前瞻性思考、全局性谋划、整体性推进网络思政工作，创新网络育人方式与传播途径，实现育人显性与隐性因素的优势融合。优化顶层设计，夯实条件保障，着力加强内容创新、技术赋能、科学研究，培养德智体美劳全面发展的社会主义建设者和接班人。

2. 体制机制创新

(1) 构建全员参与协同机制。探索将网络育人工作融入"三全育人"综合改革，针对全员育人参与不齐、全过程育人衔接不紧、全方位育人体系不实等问题，充分调动一线教职工，尤其是学术大家、教学名师、优秀导师参与网络育人的积极性，健全归口管理，明确分工职责，加强教育培训。

(2) 构建网络素养培育机制。适应形势变化，结合时代背景对师生能力结构进行针对性调整，坚持方向性与科学性相统一、理论与实践相联系、教育与自我教育相联动，提升师生的网络认知与操作能力、网络信息甄别与获取能力、网络自我管理与约束能力。

(3) 构建网络舆论引导机制。增强网络思政工作的互动性，高效获取即时信息的反馈，精准掌握学生思想动向，通过层级收集、分析研判、应急处理、教育引导等机制，变被动为主动，护航网络空间。

(4) 构建评估反馈机制。构建科学的网络思政教育评估反馈体系，因地制宜，明确评估主体责任；对标对表，加大过程评估力度；细化追踪，及时整改落实和反馈。

3. 平台载体拓展

打造在全省、全国具有引领带动作用的重大平台基地，进一步加强体系化建构、网络化联动、精准化供给。

(1) 对标对表全国网络思政工作建设发展前沿。持续强化精准赋能实践中心、优质网络文化作品培育众创空间、网络思政教育研究中心三个创新平台建设，摸准学生需求，加强资源匹配。依托陕西省高等学校思想政治教育研究会，推动高校网络文明研究中心、高校网络意识形态研究中心两个科研平台建设，开阔研究视野，提升学术水平。

(2) 加强与国家、省级平台的融合与对接。建设大数据技术应用精准赋能系统，逐步建设全省"大思政课"教学资源共享平台项目、全省高校辅导员队伍能力提升大数据赋能系统，着力将高校网络思想政治中心打造成在全省乃至全国具有广泛影响力的网络思政教育优质产品"生产基地"、网络思想政治教育工作交流中心。

(3) 解决高校网络育人工作的现实难题。通过建设理论热点问题动态采集系统、网络风险监测大数据系统等体系，聚焦"智慧思政、智慧学工"等重点任务，提高网络阵地的示范性、引领性和辐射度，分类推进校院两级学生思政网络平台和互联网公众账号建设与管理，切实加强对学生的精准引导、有效管理、高效服务，进一步做优做强学生思想政治工作各类平台。

4. 重难点突破

(1) 重点：把稳方向，一轴贯穿。始终围绕立德树人根本任务，紧跟全国思政战线网络育人工作发展趋势，对接教育部思想政治工作司、全国高校思想政治工作网、中国大学生在线、易班网发展建设方向，聚焦共性需求，围绕理论宣传阐释、实践资源拓展、文化产品供给、网络渠道融合、内外优势联动等方面的重点任务持续发力。

(2) 难点：消解隔膜，两极吸引。精确把握当代大学生群体特点，充分掌握大学生的思想动态和成长需求，提升思政教育的针对性和时效性，做好因势利导与造势引导，拉近师生距离，构建起师生共在的情感体验、师生共长的教育情境、师生共创的对话环境、师生共享的精神世界。

5. 育人品牌创建

(1) 思想引领。做强"有易思"共享供给站、"萌哥有话说"、"榜样，你好！"等品牌项目，通过学生的视角、语言、真实体验，坚定"四个自信"，奏响爱国奋斗的时代主旋律，汇聚起强大能量。

(2) 思潮回应。做大"TA说""辅导员来啦""青春榜样"等品牌栏目，善于解惑释疑，及时辨析历史虚无主义、新自由主义等错误社会思潮，及时回应学生在学习、生活、社会实践中所遇到的困惑，鼓励学生正面发声、理性思辨，拉近师生之间的距离。

(3) 思路拓展。做优"解茫盒——我为师生办实事""网上重走长征路""湖畔讲堂"等品牌活动，应用各类互联网技术，创作丰富生动的思政内容，创新思政形式与载体，为学生构建与外部世界多层次、多向度的联系。

6. 成果转化推广

(1) 经验总结。进一步创新教育方式和传播路径，健全网络思政教育落实机制，完善重大基础平台和信息系统建设布局，优化整合学校网络思政育人资源，基本实现线上线下协同，形成创新推进网络思政育人工作模式。

(2) 成果产出。密切关注品牌化内容培育，加强优质文化产品供给转化，积极回应师生的所想、所惑、所盼，产出一系列网络名篇名作；深化网络思政科学研究，统筹网络思政课题项目立项培育，打造网络思政高端智库。通过网络思政平台定期开展高校师生网络思想行为、网络文明素养、网络意识形态、网络舆情引导、大中小学思政一体化等专项调查，加强对新时代大学生群体的"精准画像"研究，产出一批高质量决策咨询报告，不断提高网络思政育人实效。

(3) 转化推广。加强与中国大学生在线、全国高校思想政治工作网、易班网等机构协作联动，高质量地开展项目培育、内容产出、队伍培养等专题工作，分类型与有关部门、有关单位联合共建网络思政教育专门机构。发挥省校两级四个中心的优势，为全省高校创新的网络思政工作提供全方位的专家保障、资源保障、团队保障、平台保障、机制保障、技术保障。发挥省级高校思政研究会作用，在马克思主义学院 10 余位专家学者的智力支持下，推动学校网络思政学科硕士点的建立，完成网络思政研究向网络意识形态研究的升维。

(二) 推进方案

通过"五化"(细化、优化、活化、强化、深化)进一步丰富完善"一轴两极三驱动"网络育人模式，使思想引领("一轴")向深处走，将参与范围("两极")向广处拓，推动网络思政的内容、载体、研究("三驱动")向要处落。

1. 入脑入心、走深走实，进一步细化思想引领

(1) 进行理论宣讲，释放育人动能。用党的科学理论武装青年，用党的初心使命感召青年。通过校属自媒体公众号、社交软件等学生思政工作网络平台，加强"大思政课"建设，优化校本化优课群，丰富"联学+互学"网络教育形式，引用有关习近平新时代中国特色社会主义思想的生动事例，采用学生喜闻乐见的方式增强主流意识形态的解释力，引导学生自觉运用马克思主义的立场、观点、方法，对当前国内外发生的重大事件和热点问题进行辩证分析和思考，广泛学习与宣传党的二十大精神，进一步推动"中国式现代化""全过程人民民主""人类命运共同体"等具有中国特色和国际影响力的标志性概念传播。

(2) 巩固网络思政阵地"工作堡垒"。加强全媒体传播体系建设，塑造主流舆论新格局；充分发挥网络平台对日常思政教育的同步强化作用，提升各类所属学生工作网络平台的服务力、吸引力和黏合度，切实提高网络阵地的示范性、引领性和辐射度，分类推进校院两级学生思政网络平台和互联网公众账号建设与管理，进一步建设学生思想政治工作公众号；完善所属网络平台新闻信息发布制度，严把信息发布审核关，严格落实"三审三校"制度，特别是涉及政治类信息时应做到严谨细致，防止出现固定表述错误；健全所属平台信息内容更新保障机制，及时排查所属网络平台存在的风险隐患。

(3) 提升数据技术赋能"靶向作用"。完善网格化管理、精细化服务、信息化支撑的学生工作平台，坚持"需求牵引、应用为王、服务至上"的数字化战略要求，全力推进学生伴随性数据收集、全域化育人资源开发、智慧化赋能应用服务，围绕学生学业发展、兴趣特长、心理健康、社会活动等开展数据收集分析，精确把握当代大学生群体特点，充分掌握大学生的思想动态和成长需求，畅通和规范学生诉求表达、权益保障通道，提升思政教育的针对性和时效性。

2. 遵循规律、融合互补，进一步优化队伍结构

(1) 树典范，实施网络育人领航工程。紧密对接学校思想政治工作队伍建设要求，进一步强化网络思政工作队伍的基础性建设、提升性扶持和示范性奖励。分类资助建设一批网络思政工作室，培育网络思政工作建设品牌项目，引导思想政治工作队伍聚焦主责主业，提升思政工作者的政治素养和育人能力，为网络思政工作的跃迁式发展提供队伍支撑和能力保障。

(2) 育骨干，做实网络思政培优计划。每年培育一批网络教育名师、课程思政网络教学名师团队、网络育人先进工作者、网络文化学生骨干，从项目、资源、经费等方面持续给予支持。通过专题培训、轮岗交流、技能竞赛等方式提升网络思政工作队伍的能力素养，加强思想交流，关注前沿问题，建设又红又专的网络思政育人骨干队伍。

(3) 强队伍，引领网络意识形态话语。充分调动学术大家、教学名师、优秀导师参与网络育人，在党委宣传部的组织协调下，准确掌握全校师生网络"大Ｖ""大号"等有影响力的网络名人情况，加强与网络名人的线上互动、线下沟通，增进政治认同，引导正面发声。明确教师"领航员"队伍和学生骨干"护航员"队伍的职业功能和核心素养，积极组织开展教育培训，提高网上议题设置能力和舆论引导水平。

3. 内容为王、突出特色，进一步活化网络创作

(1) 把握力度，推动优质文化产品"点式爆发"。围绕"举旗帜、聚民心、育新人、兴文化、展形象",坚持以学生为中心的创作导向,推动网络文化成果评价改革,通过"大学生网络文化节""高校网络育人优秀作品推选展示"等推广展示活动,激发师生的文化创新创造活力。激活以"有易思"共享供给站为代表的育人品牌辐射,将其与广大师生的生活实际紧密结合起来,积极回应师生的所想、所惑、所盼,发展民族的、科学的、大众的网络文化,产出一系列网络名篇名作,讲出"青春味道""科大味道""时代味道"。

(2) 把握分寸,规范网络内容矩阵"链式生产"。按照"易班领衔、上下联动、多元融合"的思路,系统整合易班发展中心、网络文化工作室、学院新媒体工作站等创作主体,灵活运用视频、动漫、歌曲、H5、AI(人工智能)、VR 等载体,合理布局易班、微信、抖音、B 站、微博、知乎等传播渠道,以重大纪念日、重大历史事件、重要节点为契机,差异化梯队式开展民族的、科学的、大众的网络文化内容生产,立体推进校园网络文化健康繁荣发展。

(3) 把握节奏,促进网络文化作品"簇式传播"。发挥陕西省高校网络思想政治工作中心的统筹功能,协同推进陕西大学生在线、陕西省高校易班发展中心、陕西省高校思想政治工作网建设,完善网络文化成果评价认证体系,探索建立高校网络文化研究评价专门机构,通过多角度、多渠道、多层次的主题策划,实现区域内高校网络思政全声场的叠加、混响和辐射,推动精品内容簇状发散生长。

4. 共享供给、设计流程,进一步强化资源平台

(1) 不忘本来,精耕细作,完善网络思政资源体系。加强高校思想政治工作信息管理系统共建与资源互享,促进优质育人资源多维度供给、个性化推送和过程性反馈,建设"青梨派大思政课"资源系统、智慧学工大数据动态分析系统、高校辅导员队伍能力提升大数据赋能系统、网络热点大数据分析系统等四个系统。

(2) 吸收外来,精准对接,健全资源集成共享机制。依托陕西省"大思政课"教学资源共享平台、陕西省思政教育资源共建共享平台,构建集思政课程和课程思政建设、交流、学习和共享于一体的"大思政课"金课库、精品课件库、教学重难点问题库、机考题库、教学案例库、课程素材库,打造集授课、培训、互鉴、交流于一体的高精尖教学互促机制,积极实施"大融合"专项工程。

(3) 面向未来,精益求精,加强信息化、智慧化技术保障。按照"紧跟趋势、动态投入、分步提升、服务大局"的思路,持续以年度为单位优化网络思想政治工作中心基础建设。在硬件设施基本建成的基础上,聚焦智慧思政、智慧学工等重点任务,建立规范化的数据更新运行机制,确保对象更新、时效更新、类型更新,实现育人数据库、信息池的全面贯通和有效运用。

5. 长效激励、指导实践,进一步深化科学研究

(1) 转方法,促进协同做强增量。联合马克思主义理论、教育学、设计学、艺术学等学科的专业师资力量,发挥学生工作系统研究型团队的支撑保障作用,积极申报、承担标

志性项目课题，开展前瞻性、针对性、储备性政策研究，推动内容创新，发布一批高质量研究成果。坚持理论教育与实践养成相结合，整合各类实践资源，丰富实践内容，创新实践形式，拓展实践平台。推进高校网络思想政治工作中心与党委教师工作部、马克思主义学院、教育学院专项工作联动，以重大科研项目申报为依托协同发力，有力统筹有关学院的研究资源，实现同向发展。

(2) 转方式，加强科研提升内涵。增强省校两级中心的科研资源与平台优势，对接全国全省各类高层次科研平台，统筹"大宣传""大学工"两个阵地，定期发布网络思政工作研究课题与实践项目，完善支持机制，强化项目管理，推动成果转化应用，实现高质量、内涵式发展。

(3) 转视角，对标对表高位推动。深度参与教育主管部门和网信主管部门的重大决策制定、重要工作组织，分重点、按年度开展高校师生网络思想行为、网络文明素养、网络意识形态、网络舆情引导、大中小学思政一体化等专项调查，加强对新时代大学生群体的"精准画像"研究，产出一批高质量决策咨询报告。

(三) 重点举措

1. 思想教育注重"三红引领"，活动组织生活化

讲好中国故事，传播好中国声音。深入挖掘所在地区各类实践资源，尤其是"四史"宣传教育中的爱国主义教育元素，将红色文化融入网络思政教育，引导青年学生树立正确的世界观、人生观、价值观，让红色血脉传承永续。

(1) 立稳红色旗帜，夯实打牢学习阵地。以党的二十大精神为引领，打造以"红色情景课堂""思政课教学成果展示平台""思政资源共享平台"为阵地、以思政主干课为主体、以综合素养课程为支撑、以易班优课为辐射的"指尖课堂"，不断深化习近平新时代中国特色社会主义思想学习与宣传。

(2) 播撒红色种子，打造沉浸式体验。以"重走长征路""我们的十年"等为主题，开发红色互动应用小程序，搭建党史学习教育智慧场景，融入场景式体验，提升教育效果。

(3) 传承红色基因，擦亮网络文化品牌。结合党的二十大、乡村振兴、疫情防控等重大主题，积极创作青年学生喜闻乐见的网络文化精品，以及"心向党，在路上""西迁"等专题作品，打造"我的 2035 是这 Young"等品牌栏目。

2. 队伍建设实现"三力提升"，素养培育全面化

把网络思政工作队伍建设纳入学校党政干部、教师队伍建设的总体规划。通过建立网络思政教育联席会议制度，厘清思政课教师、辅导员、党务干部、宣传干部的工作职责，提高网络育人能力，形成全员育人的工作格局。

(1) 提升政治引领能力。围绕科学把握形势变化、精准识别现象本质、清醒明辨行为是非、有效抵御风险挑战等专题，开展常态化的日常培训和交流研讨。

(2) 提升网络运用能力。持续开展"校园好网民培养选树计划""网络文明进校园四个一工程""大学生网络素养提升训练营"等活动，通过岗前培训、在职培训、专题培训等途径开展全员培训。

(3) 提升合作协同能力。通过搭建线上线下跨学科交流合作平台，举办思政教育、网络文化、信息技术等各类论坛、沙龙，持续加强氛围营造，推动不同学科、不同职能的教师、干部之间的资源共享和优势互补。

3. 内容生产注重"三新吸引"，创作选取多样化

深入把握数字时代的学生特点，积极推进网上宣传理念、内容、形式、方法、手段等方面的创新，着力通过学生喜欢的方式引领网络文化建设的方向，构建主流网络文化阵地，消解网络亚文化现象给青年学生带来的消极影响。

(1) 用好媒介新技术。通过构建数据信息筛选甄别系统，运用数据挖掘、语义分析、关联分析等技术进行数据的鉴别和筛选，并迅速完成对青年学生的个性化推荐和多维分类，捕捉青年学生的思想动态，定制内容供给。

(2) 用好主流新载体。整合校级微信、微博、抖音、B 站、知乎等网络阵地，形成以思政教育网站为基础，以学生常用手机客户端(App)为重点，将传统网站与"两微一端"相融合的网络育人载体。

(3) 再造主导新话语。以青年学生的日常生活为基础，观照青年学生的思想动态和需求，以问题为导向，不断增强话语引领力。同时，关注青年学生话语的发展状况与趋势，并善于运用青年学生话语，提升语言的鲜活力和趣味性。

4. 体系搭建实现"三一贯通"，架构设置层次化

始终坚持以立德树人为根本任务，推进"大统筹、大协作、大服务"理念，实行"一盘棋谋划、一体化运作、一站式服务"的运行模式，突出网络育人的牵引联动作用，助力"大思政"育人格局的形成。

(1) 一盘棋谋划。做到整体布局、齐抓共管、共同发力，对学校各部门现有数据库、独立数据资源和网站进行规范化整合，破除数据孤岛，使各部门能够在同一个数据平台上进行数据共享，加强大数据下的高校舆情监控和校园综合治理工作。

(2) 一体化运作。制定《陕西科技大学网络文明教育实施方案》，编制《陕西科技大学师生网络素养指南》，引导师生积极参与"一节一推选""五个一百'网络正能量'精品评选""互联网+""挑战杯"等活动，使网络思政成果转化为人才培养、科技创新、就业创业的成果。

(3) 一站式服务。以一站式学生事务服务中心为依托，不断完善与提升线上服务功能，完善"云服务"体制机制，拓展"云服务"广度深度，提高"云服务"影响力。

5. 工作影响实现"三+覆盖"，资源利用智慧化

整合资源，多方联动，深度融合课堂教学、课外拓展、社团建设、社会实践等多元化

课程思政育人渠道。

(1) "线上+线下",抢占思政阵地,营造良好的环境氛围。线下做实、做精、做亮,线上占领、充实、迅捷。充分依托学校专业发展背景,开展时代感强、专业结合度高、内容丰富的校园文化活动,大力实施影响力工程,推进产品化战略的实施。

(2) "课内+课外",打通各类课堂,细化学生分类培养。将网络育人贯穿人才培养各环节,提高针对性、实效性。发挥教辅结合优势,开设"马克思主义有点潮""强国一代是这 Young"等栏目,用好短视频、动漫、网络文章等丰富手段及时回应学生并与学生互动交流。

(3) "校内+校外",整合各方资源,促进学生成长成才。进一步加强与校外思政平台的协作,在与全国性网络思政教育平台确定合作关系的基础上,以"协议"和"委托项目"的形式,在易班网、中国大学生在线、全国高校思想政治工作网开设固定板块,每年针对性地定量推送不少于 30 篇产品。

三、项目条件保障

(一) 体制机制保障

(1) 学校积极承建陕西省高校网络思想政治工作中心和陕西省高校易班发展中心,形成了"两横两纵"的"井"字形工作体系,集合汇总区域思政名师资源、思政课程资源、思政文化资源、思政数据资源,统一生产优质教育教学内容。

(2) 学校在西部地区高校中率先独立设置正处级网络思想政治工作中心,与校易班发展中心合署办公,合理布局校园网络育人矩阵,整合协同网络育人元素和校园育人资源。

(3) 学校探索建立了网络思想政治工作中心与党委宣传部、党委学生工作部门等部门职能业务互通、职务兼任、部门协同联动机制,独立设置正处级网络思想政治工作中心,承担所在省份网络思想政治工作中心建设运行工作。

(4) 学校已将产生重大影响、形成重大网络传播的作品纳入科研评价体系,将网络思政工作实绩纳入教职工年度工作考核范围,激发教职工全员参与网络育人的积极性。

(二) 经费场地保障

(1) 按生均每年 40 元标准设立网络思政专项经费,每年单列 60 万元经费并列入学校财政预算。获得所在省份教育工委每年 60 万元网络思政经费专项支持和所在省份网信办 50 万元专项经费支持。另外,学校已经连续 3 年争取财政专项,按照每年 300 万元左右的额度进行网络思想政治工作中心建设专项投入。

(2) 建成网络思政教育专门工作场所 1100 余平方米。其中,一期已累计投入 700 万元支持软硬件建设,配备了电子交互设备、电脑、投影仪、监控显示屏等近 300 万元的办公设备;拥有完备的图形工作站、VR 体验、大数据服务器等设备。二期现已投入专项建设经费近 300 万元,打造"两中心一空间",即精准赋能实践中心、网络思政教育研究中心和优质网络文化作品培育众创空间。相关场地对学校各网络文化工作室实行开放式入驻办公,为团队研讨创作提供指导与保障。

(三) 人员配备保障

(1) 学校将专门成立项目工作小组,实施党委书记一把手负责制,由分管校领导具体指导,由宣传部、学生工作部、校团委、网络思想政治工作中心、网络信息中心、教务处、新闻与传播学院、马克思主义学院等相关部门和学院专人具体负责项目实施。

(2) 由校级网络思想政治工作中心专门负责推动项目工作。设置主任 1 人(正处级),副主任 2 人(正处级、副处级各 1 人),专职工作人员 4 人,挂职干部 4 人,兼职工作人员 18人,全员全力保障项目实施。

(四) 技术支持保障

(1) 学校已采购并正式启用大数据分析系统。该系统提供包括微博、微信、网站、客户端、视频、互动论坛、数字报等各级新闻媒体数据的全网舆情信息监测,可根据需求定向添加网站与自媒体账号等数据。同时,该系统提供大数据智能挖掘分析功能,采用自动汇总、自动分类、相似性分析、信息抽取等智能文本分析和挖掘技术,准确高效地分析和管理信息,并采用多种形式进行预警推送,通过短消息、微消息、邮件、移动客户端等方式进行推送,进而在第一时间掌握信息动态,进行正确引导。

(2) 精准赋能实践中心可实时抓取学生热点趋势,具有学生群体"精准画像"、理论热点问题动态采集、网络热点大数据分析等功能;网络思政教育研究中心主要承担思想政治工作队伍建设网络分类培养任务;优质网络文化作品培育众创空间用于精准供给优质内容。

(3) 学校网络信息中心已建有 300 TB 存储系统及 150 TB 云网盘,部署了高性能的刀片服务器和机架式服务器,建设了云管理系统,能为融媒体中心、网络思政作品提供存储空间,同时为网络思政教育提供技术支持。

(4) 中国大学生在线、全国高校思想政治工作网、陕西教育融媒体中心将从融媒技术、网络作品制作、融媒体软件等方面给予大力支持。

"易"网情深·"思想引领"
网络育人精品栏目建设的案例分析

刘锐腾　纪燕　王磐

(陕西理工大学)

　　本文以陕西理工大学易班"思想引领"网络育人精品栏目为例聚焦大学生网络思想政治教育，以增强学生的"两个维护""四个自信""五个认同"为目的，充分发挥"互联网+思政"的独特育人功能，将习近平新时代中国特色社会主义思想以学生喜闻乐见的方式融入日常，不断增强思想政治教育的吸引力。该栏目注重学生网络理论学习与实践相结合，将学生从思想政治教育的客体变为主体，引导学生通过思想政治理论微课讲授、理论宣讲、故事分享等实践活动做到知行合一。

一、案例基本情况

　　围绕高校立德树人根本任务，陕西理工大学聚焦新时代大学生的理想信念、价值理念和道德观念教育，以培育新时代理想信念坚定、政治素质过硬的社会主义建设者和接班人为目标，发挥易班网络平台"互联网+思政"的优势，注重理论学习和实践深化相结合，建设学工队伍、专业教师和学生三支队伍，积极打造彰显地方高校育人优势的品牌特色，构建了"一条主线、两个方向、三支队伍、四项特色、五类支持"的易班网络育人精品栏目。

　　根据当代思想政治教育的需求，该栏目设置"文化'易'传承""理论'易'研学"两个板块和"大学生讲思政""红色故事耀陕南""讲中国故事"及"秦岭生态环保'易'实践"四个特色栏目。其中，"文化'易'传承"板块设置"传统文化'易'传承"和"革命文化'易'传承"，通过视频导入、辅导员讲红色故事等形式，不断提升学生的文化自觉，增强学生的文化自信；"理论'易'研学"板块设置"时政时时学""习语天天读""理论周周讲"，通过每天更新一句"习"语(展示习近平总书记系列讲话原文)、上传专家学者研究成果等方式，用科学理论武装学生头脑，铸魂育人。在四个特色栏目中，"大学生讲思政"以思想政治理论课教师指导大学生讲思政微课的形式，夯实思想理论教育；"红色故事耀陕南"以大学生的人生导师、知心朋友——辅导员讲述陕南汉中红色英雄故事的形式，深化对大学生的红色教育；"讲中国故事"以"学四史·践使命"活动为支撑，以学生讲"英雄""复兴""创新""信念"主题故事的形式，强化学生对"四史"的学习；"秦岭生态环保'易'实践"以学习贯彻习近平生态文明思想和陕西理工大学学生秦岭生态环保社会实践为支撑，增强陕西理工大学学生生态环保意识。

自 2019 年 7 月陕西理工大学作为陕西省第一批易班共建高校成立易班发展中心至 2021 年 7 月，"思想引领"网络育人精品栏目累计发布相关学习内容 5824 条，其中原创内容 514 条，原创视频 38 个，相关理论研究性网文撰写直接参与师生 364 人次，获得了"凝聚一些人，影响一批人，化成一精品，形成一案例"的工作成效。易班"思想引领"网络育人精品栏目已成为陕西理工大学学生网络思想政治教育的核心平台，直接影响学校师生近万人。2019—2021 年学校有 6000 余名师生积极参与秦岭生态环保实践活动；2000 余名学生积极开展"讲四史"活动，"讲中国故事"特色栏目后续可用原创作品 500 余个；500 余名师生积极参与习近平新时代中国特色社会主义思想宣讲，学校学工队伍、学生骨干 200 余人积极撰写、拍摄或参与陕南红色故事研究、讲述等。栏目指导教师徐侠侠、刘锐腾在栏目建设中开展相关研究，发表高校思想政治教育相关高质量研究论文 5 篇；栏目指导教师王磐获评"陕西高校十佳易班指导教师"，栏目指导教师纪燕获评"陕西高校易班骨干培训优秀教师"。

二、组织实施过程

(一) 一条主线，借助"云"平台，构建"互联网+思政"格局

以培育理想信念坚定、政治素质过硬的社会主义建设者和接班人为目标，"思想引领"网络育人精品栏目以易班为平台，充分发挥易班网络思政育人功能：一是以网文、网络图片、网络链接等形式，给学生展示马列主义、毛泽东思想、邓小平理论、"三个代表"重要思想、科学发展观和习近平新时代中国特色社会主义思想的原著原文并进行原理解读，引导学生通过易班网络平台读原著、学原文、悟原理，从而形成对马克思主义和中国特色社会主义的高度认同；二是以辅导员录制陕南红色故事讲解视频和"学习强国"App 相关学习视频展示等为载体，对学生进行中华优秀传统文化、革命文化和社会主义先进文化的展示和宣讲，引导学生通过易班网络平台了解并开展文化学习，增强文化自信；三是借助学生社团、校园主题教育和专业教学及社会实践引导学生在易班网络平台上将思政课讲出来、将"四史"故事说出来、将领袖故事分享出来、将生态环保行动展示出来，促使学生从网络平台理论学习与网络平台分享实践的结合中切实增强"四个意识"、坚定"四个自信"、做到"两个维护"。

(二) 两个方向，依托"云"平台，创新"互联网+实践"方法

以引导学生培育并践行社会主义核心价值观、学习并传承红色基因为目标，"思想引领"网络育人精品栏目以易班为平台，充分发挥易班网络思政的育人功能，积极创新"互联网+实践"方法：一是以"学四史·践使命"活动为支撑，引导学生群体积极开展中国共产党党史、新中国史、改革开放史、社会主义发展史故事讲述活动，在开展"四史"研

学的同时在易班网络平台上将"四史"故事讲出来;二是以新时代大学生马克思主义研习社为支撑,引导学生在群体中积极开展党史故事宣讲、领袖故事分享活动,在开展理论研学的同时在易班网络平台上将领袖故事和"四史"故事说出来;三是以陕西理工大学大学生秦岭生态环保行动为支撑,引导学生在开展习近平生态文明思想学习的同时利用学校地缘优势,发挥专业优势,积极开展秦岭生态环保实践活动,争当秦岭生态环保青年卫士。

(三)三支队伍,支撑"云"平台,提升"互联网+教育"优势

以促进师生达成共识、增强凝聚力、打造易班网络思想政治教育云平台为目标,"思想引领"网络育人精品栏目以易班为平台,凝聚专业教师队伍、学工队伍、学生队伍三个团体,形成合力,突显"互联网+教育"优势:一是以专业教师队伍为指导,进行思想政治教育和网络思想政治教育相关理论研究,积极指导学生进行思想政治理论课微课讲授,挖掘陕南红色素材,开展陕南红色文化研究和陕南红色故事整理等;二是以学工队伍为重心,形成了"学工部门人员负责、易班兼职指导教师实施、一线辅导员积极参与"的工作格局,学工队伍积极参与栏目的策划、管理、建设和内容的搜寻、制作;三是注重凝聚学生队伍,形成了包含"研究生+本科生""马克思主义理论专业学生+非马克思主义理论专业学生"的学生栏目建设团队,负责栏目的日常建设和维护,号召广大青年学生积极参加栏目的视频录制、网文撰写等活动。三支队伍相互支撑,不断增强"互联网+教育"优势。

(四)四项特色,支撑"云"平台,彰显"互联网+育人"特色

以落实立德树人根本任务、彰显地方高校育人特色为目标,"思想引领"网络育人精品栏目以易班为平台,注重在工作中彰显地方高校办学优势,形成了一定的特色:一是形成了"互联网+红色故事耀陕南"特色。栏目注重挖掘和研究陕南文化,特别是汉中地区的红色人物故事,在弘扬地方红色文化、开展本土红色教育等方面具有一定特色。二是形成了"互联网+讲'四史'故事"特色。栏目注重以主题教育为依托,引导学生学习、研究、讲述"四史"故事,在烘托校园红色文化、形成良好校风等方面具有一定特色。三是形成了"互联网+秦岭生态环保实践"特色。栏目注重服务大学生秦岭生态环保行动,引导学生深化习近平生态文明思想的研学、兄弟院校生态环保优秀案例的学习,在助力秦岭生态环保、学生服务社会等方面具有一定特色。四是形成了"互联网+大学生讲思政"特色。栏目注重学生课堂学习与师范生专业技能提升相结合,引导学生从思想政治理论课课堂学习到站上讲台讲述思想政治理论微课,在培养学生教育教学技能、形成良好学风等方面具有一定特色。

(五)五类支持,支撑"云"平台,增强"互联网+工作"实效

以多点支撑、共促栏目思想政治育人成效为依靠,"思想引领"网络育人精品栏目以易班为平台,将网络育人与其他育人方式相结合,注重在工作中寻求多点支持:一是社会

实践支持。利用陕西理工大学多年来的秦岭生态环保社会实践支持秦岭生态环保"'易'实践"栏目建设。二是学生社团支持。利用陕西理工大学新时代大学生马克思主义研习社支持"理论'易'研学"栏目建设。三是专业教学支持。利用思想政治理论课专业教师指导学生讲思政微课支持"大学生讲思政"栏目建设。四是辅导员队伍支持。利用新入职辅导员录制视频讲陕南英雄人物故事支持"红色故事耀陕南"栏目建设。五是主题活动支持。利用"学四史•践使命"主题教育,支持"讲中国故事"栏目建设。

三、案例育人成效

(一)完善了"三全育人"工作格局

在建设过程中,"思想引领"网络育人精品栏目凝聚了包含专业课教师、职能部门学工干部、一线辅导员的易班建设团队和支撑团队,促进了团队指导思政课教学、师范生技能提升、政治理论学习、社会实践、校园活动等"进网络""进易班",实现了全员育人、全过程育人和全方位育人相结合,完善了"三全育人"工作格局。

(二)提升了思想政治教育育人实效

"思想引领"网络育人精品栏目注重提升自身在学生群体中的知名度、影响力和教育效力,将加强大学生政治理论学习、先进文化学习、实践育人活动开展、理论宣讲和思政课展示相结合,对学生树立道路自信、理论自信、制度自信、文化自信以及增强社会责任感起到了积极作用,提升了思想政治教育育人实效。

(三)构建了具备特色和优势的栏目

"思想引领"网络育人精品栏目形成了四个特色栏目,通过本土红色文化研究、"四史"故事挖掘和讲述、秦岭生态环保社会实践、学生学习讲述思政微课等,在弘扬地方红色文化、开展本土红色教育、烘托校园红色文化、形成良好校风、助力秦岭生态环保、促进学生服务社会、培养学生教育教学技能、形成良好学风等方面均具有一定特色,构建了具备特色和优势的栏目。

(四)形成了可分享复制的育人方式

自启动易班以来,陕西理工大学易班"易"网情深•"思想引领"网络育人精品栏目形成了两大板块和四个特色栏目,涵盖了学生理论学习、宣讲分享、实践深化等多个环节,既有陕南本土红色故事,又有地方高校服务秦岭生态环保的实践报道;既有教师网文、视频网络思政教育,又有学生视频、音频网络思政自我教育,形成了可分享复制的育人方式。

四、案例经验与启示

(一) 理直气壮讲政治，微微细语入人心

培养理想信念坚定、政治素质过硬的社会主义建设者和接班人，是红色基因代代传、红色政权永不倒的前提和保障；面对西方资本主义国家的网络侵蚀和不良社会思潮对青年大学生的消极影响，传好中国声音、讲好中国故事是高校网络思想政治工作的必然要求。针对当前大学生的认知特点和学习心理，"思想引领"网络育人精品栏目将中国特色社会主义道路、文化、理论、思想、制度和社会主义核心价值观通过视频、图片、网文等大学生喜闻乐见的方式呈现，春风化雨般地对大学生进行网络思想政治教育的熏陶，微微细语入人心，从而使大学生真正将其内化于心。

(二) 地方高校借优势，全员参与促成效

地方高校在对接地方需求、服务地方建设上具有专业学科人才的优势，拥有开展科学研究和实施校地合作的良好资源。在思想政治教育方面，高校有得天独厚的思想政治教育红色资源和实践育人资源，具备专业研究相关红色资源和地方教育的专业团队。在互联网、大数据、云计算飞速发展的今天，地方高校应注重发挥其独特的办学优势，将本土红色资源和实践育人资源与网络思想政治教育相结合，将专业的资源研究和教育研究团队与专兼职思想政治教育团队相结合，将高校的独特优势转化为独有的良好的网络思想政治教育资源，全员、全过程、全方位铸魂育人。

(三) 网络育人重路径，理论实践相结合

培育德智体美劳全面发展的、具有创新精神和实践能力的人才，是当下高校人才培养的新要求，因而高校教育在注重学生政治品格塑造、专业知识技能传授的同时，还必须注重对学生实践能力的培养。作为高校网络思想政治教育的重要渠道，易班网络平台在发挥其教育功能的过程中，必须与学校人才培养目标相对应，注重学生实践能力的培养和本领、技能的提升，将网络思政课堂与师范生技能训练相结合，将理论网络学习与学生社会实践、社区宣讲相结合，将文化网络传承与学生文化研学、故事分享相结合，促进学生将网络思想政治学习和实践相结合。

基于"有易思"共享供给站的高校 网络思政教育新样态探索与实践

郭强　李萌　董雪　蓝璟

(陕西科技大学)

陕西科技大学立足陕西高校的现实情况，紧密对接学生的实际需求、接受习惯、心理特点，积极整合全国、全省优质网络育人资源，打造"有易思"共享供给站(下文简称"有易思")，通过品牌化培育、系统化构建、分屏化设计、模块化共享、精准化供给，运用移动课堂、互动活动、交互体验轻应用等多种形式，综合拍、画、说、演、唱等多种方式，制作推出系列精品内容，着力破解思想政治工作内容针对性不强、抵达率不够、黏着度不足等问题，实现网络育人的"软着陆"。

一、总体思路

"有易思"为"有意思"的谐音，朗朗上口，方便识记，其英文缩写为 UES(图 1-1)，特指网络文化产品紧扣学生表达方式和接受特点，突出用户参与度、平台黏着度以及定制化推送，把我们要讲的道理、情理、现实、事实，用学生喜爱的方式呈现出来，让有意义的事情变得有意思，有感情的事情变得有感觉，为落实立德树人根本任务提供鲜活的教育样态和时代样本。具体而言，"有易思"有以下五层象征意义。

图 1-1　"有易思"(UES)标志

（一）体现价值引领的方向

价值引领的方向主要包含五"有"(图 1-2)。

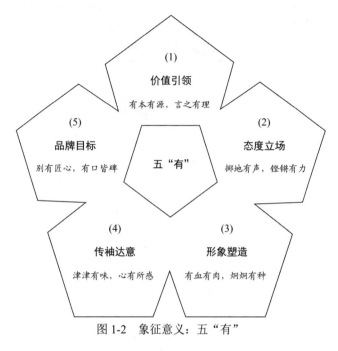

图 1-2　象征意义：五"有"

(1) 价值引领：有本有源，言之有理。
(2) 态度立场：掷地有声，铿锵有力。
(3) 形象塑造：有血有肉，炯炯有神。
(4) 传神达意：津津有味，心有所感。
(5) 品牌目标：别有匠心，有口皆碑。

（二）体现全维度育人的工作方法

全维度育人的工作方法主要包含四"易"(图 1-3)。

(1) 易维。易维代表运用好 E(网络)平台，拓展思想政治教育载体，做实"指尖上"的思政教育，以易班平台领衔多平台贯通一体化，为网络思政体系赋能。

(2) 易教。易教代表以优质网络产品为载体，承载教育引导功能，以育人向心力为网络作品内涵赋能。

(3) 易领。易领代表用优质的网络作品和丰富的网络文化活动涵养、提升师生网络素养，构建网络生态文明，以生态引领力为网络队伍素养赋能。

(4) 易融。易融代表全战线聚合优质育人资源，融合全国性网络教育平台全覆盖发声，实现共建共享，有效发挥网络滋养人心、凝聚力量的积极作用，以品牌影响力为"大思政"。网络育人格局赋能。

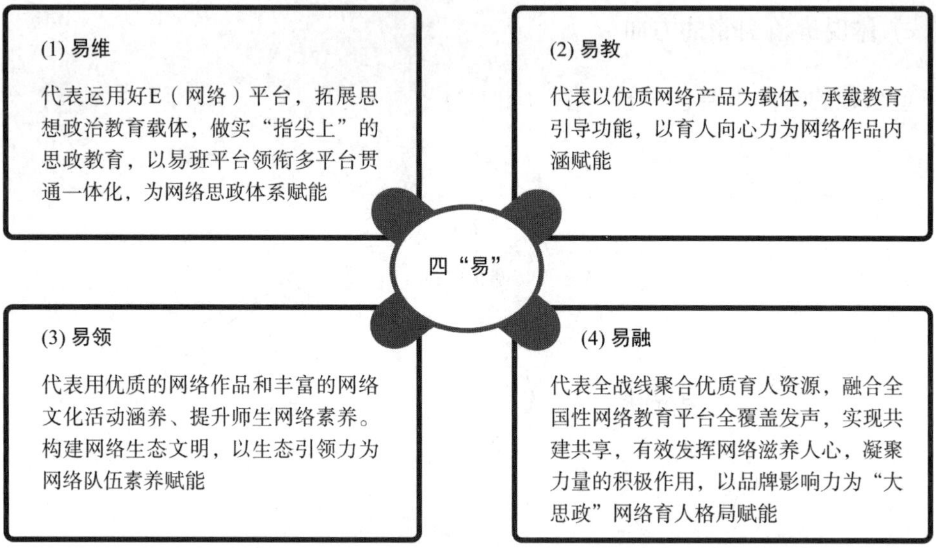

(1) 易维
代表运用好E（网络）平台，拓展思想政治教育载体，做实“指尖上”的思政教育，以易班平台领衔多平台贯通一体化，为网络思政体系赋能
(2) 易教
代表以优质网络产品为载体，承载教育引导功能，以育人向心力为网络作品内涵赋能
四“易”
(3) 易领
代表用优质的网络作品和丰富的网络文化活动涵养、提升师生网络素养。构建网络生态文明，以生态引领力为网络队伍素养赋能
(4) 易融
代表全战线聚合优质育人资源，融合全国性网络教育平台全覆盖发声，实现共建共享，有效发挥网络滋养人心，凝聚力量的积极作用，以品牌影响力为“大思政”网络育人格局赋能
图 1-3　象征意义：四“易”

(三) 体现思政教育的本质要求

思政教育的本质要求主要包含三“思”(图 1-4)。

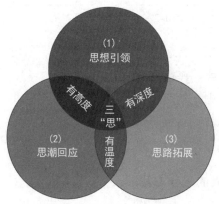

(1)
思想引领
有高度
有深度
三
“思”
(2)
思潮回应
有
温
度
(3)
思路拓展
图 1-4　象征意义：三“思”

(1) 思想引领。突出爱党爱国爱人民这条主线，使之贯穿作品培育、孵化、推送的各环节、全过程，以学生的视角、真实体验为引领，坚定“四个自信”，奏响爱国奋斗的时代主旋律。

(2) 思潮回应。作品创作坚持问题导向、善于解惑释疑，及时辨析历史虚无主义、新自由主义等错误社会思潮，及时回应学生在学习、生活、社会实践乃至影视作品、社会舆论等方面所遇到的困惑。

(3) 思路拓展。利用各类互联网技术，创作丰富生动的思政内容，创新思政形式与载体，为学生构建与外部世界的多层次、多向度联系，启发学生的辩证思维，服务学生成长成才。

(四) 体现共建共享的功能定位

(1) 在传播者的策划制作层面,结合省属高校网络思想政治教育资源有限的现实,积极主动联合各有关单位、媒体、高校等,拓展合作面,共建共享。

(2) 在受众的定位层面,针对网络思想政治教育针对性不强、实效性不足的问题,聚焦高校立德树人根本任务,面向陕西高校学生,将网络思政教育内容拓展推送给西部其他青年群体,共享共育。

(五) 体现供给侧结构性改革的思维

高度重视作为网络思政需求侧的大学生的主体性特点,针对思想政治教育供给侧不平衡、不充分的现实,对标"培养德智体美劳全面发展的社会主义建设者和接班人"目标,努力产出符合网络规律、新媒体特点和大学生需求的作品,丰富思想政治教育的内容供给,实现教育供给侧的转型升级。

二、具体举措

(一) 在平台层面,突出有"易"思(载体)

注重思政网络媒介的纵深建设,融合中国大学生在线、易班网等资源平台,整合微信、微博、抖音、B站等网络平台,形成了以思想政治教育网站为基础,以微信、微博、手机客户端(App)为重点,传统网站与"两微一端"相融合的网络平台。

(二) 在技术层面,实现有"意"思(效果)

建成智慧学工底层数据平台和信息交互平台,为网络教育内容创作提供技术支撑和服务,已经取得智慧思政建设2项专利。同时,积极实施"大融合"专项工程,结合岗前培训、在职培训、专业培训等途径开展专题培训,举办"互联网+网络育人""网络育人赋能精准思政"等论坛,促进思想政治工作队伍对数字时代大学生思想和行为特点的把握,提高大学生的网络表达和传播能力。

(三) 在内容层面,注重有"益"思(作用)

聚焦不同受众网络群体,成立了30多个师生网络文化工作室,用学生喜闻乐见的方式进行议题设置和互动传播,已设计"口袋"思政课堂、网络接龙互动活动、交互体验轻应用、思政短视频5个类别、9个品牌性栏目和20余个日常网络育人栏目,汇聚优质教育教学资源满足学生学习需求,整合精品文艺文化资源满足学生精神需求,拓展丰富的就业创业资源满足学生发展需求,提供日常便利资源满足学生生活需求。

三、工作成效

(一) 项目黏着力强,学习满意度高

截至目前,相关内容在"学习强国"App、中国大学生在线、全国高校思想政治工作网、陕西教育融媒体等平台总浏览量超过 700 万人次,点赞量超过 11 万,各类评论量超过1 万。其中,"榜样,你好!——百名高校思想政治工作骨干眼中的党史人物"短视频讲述活动全网点击率突破 500 万人次,"红星照耀学'四史',百年辉煌再启程"活动累计吸引全省 90 余所高校 50 多万名师生参与分享接龙,"小中树洞"栏目连续 5 篇推文阅读量突破10 万人次,引起了广泛关注,师生反响热烈。

(二) 战线影响力大,业内认可度高

近年来,"有易思"项目组成员相继入选教育部"全国网络教育名师""思想政治工作中青年骨干""全国高校辅导员年度人物",当选中央网信办评比的"全国网络正能量榜样",多名成员被邀请参加省内外学术论坛、教学工作坊、辅导员培训,就项目的基本理念、设计思路、策划方案、育人效果等与高校的专家学者进行广泛的交流,累计吸引省内外 200余所高校慕名来校调研交流。全国易班负责人高度评价"有易思"项目,邀请项目组在全国易班平台开设专栏。"榜样,你好!""解茫盒——我为师生办实事"子项目入选陕西好网民工程重点项目。

(三) 媒体关注度高,可推广价值大

2020 年,由"有易思"团队策划组织的师生学习习近平总书记重要回信精神"@大接龙"活动作为典型案例被《人民日报》在报眼的位置报道。2021 年,《人民日报》《光明日报》《陕西新闻联播》3 次大篇幅专访项目相关负责人,《陕西省委教育工委党史学习教育简报》2 次专题报道"榜样,你好!"子项目典型经验,该经验被省委宣传部推荐至中宣部《每日要情》刊登,被教育部遴选为网络育人典型经验做法。"有易思"有关经验做法连续2 年入选全国"优秀易班共建案例"。2021 年 9 月,《人民日报》网站、全国高校思想政治工作网、陕西省教育厅官网对该项目的实施情况进行了专题报道。

四、经验与启示

"有易思"共享供给站依靠思政经验理念化、实践手段校本化、基层队伍专业化的三重创新实现了对网络思想政治教育提质增效的全新探索,是思想政治教育质量提升工程实践的最新成果。

（一）"有易思"共享供给站的育人理念新颖

"有易思"共享供给站的育人理念新颖，将传统思想政治工作"既能吸引人又能引导人，既要有意思又要有意义"的基本经验，通过互联网产品运营思维与思政教育"人本"原则相结合，建立起了以"网络文化供给为思政教育增效，思政元素注入为网络文化赋能"的全新理念。"有易思"共享供给站探索构建了网络育人共享社区的新模式，这种共享模式使受教育者在表达、参与、共享中个性化地提出自己的认知与理解并进行交流与评价，形成彼此促进的共同体。同时，学校的思政资源与设备的功能被互联网无限放大，极大地提升了思政教育的层次与水平。

（二）"有易思"共享供给站的实践手段贴切

对于思政学科传统优势不强、信息化水平不高、资源统筹能力不强的西部地方"双非"高校来说，思想政治教育供给侧不平衡不充分的现实问题明显，落实网络思政实践的首要要求就是因地制宜，用"活"既有的平台资源，"供"好学生认可的文化产品。在建立网络文化"生态圈"的同时，拓展网络育人"朋友圈"；借助易班进行共建推广，提升信息化资源优势，通过释放体制改革活力，促进资源的合理配置；通过建设优质网络文化生态圈，争取更多的学生的认可，以创新实践路径实现教育供给侧的转型升级。

（三）"有易思"共享供给站的团建模式专业

网络思想政治工作既要有顶层设计又要有基层实践，在基层抓落实就是抓队伍建设。"有易思"共享供给站采用"激励+培育"的方式，通过活力激发、能力培养、梯队搭建"三部曲"，实现团队质、量的同步提升，切实保证了网络思政教育成果优势的可持续性。

构建"解茫盒"云平台，打造线上线下联动融合新格局

陶兴旺　杨亚倩　王一涵

(陕西科技大学)

习近平总书记在 2016 年全国高校思想政治工作会议上指出："要运用新媒体新技术使工作活起来，推动思想政治工作传统优势同信息技术高度融合，增强时代感和吸引力。"当前，互联网正改变着当代大学生的行为习惯和思维方式。互联网已经成为高校思想政治教育的前沿阵地。充分利用校园各级各类新媒体平台，搭建网络育人平台，推进网络思政教育的开展，成为高校深入推进全员、全过程、全方位育人的重要举措。那么，如何有效运用网络平台，围绕学生、关爱学生、解学生困惑、助学生成长成才？陕西科技大学构建"解茫盒"云平台探索开展网络思想政治工作的新路径。

一、工作主题及思路

"解盲盒"是当下青年学生喜爱的潮流话题，将"盲"改成"茫"，顾名思义，"茫"为"迷茫"。"解茫盒"是在青年亚文化视域下充分融合异质性亚文化人群的消费心态、情感需求与文化行为，通过打造线上线下相结合的工作平台，将当代青年学生群体中"泛"且"盲"的现实困惑转化为正确合理的情感慰藉和柔性社交，从而及时有效地为学生服务，解学生生活之"茫"、学业之"茫、"思想之"茫"，真正做到"我为学生办实事"。

本案例秉承"全心全意为学生服务"的初心，以"知需、听思、答疑、解惑"为服务理念，以"线上集惑—线下解惑—联动见效"为设计思路，搭建了一个线上"解茫盒"云平台，建立了四支线下实践服务团队，打造了三个支撑和丰富云平台内容输出的网络文化工作室，以此来实现对青年学生的集惑与解惑，从而打通高校思想政治教育"最后一公里"的实践创新路径，大力拓展思政育人的高度、深度与广度。项目思路如图 1-5 所示。

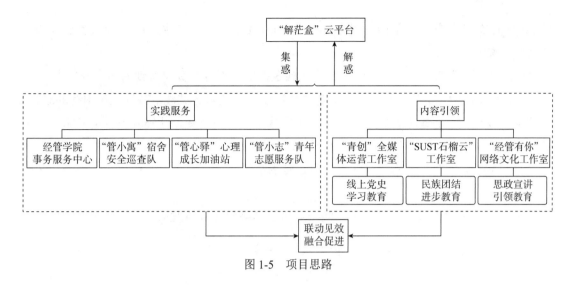

图 1-5　项目思路

二、实施方法与过程

（一）构建一个"解茫盒"云平台——知需·听思

"解茫盒"云平台结合学生群体"无人不网、无处不网、无时不网"的新形势，充分利用互联网服务功能，设置"茫盒仓库、发起茫盒、我的茫盒、投诉建议"四个板块。其中，"茫盒仓库"即所有学生的提问与解答数据库，同时具备关键词搜索功能；"发起茫盒"即学生的提问窗口，学生可在此模块提出自己的疑惑；"我的茫盒"即学生查看回复的窗口；"投诉建议"则是设计平台二维码张贴于学院 341 个学生宿舍，方便学生扫码进入云平台，随时提出困惑、表达诉求和征集意见。此外，"解茫盒"云平台还设置"公示"栏，及时发布各项学生工作的通知公示，如奖学金申请通知、证书领取通知等。

"解茫盒"云平台拉近了学院与学生、教师与学生的距离，为做好思想引领和教育管理工作提供了有效保障。在疫情防控期间，学生面临一系列新的实际问题和困难，如快递无法及时送达、人员不能随意外出、个人物资储备不够充分等。基于此类问题，"解茫盒"云平台及时拓展系统，开发疫情互助功能，设置"我有物资""我有需求""信息发布"等多个模块，在校师生不仅可以发布物资需求获得帮助，还可以将个人闲置物资信息发布到平台上，在求助者与助人者之间架起一座桥梁，助力师生守望相助、共克时艰。

（二）建立四支线下实践服务团队

1. 建立经管学院学生事务服务中心——答疑·解惑

依据"解茫盒"云平台中学生普遍提出的意见和建议，学院及时进行有效介入，建立经管学院学生事务服务中心，一站式解决学生事务性问题。该中心开设"党务窗口""团学组织服务窗口""日常事务窗口""就创教育服务窗口"和"事务咨询窗口"五个窗口，细化办事流程，方便学生办理业务；选聘政治素质高、业务能力强的学生骨干，组成

"1+1+10+N"的服务人员架构,即1名指导教师、1名优秀研究生、10名窗口负责人和若干优秀干事。

(1) 线下点面结合,为解决学生的具体问题提供了平台,真正做到为学生办实事。

(2) 在解决学生具体问题的同时,解决长期以来高校辅导员被事务性工作困扰的难题,逐步实现学生向"思想工作找导员,事务工作找中心"的转变,让辅导员有更多精力聚焦主责主业。

(3) 发挥学生"自我教育、自我管理、自我服务、自我监督"的作用,将理论与实践相结合,通过实践达到育人实效。

该中心自运营以来,先后从事学院毕业生档案整理、资料发放、就业派遣等工作。

2. 建立"管小寓""管心驿""管小志"——落细·落实

为关注学生的心理健康、强化学生宿舍安全教育,同时切实提升实践育人效果,"解茫盒"云平台分别设立"管小寓"宿舍安全巡查队、"管心驿"心理成长加油站和"管小志"青年志愿服务队。其中,"管小寓"宿舍安全巡查队主要通过学生宿舍安全排查、宿舍矛盾解决、宿舍卫生管理等工作维护学院宿舍安全,保障宿舍正常生活,为学院舍风建设贡献力量;"管心驿"心理成长加油站主要负责学生心理问题排查与咨询、心理健康教育等相关工作,为学生提供温馨可靠的心理驿站;"管小志"青年志愿服务队主要负责志愿服务活动的组织与实施工作,为全体学生参与志愿服务活动提供便利。

这三支队伍分别在"管鲜事"微信公众平台开设"经管·心理""经管·舍风""经管·志愿"专栏,进行相关宣传工作。

(三) 打造三个网络文化工作室

为强化宣传引领作用,2014年创建并运营"管鲜事"微信公众号,目前关注量为9000以上。"管鲜事"打造了学风舍风、党建、心理、榜样力量、共抗疫情等系列推文,聚焦宣传引领,让学生在日常生活中注重意识形态的正确导向,打开思政教育新格局;筑牢学生思想基础,强化思政教育。以微信公众号"管鲜事"为基础,成立了"青创"全媒体运营工作室、"SUST石榴云"工作室和"经管有你"网络文化工作室。三大工作室打造了一支有守、有为、有担当,专业化、标准化、技术化的宣传团队,全面负责学院网络思想政治引领、线上宣传等工作,形成了以"管鲜事"微信公众号为主,以抖音、微博、QQ为辅的同频共振新媒体网络生态圈,搭建起线上线下协同育人的"立交桥"和"同心圆"。各宣传队伍统筹协调、形成合力,做到了标兵榜样齐宣传、重大事件共发声,实现了宣传途径多元化、宣传载体全覆盖、宣传内容多方位、宣传效果入人心。

1. 百年党史耀陕西——启心·明志

"青创"全媒体运营工作室组织"百年党史耀陕西"云端党史学习教育,立足陕西厚重的历史文化特色讲述陕西党史故事,邀请教师及学生深入陕西红色革命根据地通过实地实景讲述、歌曲传唱的方式传承红色基因，积蓄青春力量，在求变、求新、求活力中推动党史文化传播，深入学习百年党史，推动广大学生学史明理、学史增信、学史崇德、学史力行，解答青年学生在党史学习教育中的思想困惑。"青创"全媒体运营工作室推出了《陕西革命的火种》《荔北战役》《清涧战役》《爷台山战役》等教育视频作品 10 部。

2. 经管学院党员先锋大讲堂——笃行·奋进

"经管有你"网络文化工作室借助学生在"解茫盒"云平台上提出的共性问题进行设计安排，以"榜样师生齐参与·激励学生共奋进"为目标进行一体化思政宣讲，开设以教工党员和学生党员为代表的"经管学院党员先锋大讲堂"，通过"榜样引领篇"和"榜样青年篇"两个篇章分别围绕考研、考公、留学、就业等开展长期性主题讲座，并通过"经管有你"抖音账号进行网络直播，为学生讲经验、理思路、指方向，促进学生成长成才。

3. 民族团结一家亲——团结·同心

"SUST 石榴云"工作室通过各类线下活动与线上宣传活动进行民族团结进步教育。2021 年恰逢建党百年，"SUST 石榴云"工作室将"建党百年"与"民族团结进步教育"有机结合，创作了视频作品《颂歌献给亲爱的党》，祝伟大的祖国生日快乐。视频一经发布便在网上广泛传播，并被国家民委、三秦统战、《中国民族报》等多家官方媒体转载报道。自 2014 年起，"SUST 石榴云"工作室连续举办了 7 届民族文化节系列活动。经过 7 年奋斗，民族文化节的影响力从小到大，从第一届的"民族活动日"扩展为第七届的"民族活动月"连续性活动，目前已成为陕西科技大学的品牌活动。在"民族活动月"期间，"SUST 石榴云"工作室聚焦宣传引领，强化思政教育，线下举办民族团结教育纪实展、民俗风情展和文艺汇演；线上充分发挥新媒体矩阵的宣传作用，采用现场直播的方式，在校网络思政中心"SUST 云科大"视频号进行节目直播，在抖音"经管有你"账号进行各民族展区直播，让更多没有到达现场的师生也感受到了各民族的文化魅力，直播观看人次超过 50 000。同时，"SUST 石榴云"工作室制作了多种网络文创产品，让陕西科技大学学子拥有了专属于民族文化节的回忆录，如以民族服饰为主元素的易班熊，以 56 为主元素的口罩，以民族团结、民族平等、民族繁荣、民族进步、民族互助为主元素的激励章，以民族一家亲为主元素的折扇、手环、手提袋、明信片、民族贴纸等，做到了线上线下同频共振，共同营造"民族团结一家亲，同心共筑中国梦"的和谐氛围，共育民族团结之花，共享繁荣发展之果。

三、主要成效

(一) 建立了一个具有影响力的网络思政品牌

经过 2 年的实践与探索，"解茫盒"云平台建设成果丰富；一是成功获批由教育部支持的 2021 年陕西省大学生创新创业训练项目省级立项，二是入选由陕西省委网络安全和信息化委员会办公室支持的 2021 年陕西好网民工程重点项目，三是基于"解茫盒"云平台撰写的工作案例《解茫盒——云端领航青春校园网络文化案例》获得由陕西高校网络思想政治工作中心主办的陕西高校网络思想政治工作案例大赛二等奖。同时，"解茫盒"成为学校的品牌活动，被全国高校思想政治工作网报道，精神文明网以及学校校报发布的《比追剧和网游更"有易思"——陕西科技大学探索网络文明建设新样态》均报道了"解茫盒"云平台的建设成效，得到了学校各位领导、教师的肯定。

（二）发布了一系列传播面广的网络文化作品

以陕西科技大学经管学院"青创"全媒体运营工作室为载体，学校拍摄了《党史故事》《民族团结进步教育》等专题视频 10 部，浏览量 10 万以上。其中，视频作品《口罩不是替罪羊》获得陕西网络文化节优秀奖，《颂歌献给亲爱的党》被国家民委、三秦统战、《中国民族报》等多家官方媒体转载报道，《"四维聚力"绽放民族团结奋进之花》在全国高校思想政治工作网发表，《从党史中汲取奋进的力量》在《西安日报》上发表。同时，在疫情期间发布了《等摘掉口罩，再用力拥抱》等多部网络文化作品。其中，以"西安加油"为主题的黑板报被《陕西都市快报》报道，歌曲作品《你好，我的西安》被《华商报》报道，《请战，算我一个》被全国高校思想政治工作网报道等。

（三）解决了一批学生"急难愁盼"的问题

学校基于"解茫盒"云平台，专门设计平台入口二维码，张贴在每一间宿舍，方便学生随时扫码，及时提出困难与问题。自搭建以来，"解茫盒"云平台累计收集线上线下学生日常生活中的问题百余个，处理各类学生事务性工作 5000 余条，服务学生 2000 余人次，受到学校领导和师生的认可。通过问题反馈收集，解决了预科班教室比较拥挤、少数民族学生英语基础普遍比较薄弱等问题，协助安排预科班教室、购买桌椅，联合校阳光助学中心针对少数民族学生开办大学英语免费辅导培训班等多项工作，竭力把学生提出的问题解决好、解决实。同时，"经管学院党员先锋大讲堂"累计开设 10 期，直播效果非常好。此外，在疫情防控期间，疫情防控互助功能为全体学生提供了便利，解决了学生遇到的难题，助力学校疫情防控工作的开展。

四、改进计划

（一）优化平台建设，增加新服务，扩大影响力

以学生需求为导向，增加"解茫盒"云平台功能，优化平台建设，增强平台服务力。在此基础上，强化学生队伍培养，加强品牌化实践队伍和网络文化工作室建设，持续提高"解茫盒"——我为师生办实事品牌的亲和力、影响力，多措并举，使线上线下育人工作深

度融合，不断完善服务功能，探索建立工作长效保障机制，不断提高立德树人的育人成效。

(二) 坚持青年导向，传播新思想，培育正能量

以青年为导向进行网络文化作品创作，新媒体作品的选题和完善坚持从青年出发，采用青年喜闻乐见的方式，从青年中来，到青年中去，用青年形象塑造青年榜样，传播时代新思想。同时，以正能量培育和学生思想引领为工作内容，紧抓时政热点，以贴近青年的角度和语言解读新思想，开展理论学习，在潜移默化中进行思想引领，培育青春正能量。

(三) 开展学术研究，分享新经验，增强持久力

"解茫盒"云平台建设应该不断总结经验，进行科学研究，运用科学的方法提出多方面的建议。通过撰写相关论文、申报相关科研项目、建立网络思想政治工作室等，也能获得外部更多的支持。同时，还应该进行多层次的展示，促进工作经验交流分享。

(四) 改善网络环境，丰富新内容，加强认同度

"解茫盒"云平台为学生提供提出问题与困难的平台，可以有效地减少学生"网络发泄"的情况。因此，应该继续丰富网络文化供给，构建主流网络文化阵地，根据学生关注的热点话题等进行"精准画像"，捕捉学生的思想动态，依托"精准画像"定制内容供给，并在网络作品输出中融入积极向上的网络文化内容，在潜移默化中进行思想引领，改善网络环境，提高青年学生群体对主流文化的认同度和践行度。

翱翔青年云讲堂

周凯　马婷婷　杨省喆

(西北工业大学)

西北工业大学以习近平新时代中国特色社会主义思想为指导，全面贯彻落实全国教育大会和全国高校思想政治工作会议精神，不断完善体制机制建设，构建"大思政"工作格局，以"五维一体"文化为抓手，积极推进协同育人，把思想政治工作贯穿教育教学全过程，全面提升思想政治工作质量，搭建育人平台，为广大学子提供弘扬正能量的实践载体，将新时代中国青年的形象展现在世人面前，宣传青年榜样，彰显大国担当。西北工业大学青年宣讲团开设专题讲座品牌——"翱翔青年云讲堂"，汇聚众家之长，表达青年态度。

一、工作主题及思路

"翱翔青年云讲堂"项目成员通过实地走访、理论调研等社会实践形式为项目运行打下了坚实的基础。项目成员前往陕西省汉中市镇巴县开展实地调研，助力山区脱贫攻坚事业发展；参加西北工业大学"礼敬吾师"教师节颁奖典礼，同时作为学生代表发表题为"支教一年，自教一生"的个人演讲；前往陕西城固县开展"筑梦逐光"系列社会实践活动，了解当地乡村教育现状；前往革命圣地延安开展实地调研，共同追寻信仰的力量；等等。

"翱翔青年云讲堂"以"汇青年之力，宣时代之声"为主题，受众覆盖广西壮族自治区柳州市融水苗族自治县、陕西省汉中市城固县及镇巴县等山区的中小学生和来自摩洛哥、墨西哥、马来西亚、巴基斯坦等 30 余个国家的留学生，以西北工业大学青年宣讲团为执行载体，旨在培养一支组织高效、政治过硬、业务突出的青年讲师队伍，在全球视域下探索思政教育的新形式，结合大学生自己的所见、所闻、所感，以贴近青年的方式，围绕高校青年思政教育等展开讲述，为广大受众提供有"温度"的课堂。

此外，针对部分山区学生，翱翔青年云讲堂从"扶志+扶智"双模式着手，引导他们树立远大理想，将"心中有信仰，脚下有力量"融入"云讲堂"，传递责任与担当，鼓励他们用积极行动去实现自己的梦想；积极广泛宣传爱国之情、强国之志、报国之行，点燃他们的爱国情与强国梦，鼓励他们以梦为马，不负韶华。

二、实施方法与过程

(一) 活动时间

(1) 试讲：第二周授课的学生于第一周周日进行线上试讲(以此类推)。

(2) 线上课程(正式)：每周选取一个固定时间(具体可与受众商议)。

(二) 活动时长

30～45 分钟(中间不休息)。

(三) 活动平台

腾讯会议、微信、QQ、B 站、钉钉等。

(四) 活动筹备

1. 授课方

拟定西北工业大学宣讲团讲师 2～4 人为一组，各小组独立完成一期"云讲堂"课程。组内人员主要完成以下工作：课程主题的确定、与课程相关主题材料的收集、课程 PPT 制作、授课文稿的撰写、单人或多人线上网络讲演等。

授课主题(供参考，可拓展)：

(1) 学习贯彻习近平新时代中国特色社会主义思想主题教育。

(2) 学习与宣传习近平总书记关于党史、新中国史、改革开放史、社会主义发展史等方面的重要讲话和指示精神。

(3) 新时代大学生理想信念、价值理念、道德观念教育。

(4) 青少年的心理健康教育、法治素养教育。

(5) 科学防疫知识及其时政热点、疫情最新进展等，做好合理辟谣工作。

(6) 弘扬社会正能量，融入爱国、担当、责任、奉献类主题。

(7) 发掘疫情视域下的感人事迹，致敬疫情"逆行者"。

(8) 学习与弘扬中华优秀传统文化、革命文化和社会主义先进文化。

(9) 西北工业大学励志事迹挖掘与讲述。

例 1：西北工业大学宣讲团课程——"校园抗'疫'战，我们在行动"

授课内容可从新冠肺炎疫情回顾、科普知识、口罩佩戴、正确洗手、交通出行、消毒剂配置到预防性消毒和提高个人免疫力措施等方面进行详细设置。

例 2：西北工业大学宣讲团课程——"抗疫中的学习教育"专题讲座

该专题讲座围绕"教育优先""停教不停学""学生视角看待疫情与学习的心态"以及"危机与契机"等主题对受众进行科普，同时可以与他们共同探讨"新冠疫情给教育带来了什么"以及"如何高效率在家上网课"等问题。

例3：西北工业大学宣讲团课程——"战'贫'列车到站，青春奋斗无涯"专题讲座

从贫困走向小康，从落后走向富强，数十年来，伟大的中国人民勤劳致富，自强不息，取得了脱贫攻坚战的全面胜利。该专题讲座以"战'贫'列车到站，青春奋斗无涯"为主题，重点讲述中国人民在脱贫攻坚战中的奋斗历程，旨在通过生动活泼、简单易懂的方式向学生解读"全面小康"概念，引导学生了解我国脱贫攻坚政策，从而树立勤劳致富、自强不息的正确人生观。

例4：西北工业大学宣讲团课程——"我和2035有个约——'翱翔青年云讲堂'与你共赴新春新征程"专题讲座

西北工业大学作为国家科技创新的重要力量，始终肩负着培养具有家国情怀、追求卓越、引领未来、担当民族复兴大任的时代新人的重担，在党的十九届五中全会精神的指引下团结奋进，续写新篇章。该专题讲座以"我和2035有个约——'翱翔青年云讲堂'与你共赴新春新征程"为主题，旨在为受众系统讲述青年人成长成才与实现伟大复兴中国梦的紧密联系。该专题讲座围绕文化自信、科技创新、新型城市、智能工业、美好生活、对外开放以及乡村振兴7个主题，生动描绘了当代中国青年心中2035年的模样。同时，结合西北工业大学杰出校友的事迹，将西北工业大学梦和中国梦联系起来，讲述西北工业大学始终与国家和民族同频共振、与时代发展同向同行的使命担当。

宣讲小组需要提交如下材料：

(1) 讲稿。

(2) 授课PPT。

(3) 授课录屏。

(4) 个人感悟。

2. 听课方

做好通知、宣传工作，力争让更多有需要的听众加入其中，让更多人可以聆听到西北工业大学的故事、时代故事、中国故事；确保受众可以正常使用相关授课软件，确保当地网络可以使受众正常听课。

听课方需在上课前10分钟进入相关线上课堂(需带纸笔，方便记录)。

(五) 活动方式

本项目采取线上授课模式，通过幻灯片(PPT)、小视频以及人物演示等方式，穿插幽默有趣的互动，利用学生的课余时间，采取短课时(30～45分钟)的模式，在有限的时间里最大限度地让学生补充与拓展知识。同时，倡导开展课后互动活动，构建起山区中小学生与高校接触与沟通的桥梁，激发山区学生的学习热情，为山区教育的跨越式发展贡献西北工业大学的一份力量。

(六) 项目组成员队伍建设

"翱翔青年云讲堂"项目由西北工业大学青年宣讲团全权承办,项目组成员均从参加校团委主办的"工大青年说"演讲比赛的成员及研究生支教团成员中遴选而出,他们业务能力强、理论基础扎实;项目组职能机构分工明确,管理章程规范,内部工作流程清晰,致力于打造一支工作态度严谨、步伐整齐划一的队伍。

(七) 项目宣传

(1) 考虑到疫情等因素的影响,项目组始终紧抓线上宣传阵地。活动伊始,项目组着力构建西北工业大学青年宣讲的新品牌、新名片、新概念——"翱翔青年云讲堂",汇聚众家之长,表达青年态度,凝聚青年之力,争做文明网络新使者,注重榜样精神的宣传与推广,秉承"讲好工大故事、时代故事、中国故事"的宗旨,传承"公诚勇毅"校风,牢记"三实一新"校训,深入学习贯彻习近平新时代中国特色社会主义思想,贯彻学校第十三次党代会精神,落实"五个以"办学理念,诠释西北工业大学校园文化理念,以讲好西北工业大学故事为主体,弘扬社会主义核心价值观,围绕工大典型事迹、扶贫卓越故事、宣讲"延安精神"以及宣扬中华优秀传统文化等主题,针对校内外师生定期开展宣讲,积极推进革命精神走进校园,深入校级、院级、班级等组织,以青年人的声音传递社会正能量,结合"爱国情、强国梦"主题宣讲,培养青少年的爱国之情与报国之心。合理、高效、健康、绿色地使用互联网资源,是"翱翔青年云讲堂"项目的核心工作之一。

(2) 围绕宣讲的核心工作内容,做好校内外新闻平台的宣传与推广,推送丰富、出彩、内容饱满且具有正能量的新闻和文章,结合时政,合理辟谣,并以"共抗疫情·爱国力行""学习'四史'专题宣讲"等主题教育为契机,开展以"读、写、拍、画、创"为形式的特色文化活动,传播西北工业大学青年正能量,传递当代学子的责任与担当。

(3) 开设属于西北工业大学青年宣讲团自己的媒体阵地——微博(西北工业大学青年宣讲团),为更好地塑造"工大名片"奠定基础,并将其作为完善团队宣讲内容的一种媒介与平台。此外,积极提供学生喜闻乐见的相关话题,做好与青少年学生之间的互动与联系工作,紧抓青少年学生关注的热点,积极引导青少年学生健康使用网络,争做构建和谐网络社会的助手。

(4) 结合青少年喜欢的新媒体平台,进行短视频的相关剪辑与分享,并将其作为宣讲项目的延伸媒介,使更多受众可以随时聆听"翱翔青年云讲堂"专题讲座的精彩内容,弘扬社会正能量,也为高校育人改革新途径的开辟奠定基础。

三、主要成效与经验

(一)汇聚众家之长,表达青年态度

自"翱翔青年云讲堂"项目建立至今,其团队组织有序、运转高效,累计培养来自全校 21 个学院的本硕博 112 名讲师,宣讲覆盖中英文,开展"翱翔青年云讲堂"系列宣讲 33 期,主题涵盖科学防疫、心理辅导、脱贫攻坚、志智双扶、爱国教育、国情与政策等,受众覆盖广西壮族自治区柳州市融水苗族自治县、陕西省汉中市镇巴县及城固县、云南省红河州、青海省循化撒拉族自治县,包括哈尼族、彝族、藏族等多民族中小学生,并对 30 余个国家的留学生开展英文宣讲,累计受众 50 000 余人次,服务时长 6000 余小时。

(二)顺应时代发展,整合媒体矩阵

自"翱翔青年云讲堂"项目建立至今,青年宣讲团积极整合新媒体矩阵,创新宣讲路径,快速占领线上宣讲阵地;通过腾讯会议、腾讯课堂、B 站直播、微博等新媒体平台,精准释放多种类、广角度的专题讲座内容。

"翱翔青年云讲堂"专题宣讲活动内容累计被报道 80 余次。其中,《人民日报》、"学习强国"App 等主流媒体深度报道 10 余次。2020 年 5 月 3 日,青年宣讲团学习习近平总书记给北京大学援鄂医疗队全体"90 后"党员回信的重要精神的画面被《新闻联播》报道,引发了广大学子的热议并产生了广泛、积极的社会影响。2020 年 9 月 2 日,团属讲师参与撰写《陕西日报》"开学第一课"《我体会到信仰的力量》专栏文章,从青年宣讲团暑期社会实践成果和精神感悟方面展开论述,倡导青年学生用实践去体悟信仰的力量,让青春在坚守初心中绽放绚丽之花。

(三)构建互动桥梁,传递榜样力量

自"翱翔青年云讲堂"项目建立至今,团属成员与社会各界青年榜样积极互动,邀请陕西省第一批援鄂医疗队队员和第四批援鄂医疗队队员讲述援鄂抗疫事迹,滋养青年学生的爱国情、强国梦。

此外,该项目与校扶贫办、校扶贫干部及校内各学院互动,参与组织承办校党委"脱贫攻坚中的工大力量"思政课,邀请校党委常委、宣传部部长、校长助理等指导教师召开西北工业大学青年宣讲团工作座谈会等。

(四)感悟信仰力量,凸显育人实效

一年时间,"翱翔青年云讲堂"项目多题材、广角度、大范围的宣讲工作获得了社会各界的肯定。入选"'网聚正能量 争做好网民'2020 陕西好网民工程精品项目"。团队于2020 年陕西省大中专学生志愿者暑期文化科技卫生"三下乡"社会实践活动中荣获省级标

兵团队，团属成员于"三秦青年说"省级赛事中荣获二等奖、优秀奖，团队荣获西北工业大学抗击疫情先进集体、五四红旗团支部、战疫青年先锋队等荣誉称号，并在暑期定向社会实践评比中获校级特等奖。

此外，"翱翔青年云讲堂"作为高校思政教育的新载体，其团队始终致力于修炼内功、创新发展，于 2020 年暑期深入红色革命圣地延安开展社会实践，用双脚丈量先辈足迹，用双眼洞悉时代变迁，用心灵感悟红色传承，学习"中国共产党为什么能"的胜利密码。实践结束后，团队成员将所学所悟付诸行动，将"真学真信、真懂真用"品质落实到宣讲中，将"实事求是"准则贯穿到生活中，将延安精神融入高校青年思想政治教育。

(五) 建设育人平台，助力思政教育

青年宣讲团成立伊始便率先成立团支部，以团建带动队伍建设，发挥组织力，本着"全员都能讲，全员都要干"的原则，实行专项业务与专职管理一体化工作模式，实现了宣讲主题策划、内容制作、宣传推广、技术支持全过程的自我管理、自我服务。同时，实现了平台建设与课程建设一体化，将宣讲团实践育人平台建设与素质拓展课程建设相结合，成功申报并开展"青年讲师团"课程 2 门，通过基础知识讲授、技能试讲等环节实现实践育人。同时，加强理论创新与高校思政教育一体化建设，打造新时代高校实践育人平台，申报名为"全球疫情视域下高校思想政治工作方法研究——以西工大青年宣讲团为例"的校级思政课题，并获重点立项。在党的十九届五中全会期间，青年宣讲团携手 10 所高校广泛开展"学全会精神，扬时代之声"联合宣讲活动，以青年视角共学党的十九届五中全会精神。此外，团队广泛开展"进学院""进连队""进基层"等专题宣讲，为高校思政教育改革提供新思路、新路径、新举措。

四、未来展望

未来，青年宣讲团将继续完善"翱翔青年云讲堂"项目建设，利用寒假等模块化的集中时间，开展集体备课，建立并逐步完善"翱翔青年云讲堂"暨"精品课程库"项目，通过宣讲文稿的收集、修改、审核等，为新学期青年宣讲"菜单式"项目的落地服务。

(1) 围绕青年宣讲品牌项目——"翱翔青年云讲堂"，开展相关宣讲工作，寒假期间已完成培训类宣讲 3 次、政策类宣讲 1 次，预计继续开展大范围线上青年宣讲 4 次。

(2) 本着实践育人的原则，在假期内积极整合内部矩阵，对以往单支社会实践队伍建设进行较大调整，建立 3 支社会实践队伍，分别为淬炼红色初心——探索"四史"学习新模式、五地联动——以青年视角观祖国发展、"翱翔青年云讲堂"2021 山区筑梦行动。

(3) 筹划围绕"四史"等专题学习开展青年宣讲，结合 3 支社会实践队伍学习内容，

为新学期专题宣讲奠定基础。筹划围绕重大时间节点开展相应主题宣讲,如"中国共产党成立 100 周年"系列宣讲等。

未来,"翱翔青年云讲堂"项目团队将在校党委的坚强领导下,在校党委宣传部和团委的共同指导下,不忘初心、牢记使命,永葆爱国奋斗的精神,积极为青年宣讲平台的构建与拓展贡献青春力量,汇青年之力,宣时代之声!

"三全育人"背景下网络育人矩阵构建探索

朱伟 卢毅 郑瑞博

(西安电子科技大学)

在新时代"人工智能+教育"和"三全育人"的大背景下，利用互联网技术、大数据和新媒体推进思想政治教育的改革创新，已经成为高校思想政治工作者的共识。统筹师生力量，更加有效地调动学生的主观能动性，构建学生同时作为教育主体和教育客体参与网络思政教育、融入网络思政教育全过程的高校网络思政协同育人机制，探索将网络育人融入日常思想政治教育与学生管理过程的途径，形成协同效应，提高育人实效至关重要。

一、案例基本情况

作为教育部第二批"三全育人"综合改革试点单位，西安电子科技大学空间科学与技术学院按照"铸阵地、增给养、重引导、强队伍"的工作思路，以"121"新媒体网络工程为基础，创建了一支纵横联通的网络育人主体队伍，建成了"2+N"个务求实效的新媒体平台，创新了一批打动人心的网络思政育人产品，通过推进主客互动、凸显学生主体地位、利用网络媒介、多级多元联动、深化供给侧结构性改革等一系列举措，构建网络思政育人矩阵，着力营造"以文化人、春风化雨、润物无声"的德育氛围。网络育人模型如图1-6所示。

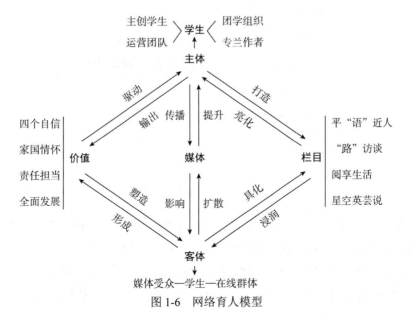

图1-6 网络育人模型

以《时代向心力——平"语"近人小课堂》漫画微党课等为首的网络思政育人作品坚持"提升高度，保证力度，务求效度"原则，发挥学生的主观能动性，学生感受时代脉搏，传达主流价值，讲好时代故事，探索"思政贯通、师生联动、主客互动"的网络育人新模式。

二、组织实施过程

2018 年 4 月 20 日，在全国网络安全和信息化工作会议上，习近平总书记强调"过不了互联网这一关，就过不了长期执政关"。当前，以"00 后"为主体的大学生是新一代网络主体，网络上海量的信息和多元化的价值观无不对大学生的思想和行为产生较大影响，网络空间已成为意识形态领域斗争的"主战场"，成为价值观念对垒博弈的关键制高点。因此，网络思想政治教育肩负着"举旗帜、聚民心、育新人、兴文化、展形象"的历史使命，具有鲜明的意识形态性。

2019 年，西安电子科技大学空间科学与技术学院获批教育部第二批"三全育人"综合改革试点单位。

(1) 学院以习近平新时代中国特色社会主义思想为指导，以立德树人为根本，以理想信念教育为核心，以社会主义核心价值观为引领，以全面提高人才培养能力为关键，厚植钱学森的航天精神和家国情怀，强化"大思政"育人格局，重点在网络育人和文化育人方面发力，构建网络思政育人矩阵(图 1-7)。

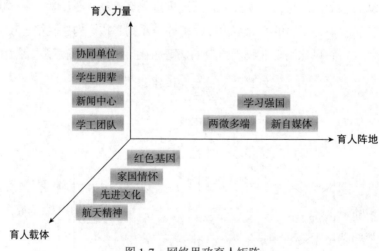

图 1-7　网络思政育人矩阵

(2) 学院在网络思政育人过程中坚持弘扬家国情怀、传播主流价值、增强思政魅力、汇聚教育合力，内化了"铸阵地、增给养、重引导、强队伍"的工作思路，以"121"新媒体网络工程为基础，创建了一支纵横联通的网络育人主体队伍，建成了"2+N"个务求实效的新媒体平台，创新了一批打动人心的网络思政育人模式，从网络思政育人团队、网络思政育人阵地、网络思政育人载体三个维度出发，构建具有向心力、影响力、感染力的网络思政协同育人机制。

① 网络思政育人团队：以学院新闻中心网络思政育人工作组为核心，由学院思政教师进行具体指导，团学组织和各年级班团组织广泛参与，发挥学生的才智和主观能动性，形成"一核多支点"的网络思政教育平台的立体架构。

② 网络思政育人阵地：以"学习强国"App 为主旨主线，以学院微信公众号、视频号以及抖音号为主体，以学院微博、官方网站、各级微信群和 QQ 群等为辅助，构建互补互融的网络思政育人阵地。

③ 网络思政育人载体：立足当代大学生时间碎片化、知识快餐化等新特点，不断创新内容供给形式，利用网络作品"短、精、准"的特点弘扬社会主义核心价值观，宣传红色文化、传统文化、先进文化，讲好新时代中国特色社会主义故事，凸显"强信心、暖人心、筑同心"的功效。

(3) 学院坚持"与时俱进、以生为本"的建设思路，研判学生的所思、所想、所需，从实际出发，强化各平台内容属性、提高其附加值，寓传承红色基因于对学生实际问题的解决过程，逐渐增强学生对各平台的认同感和获得感；利用好数据分析等信息技术，定时分析各平台内容供给的需求度，不断因事而化，聚焦精准传播，构建灵活高效的网络思政育人载体。

(4) 学院坚持以微漫画、微视频、微网文等为主要形式，以微博文章、平台直播等形式为补充，推出《时代向心力——平"语"近人小课堂》漫画微党课、"星空英荟说"人物访谈系列、"航天专家面对面"专题直播等网络思政作品；在思政教师的引导下，最大限度地发挥学生的主体作用，引导学生在自我提升中尝试施教于人，在真学真信中探索以行促知，在细照笃行中推动知行合一，创作学生喜闻乐见的网络思政育人作品。

三、工作成效

西安电子科技大学空间科学与技术学院依托教育部"三全育人"综合改革试点平台，探索将学生既作为网络思政教育施教的主体又作为受教的客体，坚持"提升高度，保证力度，务求效度"原则，发挥学生的主观能动性，让学生感受时代脉搏，传达主流价值，讲好时代故事；将思政德育、艺术美育、网络智育相互融合，不断探索网络育人新方法。学院借助互联网平台传播主流思想，采取学生乐于接受的方式开展思想政治教育，采用漫画等载体，通过网络进一步拓展思政教育的深度，推进新媒体技术与思政教育深度融合，提高学生自主学习、自我探索、自我评价、自我完善的能力。

(一) 创新网络思政教育形式

针对当代大学生思想多元化、学习网络化、时间碎片化的特点，学院创新网络思政教育形式，推动学生思政教育向深里走、向实里走、向心里走，引导学生从真学真信向真懂真用跃升。例如，学生新闻中心网络思政育人工作组策划推出《时代向心力——平"语"近人小课堂》漫画微党课，旨在把握学生话语体系，利用学生在网络思政教育中教育主体和教育客体的双重身份，用党言党语讲政治，用新言新语谈发展，用学言学语话感悟，把网络的变量变为育人的增量。同时，学院联合西安美术学院开展支部结对联建合创，使思政德育和艺术美育相得益彰，让学生在用画笔描绘祖国辉煌发展历程的同时，在心灵上受到深层次的浸润和洗礼。

（二）学生组织积极参与，内容涵盖广泛

在学院"三全育人"工作领导小组的指导下，学院新闻中心网络思政育人工作组牵头，各学生组织广泛参与，漫画微党课策划组以《平"语"近人——习近平总书记用典》为蓝本素材，结合习近平总书记在全国教育大会上的讲话，推出《时代向心力——平"语"近人小课堂》漫画微党课系列，内容涵盖乡村振兴、中华优秀传统文化、中美贸易战、人类命运共同体、五四精神、区块链等多个热点主题。

为推动"五育并举"，学院与西安美术学院实验艺术系协同联动，将思政德育和艺术美育相结合，以两校各团支部结对联建的形式开展创作和评比，鼓励学生新益求新，用"新"而"活"的形式讲"短"而"精"的故事、传"深"而"实"的道理，创作更多朋辈思政网络作品。

四、案例启示

漫画微党课系列作品将红色文化、传统文化、校园文化有机融合，以"新"为先、以"微"为本、以"实"为要，具有通俗易懂、易于传播的特点，春风化雨润物无声。学生在创作过程中用自己的话语体系、耳熟能详的语言、喜闻乐见的形式、普遍认可的道理弘扬主旋律，传播正能量，有效支撑"三全育人"的各个环节，建立起多圈层、同向同行又融会贯通的"大思政"育人同心圆。

《时代向心力——平"语"近人小课堂》漫画微党课系列作品的特点主要体现在以下三个方面。

（一）平台多端并举，让传播方式有引力

不同于传统党课形式，漫画微党课易于传播、便于学习，以习近平总书记画龙点睛的语句为主线，用图文并茂的形式把习近平总书记的思想精髓内化在一幅幅漫画中，既生动形象又符合当代大学生的知识接受习惯，可在各类自媒体平台接续传播，较好地营造了春风化雨的育人氛围。

（二）形式多元并重，让网络育人有动力

每期漫画微党课侧重点均不相同，结合时政热点纵横延展，以立德树人为主线，内容供给灵活。同时，不断提高参与度，由早期少数人的集思创作转化为各团支部的共同耕耘，让学生在参与制作中体悟时代脉搏、感悟中国成就、领悟思政内涵，学有所思、学有所获。

（三）内涵多传并进，让党建思政有活力

用典场景为始，寻根溯源解意，立足实际谋划，漫画微党课以三段式结构，将治国理政的思想文化、博大精深的传统文化、立德树人的校园文化相融合，用明晰的图画、精练的语言为自身注入鲜活动力。

阅读者学习兼受教，创作者思考兼提升，漫画微党课网络思政作品探索"思政贯通、师生联动、主客互动"的网络育人新模式，学生的正向反馈是新形势下网络思政创新的最好成效。

《时代向心力——平"语"近人小课堂》漫画微党课系列受众反响良好，在师生新媒体平台广泛传播。该系列作品师生负责人荣获校"新媒体之星"荣誉称号，系列作品获评校优秀新媒体原创作品。与此同时，该系列作品获得教育部"不忘初心、牢记使命"主题教育巡回指导组组长、校领导和学校党委宣传部的高度评价，相关经验在"学习强国"App、陕西省教育厅官网专题稿件中予以报道。同时，以该系列作品为蓝本的工作案例荣获中国电子教育协会思想政治教育优秀工作案例一等奖、陕西省高校网络思想政治工作优秀案例二等奖等。

未来，西安电子科技大学空间科学与技术学院将持续遵循"铸阵地、增给养、重引导、强队伍"的工作思路，接续发力打造具有影响力和感染力的"大思政"网络育人矩阵：一是创新一批以"我为家乡代言 vlog""星空青年说"等为代表的具有鲜明时代特色和突出学院特点的网络育人产品；二是不断扩大《时代向心力——平"语"近人小课堂》漫画微党课的覆盖面和影响力，立足热点，推陈出新，传播正能量，弘扬主旋律，以创新形式打造学生喜闻乐见的网络育人栏目；三是加强"西电空间院""空间党群 e 家"两个微信公众号的建设，面向不同师生群体需求构建线上学习宣传平台与在线管理服务系统；四是以微博和网站两个面向社会公众的宣传平台为载体，打造内容丰富、信息快捷、具有空间科学特色的对外拓展网络平台；五是建设一支网络育人队伍，以网络慕课和网络宣讲为表现形式组建一支优秀教师和辅导员队伍，打造学院记者团，强化学院新闻中心建设，增强网络育人组织力量。

构建一体化"微传播"，提升思政"时效性"

李 聪

(西安工业大学)

为深入贯彻落实习近平总书记系列重要讲话精神和党中央决策部署，统筹推进疫情防控和年度重点工作，众志成城、全力以赴，深入推进新时代爱国主义教育，西安工业大学认真开展"共抗疫情显担当，爱国力行育新人"主题活动，深刻认识疫情防控背景下加强思想政治工作的重要性、紧迫性，增强辅导员在新形势下做好学生思想政治工作的能力。文学院辅导员认真筹划，利用新媒体微平台，开展多种形式的爱国主义教育，引导广大师生从感性到理性、从自在到自为，激发爱党、爱国、爱社会主义的巨大热情，培养家国情怀。

一、案例基本情况

学院立足思想政治教育与学生工作一线岗位职责和工作任务，引导师生团结一致抗击疫情：作为高校思想政治辅导员，面对严峻的疫情防控形势，应该强化责任担当，克服困难，在做好学校信息排查统计、上传下达、安全教育、心理疏导的同时，还要认真思考，及时总结，把疫情、灾难变成教材，做好学生理想信念教育工作，培养学生坚韧不拔的品质和家国情怀。从实际情况看，这一爱国主义教育探索具有重要示范意义。网络思想政治教育是在网络社会的时代背景下对传统思想政治教育的继承与发展，是以互联网为基础，整合线上线下优质教育资源和方式方法(包括网络舆情引导、网络文化建设等)，以价值传递和思想引导为主要目标的思想教育活动。辅导员要着眼网络思政育人要求，把握新时代爱国主义精神的丰富内涵，营造爱国主义教育氛围，提升学生的爱国报国行动自觉，探索网络思政工作的方式、途径和手段的创新。

二、实施方法与过程

学院积极落实《教育系统关于学习宣传贯彻落实〈新时代爱国主义教育实施纲要〉的工作方案》。新冠疫情暴发后学校积极动员、组织思政教师、辅导员立足实际，将与疫情相关的内容变成教材，开展形式多样的爱国主义教育。辅导员撰写并发表了《疫情之后，我们要上好这门形势与政策课》《见证了最美逆行，更见证英雄凯旋》《网络舆论引导与大学生爱国主义教育研究——基于新冠肺炎疫情的思考》等思政网文；积极录制抗疫思政微课"爱国主义要与投身报国之行相结合";组织学生党支部开展"分享身边战疫故事""战疫阅读"活动,并在学院微信公众号上连续推出;积极感召党员干部、积极分子等志愿加入抗疫队伍,自愿向组织捐款,用自己的实际行动践行爱国使命。学生志愿者在抗疫一线提交"特殊思想汇报",其优异的表现受到媒体的关注和报道。辅导员组织开展在线主题班会和团日活动,深刻认识中国特色社会主义制度优势;立足大学生爱国主义教育,积极申报陕西省辅导员工作研究课题"网络环境下大学生爱国主义教育路径研究——基于新冠肺炎疫情的思考"、西安市社科项目"重大疫情防控中爱国主义精神与网络舆论引导",加强爱国主义理论研究,建立并完善院校微信平台,扩大微传播影响力。

(一)教育队伍创新,由小见大,以点带面,不断扩大覆盖面

在党委学工部的指导下,学院辅导员队伍积极通过网络班会、在线课堂等形式,开展爱国主义教育;立足身边的抗疫故事,积极开展交流讨论;学院 3 个本科生党支部加强交流学习,持续开展"战疫阅读""分享身边战疫故事"等活动;从辅导员到党员干部,再到普通学生,提升爱国主义教育实效性,由小见大,以点带面。

(二)教育阵地创新,善用网络微传播,强化爱国舆论引导

新冠疫情暴发后,辅导员积极做好学生的生活保障、心理关怀和思想引领工作,呼吁青年学生肩负时代使命和责任,与祖国同命运,与人民共患难;通过发表思政网文、录制抗疫思政微课堂,用身边的故事、身边的人物等开展爱国主义教育,引导学生坚定家国情怀。学生积极深入家乡抗疫一线,支部党员捐款支援抗疫,入党积极分子在抗疫一线递交了一份特殊的思想汇报,向组织表明自己抗疫的决心。

(三)教育形式创新,突破时间空间局限,线上线下实现联动

做好高校思想政治教育工作,要因事而化、因时而进、因势而新。面对突发的疫情,辅导员队伍遵循停课不停学的指导原则,结合实际形势,充分利用新媒体手段,发挥手机终端的作用,从传统课堂转向网络课堂,突破时间空间局限,使学生不管在哪里都能接受到爱国主义教育。创新形式不仅仅体现在教育方式上,更重要的是体现在实际环节上:鼓励、引导学生加入志愿者队伍,使学生通过实际行动深化对家国情怀的体会和理解。

三、工作成效

(一)学生参与度、满意度高

疫情期间爱国主义教育平台不仅有校院两级网站、"我在校园"服务端口,还有微信公众号、网文、诗歌、微视频、图片等,均为辅导员和学生原创。在"战疫阅读"和"我身边的抗疫故事"中,辅导员指导党员、入党积极分子、普通学生全程参与,其作品和优

秀事迹不仅被学院平台展出,还被学校官网、陕西传媒网等新闻媒体报道。这些精彩内容巩固了爱国主义教育阵地,丰富了学生的爱国主义知识,引导学生将自己的爱国情怀转化为爱国行动,在抗疫一线用自己的实际行动践行爱国使命。

(二)上级肯定、同仁鼓励

新冠疫情暴发后,教育部致全国大学生的一封信,呼吁青年大学生肩负时代使命和责任;学工部先后发布《防控新型冠状病毒感染肺炎疫情告全体学生书》,组织辅导员加强疫情防控期间学生思想政治教育,弘扬新时代爱国主义精神。思政团队先后在"高校辅导员""高校辅导员联盟"等微信公共平台推出抗疫爱国思政网文,录制微课视频并在学工部微信推出。这些形式多样的抗疫教育活动得到了上级的肯定,同行间进行了广泛讨论;学生党员加入抗疫志愿队伍的感人事迹也被相关媒体报道,学生家长连连称赞。

(三)建设成果丰富

依托学校开展的"共抗疫情显担当,爱国力行育新人"教育活动,学院积极申报陕西省辅导员工作课题 1 项、西安市社科项目 1 项、校级辅导员工作课题 1 项,人民网转载文章 1 篇,在"高校辅导员"微信公众平台等发表网文 3 篇,录制 1 节抗疫思政微课,其所在支部开展的主题活动被学校官网、传媒网等报道,抗疫志愿者获得表彰并被社会媒体采访报道,支部党员参与录制的《我心中的思政课》曾于 2018 年、2019 年分别获全国二等奖、一等奖。

四、案例启示与思考

(一)重视网络思政队伍建设和思想引领

学院每年进行校级、省级辅导员研究课题的申报,围绕专题组织辅导员沙龙、辅导员理论团队学习,增强与兄弟院校的交流,促进网络思想政治工作队伍能力的提升。辅导员要勤思考、多思考,加强互联网知识学习,多措并举,建立一支可靠的网络思政骨干队伍。

(二)精准把握新时代爱国主义精神的丰富内涵

爱国主义的本质就是坚持爱国、爱党、爱社会主义的高度统一。高校辅导员要深刻认识爱国主义精神的实质和丰富内涵,切实加强理论研究与科学阐释,推进对新时代爱国主义重要实践经验总结的课题研究,围绕新时代爱国主义教育,挖掘抗疫爱国故事、先进典型事迹等鲜活素材,推出新时代爱国主义教育精品项目、优秀作品。在校园文化建设过程中,辅导员要善用互联网思维、微传播理念、新方法、新技术,挖掘身边典型人物、讲述身边优秀故事,丰富和创新校园网络文化建设,积极发挥学生的主动性,用好微传播,提高网络阵地育人实效。

(三) 坚持由浅入深, 将激发爱国之情与投身报国之行相结合

学院应组织好"开学第一课""我和祖国共成长""青年红色筑梦之旅"等品牌实践活动, 广泛开展理想信念教育, 深化社会主义和共产主义宣传教育、中国特色社会主义和中国梦宣传教育, 注重激发师生爱国情感, 使爱国主义成为每个人心中的坚定信念和精神力量, 把爱国之情转化为报国之行。

(四) 坚持内外联动, 将挖掘校内资源与运用社会资源相结合

着力挖掘校园文化中"把一切献给党"的爱国主义教育元素, 传承学校精神文脉, 在爱校荣校教育中厚植师生家国情怀。引导师生将个人的"小我"融入祖国的"大我"、祖国的"大我"。扎根人民, 奉献国家, 积极统筹协调校外爱国主义教育资源, 形成全社会共同推动新时代爱国主义教育的良好氛围, 引导学生在实践中坚定报国志向、锻炼自身能力。西安工业大学文学院在抗疫爱国教育中构建一体化微平台, 善用微传播, 积极挖掘抗疫中的感人故事, 坚持由浅入深, 内外联动, 着力通过颂扬先进形象、打造有效载体、营造浓厚氛围、激发爱国情感、激励使命担当等途径进行爱国主义教育。

"三四四制"三部曲奏响西安音乐学院思政强音

王霞　谢宝利　冯洁玉

(西安音乐学院)

艺术类大学生的思想政治教育如何才能因地制宜育出特色、因"艺"施教育出精彩、依"网"托"云"育出实效，是艺术院校共同关注的重点问题和难点问题。近年来，西安音乐学院不断创新网络思想政治教育的改革思路，积极打造自己的"音"特色品牌，探索形成了"三四四制"模式，呈现出多元化齐发力、一体化共推进的独特风景。

一、工作思路

西安音乐学院基于习近平总书记在 2016 年全国高校思想政治工作会议上提出的"运用新媒体新技术使工作活起来"，不断增强思想性、理论性和亲和力、针对性等要求，秉承"明德教化、乐音至善"的校训，融合思想政治工作德育功能和音乐教育美育功能，充分开发利用网络平台，探索"三融合、四推进、四提升"的"三四四制"模式，让富有音乐性的思想政治教育在网端引发共鸣，不断强化铸魂育人效果。"三融合"，即在学理和实践中实现"思政+音乐+网络"三者的逻辑互构，克服各自为政、互相脱节现象：加强"思政+网络"融合，促进系统学习和碎片学习的互补；加强"思政+音乐"融合，从文化自信中找到思想政治教育的思想原动力；加强"网络+音乐"融合，提高教育实效，切实推动三者同频共振、同向同行。"四推进、四提升"，即在工作格局上，通过推进组织同构，提升运行的调控力；在具体实施中，推进协同创新，提升内容的吸引力；在保障支持上，推进平台升级，提升文化的传播力；在队伍建设上，提高教师素养，提升教育的主导力。

二、实施方法和过程

西安音乐学院着力发挥"思政+音乐+网络"的育人功效，促进三者间的一体化、系统化、协同化，让思想政治教育更加专注深耕内容、音乐实践进一步拓宽教育领域、网络平台不断优化传播路径，推动三者多元协同，达到"1+1+1>3"的效果。

(一) 以"融"促联动，推进组织同构，提升运行的调控力

(1) 学校不断完善思想政治工作的领导体制和工作机制，深挖艺术院校的特色和亮点，顺应网络发展大势，树立全校一盘棋的理念，构建"学校党委—相关部门—院系"三级联

动的组织机构，形成组织同构。

(2) 学校全面解析"思政+音乐+网络"融合工作中的相关资源、制度、环境等要素，科学地把握各种要素间相互融合的关系，按照意识形态工作责任制、中长期发展规划、年度工作要点、《思想政治工作质量提升行动方案》、《思政部中长期发展规划》，从目标、组织、保障等方面建立同构机制，形成协同效应。

(二) 以"融"促互补，推进协同创新，提升内容的吸引力

(1) 丰富"讲台上的思政"。深化教学改革，制定《思想政治理论课考试改革实施方案》，积极探索"德音主题"讨论法、音乐人案例感悟法、音乐情境教学法、音乐家名言搜集法、音乐书籍延伸阅读法等模式，制定"'四好'思政课创优行动"实施方案，打造校级"思政金课"，不断增强思想政治教育的吸引力，提高学生自觉学习的能力。

(2) 打造"指尖上的思政"。构建"一平三端"教育体系，以校园网为主平台，结合学校公众号、"学习通""西音思政"公众号等手机端以及慕课、微课等云端教学，突破传统教育的时空限制。同时，通过教师管理端运行数据监控，及时了解学生学习状况，着力构建"互联网+"背景下完整的教学生态体系，提高学生自律学习的能力。

(3) 点亮"舞台上的思政"。学校围绕重大主题设立艺术创作项目，引导师生积极开展音乐创作活动，实现艺术与思政的深度融合。同时，开设学校公众号、"西音思政"公众号等平台，探索"音乐微党课"等模式，将思政的本色与音乐的特色紧密结合，提高学生自主学习的能力。

(4) 升华"田野里的思政"。多年来，学校坚持服务社会，加强高雅艺术进校园、公益惠民演出、志愿者"三下乡"、艺术走边防等大学生社会实践品牌项目建设，与西安市签订了音乐之城建设战略合作协议，把舞台搭建在人民群众中，把感悟转化为艺术作品，既检验了自身的专业培养水准，又培养了学生的家国情怀，提高了学生自主学习的能力。

(三) 以"融"促保障，推进平台升级，提升文化的传播力

学校集中力量打造居于西北领先地位的融媒体中心，成立虚拟现实国际合作创新中心、音乐智能协同创新中心，建立省级音乐智能虚拟仿真实验教学中心，实现教学科研及艺术实践产、学、研、用一体化，在完成人才培养、科学研究、文化传承创新的同时，承载凝聚文化共识、搭建文化桥梁、汇聚文化力量的社会服务职能。在全国第二届虚拟现实技术及应用创新大赛中学校荣获金奖，成为入围决赛的全国高校中的唯一一所艺术院校。

(四) 以"融"促活力，推进队伍建设，提升教育的主导力

要推进"三四四制"模式取得实效，教师的能力和素质是关键。学校高度重视思政队伍建设，着重加强教师"三种能力"的培养：一是通过加强业务培训、实施科研项目、实

地考察和实践研修等方式,增强教师思想引领能力;二是通过开展思政课教师大练兵活动、"质量教学月"活动、青年教师展示课、中老年教师观摩课等活动,增强教师理论宣讲能力;三是通过开展网络和新媒体技术专题讲座、系列报告,完善媒体素养和网络素养培训,增强教师网络应用能力。学校按照"全能化"标准进行队伍建设,真正带领学生"与时代合唱、为祖国高歌"。

三、主要成效及经验

(一) 成效

(1) 促进了网络立体化教学建设。"三四四制"模式的实施,促进了教师教学理念的更新,实现了理论学习和艺术实践的一体化、课堂教学和网络平台的一体化、教师讲授和学生自学的一体化,形成了一批富有特色的教学成果。我校"音乐筑梦红军小学"获评陕西省社会实践一流本科课程;师生连续 4 年举办思政与艺术融合成果展示主题晚会,被中央电视台和"学习强国"App 等媒体转载推送;疫情期间的线上"战疫思政小课堂"在《陕西日报》等媒体发声,打造了立体、生动、鲜活的网上课堂。

(2) 培育了一批高水平的重大主题艺术创作。学校围绕重大主题,创作、编排并演出了一批深受好评的音乐作品,《和平颂》《大秦岭》等 10 余场音乐会应邀在国家大剧院成功上演;歌剧《白鹿原》、"秦风雅韵"民族音乐会等在各地巡演,受到高度赞誉;《同心逐梦》获第十五届全国党员教育电视片观摩交流活动优秀作品奖;组织为《入党誓词》谱曲,创作并出版了《党旗下的誓言》系列音像作品,在 5 个爱国主义教育基地举办发布与传唱活动,仅党七大会址的网络直播点击量就达到 86.7 万次,受众超过 3 000 万人,成为我省"不忘初心、牢记使命"主题教育的一项特色成果,受到国务院副总理、教育部部长等领导的充分肯定。

(3) 滋养了学生成长,促进了教师发展。学生原创心理情景剧《起跑线》在全国大学生心理情景剧比赛中获一等奖并在全省高校巡演;音乐作品《青春在这里起航》获得陕西省大学生思政课获得感艺术作品大赛十佳作品,并成功入选全国高校思政课学生艺术作品展;"筑梦南泥湾"等 12 项成果在全国"互联网+"大学生创新创业大赛中获得省级银、铜奖;音乐学系学生党支部被评为"全国高校党建工作样板支部"。新冠疫情暴发以来,我校师生以"艺"抗"疫",创作的《英雄的城》等 30 余首战疫主题音乐作品在网络上广泛传播,被中央电视台、新华网和强国论坛等转载,其中《为爱前行》等作品获第四届全国大学生网络文化节和全国高校网络教育优秀作品推选展示活动优秀奖。我校教师谢宝利、冯洁玉等获评全国高校思想政治理论课骨干教师、陕西高校思政课教师"大练兵"思政课程教学标兵和教学骨干等荣誉称号,这在同类艺术院校里还是首次。教师的有关研究论文也不断在重要期刊和各类研讨会中发表或获奖。

(二) 经验

(1) 思想政治教育必须适应时代需求，只有与时代同行、与人民同心，才能奏响最强音律。

(2) 思想政治教育必须符合学生特点，只有结合艺术院校学生知识能力体系和成长发展需求，才能接地气、沁人心引发深刻共鸣。

(3) 思想政治教育必须不断守正创新，只有运用好网络这一思想政治教育的"最大变量"，不断拓展阵地，才能让思政强音响彻"云"端。

四、改进计划

未来，西安音乐学院将在推进"三四四制"模式的过程中，坚持问题导向，认真总结经验，不断改进。

(1) 进一步健全体制机制，完善集资源、教学、学习、实践、新媒体等于一体的网络思想政治教育体系。

(2) 进一步加强对教师队伍和学生骨干的培育，形成相对稳定的教育力量，彰显综合优势。

(3) 进一步加强实践调研与理论研究，推出一批高质量的理论成果和可推广的成熟经验，不断推动思想政治教育的创新发展。

打造网络思政工作品牌，构筑立德铸魂育人高地

张玉鹏　姜东亮　王凯

(陕西铁路工程职业技术学院)

近年来，陕西铁路工程职业技术学院(以下简称"铁院")认真贯彻关于高校思想政治工作的部署和要求，紧紧围绕立德树人这一根本任务，通过实施三项制度，锻造四支队伍，搭建六大平台，培育"铁小匠"文化品牌，不断推动网络思政教育落地见效、创新发展，切实提高网络思政育人质量，为培养中国特色社会主义事业建设者和接班人提供有力的思想保障。

一、实施三项制度，加强网络思政教育阵地建设

(一) 网络信息安全管理制度

学院成立了以党委书记为组长的网络信息安全工作领导小组，全面落实网络信息安全的主体责任；出台了学院意识形态工作责任制实施细则，进一步加强网络意识形态工作；每学期召开专题会议，总结和部署网络思政教育阵地建设和管理等工作。

(二) 新媒体平台管理制度

学院印发了校园新媒体建设与管理办法，明确了校园新媒体平台的范畴、组织管理和审批制度、内容发布和信息安全等。同时，每学年由党委宣传部牵头，对全院各级微信公众号、微博号等新媒体账号开展普查和登记备案工作，进一步规范各类校园新媒体平台，特别是贴吧、学生自媒体微信公众号等。截至 2022 年，学院普查和登记各部门及师生个人 582 个微信公众号、微博、微信群、QQ 群和二级网站。

(三) 网络思政作品宣传奖励制度

学院出台了网络思政工作奖励办法，并在年底进行考核和评比表彰。例如，2018 年，学院党委对 162 名网络思政工作成绩突出的教职工进行了表彰，奖励金额超 10 万元。修订了教师职称评审办法，极大地调动了广大教师参与网络思政工作的积极性。

二、锻造四支队伍，提高网络思政教育人员素质

(一) 通讯员和网评员教师队伍

学院建有通讯员和网评员两支网络宣传教师队伍，每年举办网络宣传队伍业务提升班，选派教师赴省内外参加培训，做到培训工作全覆盖。网评员主要由思政课专兼职教师、辅导员和班主任构成，主要活跃在学院贴吧、各类 QQ 群、微信群及学生自媒体平台上，积极引导大学生培育和践行社会主义核心价值观，担当学生引路人的角色。思政课教师充分利用信息化手段，实行网络课程育人，蓝墨云班课、云课堂等网络平台覆盖率得到大幅提升；利用智慧树、尔雅通识课等网络慕课平台让学生通过网络走进名校，聆听名师的授课，开辟网络思政教育新途径。

(二) 新媒体平台和易班平台运维学生队伍

学院建有新媒体平台和易班平台两支运维学生队伍，其中新媒体平台学生团队重点运维学院微博、微信、抖音和各二级部门微信公众号，人数达 236 人。易班学生工作站共有 2 个校分站、8 个系部分站，共有成员 200 人。每个班级设立一名易班负责人，负责班级易班文化建设。

三、建设"三微两网一社区"，创新网络思政教育传播平台

(一) "三微"

"三微"即微博、微信和微视频。目前，全院有 23 个部门开通了微信公众号，占全院部门总数的 70%，9 个教学系(院)全部开通了官方微信公众号。全院平均年发稿量达 3000 余篇。学院官方微信公众号目前粉丝超过 4 万人，日常选题聚焦师生群体，设有"出彩铁院人""最美教师""铁小匠访谈"等栏目，通过宣传典型人物、优秀校友事迹等，达到网络思政育人润物无声的效果。2022 年 4 月，学院参与"青春为祖国歌唱"线上接力活动，创作的《青春助力中国高铁》MV 在新媒体平台一经发布，便引发了师生共鸣，获得社会各界好评，被教育部官微 3 次刊发展示，并被 10 多家官方新媒体平台转发。

学院微博通过配齐人员、创新栏目设置、增强与二级部门和兄弟院校互动等方法，进一步扩大其在学生中的影响力。2018 年，学院微博发布图文 2067 条，综合影响力排名第 17，进入全省高校前 20 强，稳居高职院校前列。2018 年 7 月，学院开通官方抖音平台，已推送短视频 65 条，通过发布学生喜闻乐见的短视频，拓宽了网络思政工作渠道。

(二) "两网"

"两网"即校园网和陕西大学生在线。校园网开设有"铁院要闻""名师风采"及"学

子获奖"等 10 个栏目,下设 42 个二级网站,其中包括思想政治专题网和党建网等,全年更新信息 3000 余条,浏览量超 70 万。

从 2007 年起,学院一直参与陕西大学生在线共建工作,通过宣传展示陕西"思政课'大练兵'网络课堂"和"陕西好人"等专栏内容,组织学生参与线上线下活动,发挥陕西大学生在线的育人功能。2022 年,学院共建频道累计发稿 28 000 篇,参与网站建设和各类活动的学生近千人,连续 9 年荣获陕西大学生在线全省高校"十佳频道"。

(三)"一社区"

"一社区"即易班互动社区。2016 年 12 月,学院作为陕西省首批高校参与易班网站建设,截至 2022 年用户近 2 万人,公共群 407 个。易班互动社区实施"易班+团建""易班+党建"的网络思政育人模式,围绕党的十九大和中华人民共和国成立 70 周年等重大事件开展"征集祝福""最佳评论""我和祖国的故事"等活动,切实使大学生思想政治教育活起来。学院易班平台活跃度多次位列全国高校前列,双指数多次排名全国 10 强。

四、打造"铁小匠"网络思政品牌,彰显网络思政育人特色

(一)"铁小匠"文化内涵

党的十九大报告提出"弘扬劳模精神和工匠精神",2017 年以来,学院打造了"铁小匠"网络思政人物品牌,并被师生熟知。"铁小匠"作为铁院学生的化身,以校训作为自己的座右铭,以成为一名祖国铁路事业急需的大国工匠为自己的奋斗目标。2018 年"铁小匠"卡通形象出炉,充分展示了学院特色和学生未来的职业角色。

(二)"铁小匠"系列文创产品

依托"铁小匠"卡通形象,学院推出了一系列线上线下文创产品,成功塑造了"铁小匠"文化品牌,如创作了 30 多个"铁小匠"表情包,成为师生交流的必用"神器";推出"铁小匠"书签、水杯、抱枕、笔记本、钥匙扣和手提袋等文创用品,它们在各类网络思政活动中被使用和推广;中秋节推出"铁小匠"定制版月饼,新生报到时设计"铁小匠"网红打卡点,这一活动受到了师生的欢迎。

(三)"铁小匠"品牌栏目

学院官微推出"铁小匠"系列访谈 100 余篇,以大学生的视角报道身边的师生优秀典型。例如,《"学霸"宿舍诞生记》讲述学霸宿舍的故事,成为学子学习的榜样;《她,就是毛红梅》讲述了全国优秀教师毛红梅教书育人的故事。"铁小匠"系列访谈一经推出就引发了学生的强烈共鸣,学生纷纷留言互动。

五、网络思想政治工作成效明显，育人质量不断提升

(一) 做强了网络思政教育阵地

学院通过构建"三微两网一社区"，整合各二级部门新媒体平台资源，讲好铁院故事，传播好铁院声音。学院两次荣获"全国职业院校官微年度十强"，连续两年获得陕西教育新媒体矩阵建设奖，当选全国职业院校融媒体联盟常务理事单位。辅导员李昌锋荣获全国易班"十佳辅导员"称号；学院官微作品《"最美连队"集结号，见证铁院萌新的创意范》获评全国高校全媒体优秀案例。西安医学院、四川交通职业技术学院等 20 余所省内外高校来院学习交流网络思想政治工作。

2019 年 3 月，学院作为高职院校代表，在全省高校网络思想政治工作推进会上做了交流发言。同年 8 月，学院作为陕西高校代表，在全国高校宣传思想工作研讨会上做了校园新媒体阵地建设交流发言。同年 11 月，学院承办了全国高职院校网络思政育人研讨会，并在会上做了网络思想政治工作经验分享。

(二) 营造了积极向上的校园氛围

学院全方位、多渠道地开展网络思想政治工作，使爱党、爱国、爱校，吃苦奉献、拼搏争先成为广大学生的内在动力和不懈追求。2016—2022 年，学院获得各类奖学金的学生比例超过 40%，在创新创业大赛、各类技能竞赛、数学建模大赛等赛事中获全国奖 106 项、省级奖 167 项。其中，全国"互联网+"大学生创新创业大赛国奖 3 项，全国职业院校技能大赛工程测量赛项一等奖 8 项，全国铁路院校高铁精测精调技能大赛特等奖 2 项、一等奖 1 项。

(三) 引导学子扎根基层建功立业

学院 80%的毕业生服务于祖国西部，企业认可度高。铁院学生安心铁路事业，扎根一线奉献青春，涌现出了一大批新时代的铁路工匠。多名学院毕业生入选陕西省大学生建功立业先进事迹报告团。近年来，学院毕业生的感人事迹多次被主流媒体报道。

"五点一线"网络思政活动模式的探索

亓 璐

(陕西科技大学)

在信息高速流通的网络时代，让大学生群体精准接受思政教育、参与思政活动是当下开展网络思想政治工作的重要环节。"五点一线"网络思政活动模式以陕西科技大学材料科学与工程学院线上"微团课"大赛为试点，找好时事切入点、想好活动创新点、落好学生着力点、选好宣传出发点、搞好成果结合点，采用学生喜闻乐见的形式，用青年人的话语体系进行青年人的表达，完成从被动接受到主动探索的转变。同时，该模式易操作、好复制，扩大了思政教育覆盖面。

一、项目背景

2020 年初，新冠疫情席卷全球，在这场抗击疫情的伟大斗争中，全国人民在党中央的坚强领导下，万众一心、众志成城，取得了抗击疫情的阶段性胜利。高校是疫情防控工作的重要组成部分之一，如何立足国内疫情防控大局，围绕大学生成长成才的需要，依托互联网开展扎实有效的网络思想政治教育，宣传落实党的疫情防控政策，把握学生在特殊时期的思想动态，保障学生的学习和发展，丰富大学生网络思想政治教育的实践内容，成为摆在高校思想政治工作者面前的重要课题。同时，作为高校育人主体的"00 后"大学生有着其特殊性，他们的成长伴随着互联网的发展，在很大程度上二者是彼此促进的关系。他们因驻足互联网而变得思维开阔、知识丰富，互联网也因他们的参与而获得飞速发展。抖音、微信、微博、B 站等新媒体网络平台涌现，通过大数据技术进行个性化推送，紧紧抓住了大学生的视线，深刻影响了大学生的思维方式。

二、项目主题和思路

在疫情防控常态化工作模式下，受场地和人数的限制，传统的线下思政活动难以开展，而线上的活动开展往往形式重于内容，思政教育的实效性较低。学院结合时代发展形势、高等教育规律、青年成长特点及实际工作经验，在前期举办的线下活动的基础上开展线上"微团课"大赛，通过线下线上相结合的形式，围绕育人主线，开展"找好时事切入点、想好活动创新点、落好学生着力点、选好宣传出发点、搞好成果结合点"五项工作，形成"五点一线"网络思政活动思路，从而完成全员育人、全过程育人、全方位育人的主体工作。

线上"微团课"大赛的选题为当下社会的热点问题，与学生的生活和学习息息相关，围绕"大学生返乡投身疫情防控""大学生进行社区志愿服务""疫情中的感人事迹"等开展主题论辩，紧扣思想政治教育主线。首先，在全体学生中进行稿件征集，以班级为单位进行选拔，然后征集优秀作品在学院范围内进行选拔；其次，通过初赛的选手，将通过文稿打磨、PPT修改、演讲技巧提升等多个环节保证现场比赛的效果，并在这一过程中完成个人能力的提升；最后，通过"现场实录+视频加工"完成成果固化，多角度、多平台进行宣传，通过青年人自己的话语体系，完成青年人的思政教育。"五点一线"网络思政活动思路如图1-8所示。

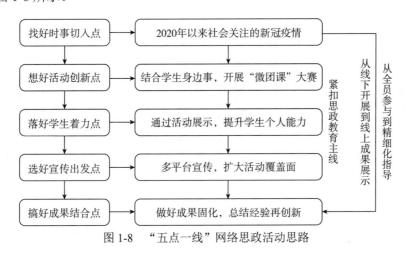

图1-8　"五点一线"网络思政活动思路

三、实施方法和过程

(一) 找好时事切入点

找好时事切入点，即将时事热点与大学生所需密切结合，使二者有机互动。

学院积极开展"微团课"大赛以及三类主题思政课堂：一是提高学生思政素养，增强学生对中国特色社会主义的制度自信，并积极拓展第二课堂，推动线上课堂多元发展；二是引导学生在疫情防控期间乐观向上、居家锻炼，开展"云打卡""绿动三秦"等"云"活动；三是对参与疫情防控工作的学生进行远程健康监测，并在微信、易班平台宣传报道。

(二) 想好活动创新点

想好活动创新点，即创新形式、精简程序，提高学生的主观能动性。

对于学生活动而言，思政教育的本质不变，变的只是活动的过程，因此需要不断总结活动经验，精简程序，提高效率，并不断创新活动形式。

"微团课"大赛形式新颖，围绕"大学生返乡投身疫情防控""大学生进行社区志愿服务""疫情中的感人事迹"开展主题论辩。主题论辩一方面需要学生具有演讲的充沛感情，以有效锻炼学生的讲述能力、共情能力；另一方面需要学生具有辩论的缜密逻辑，以有效锻炼学生的逻辑思维能力、总结归纳能力。"微团课"大赛将以上两方面有机结合，形成了独具"复合"材料风格的主题论辩——"微团课"大赛。

(三) 落好学生着力点

落好学生着力点，即精准服务、全程陪伴，榜样引领重成长。

网络思政活动单单给学生创造机会远远不够，应聚焦团学主责主业，在适当时机给予学生帮助。

"微团课"大赛的初赛以文稿撰写、图文并茂的形式开展，学院对文稿进行初筛后，邀请文编教师对选手进行辅导，着重对稿件中党政知识部分的撰写进行指导；邀请融媒体中心负责人进行摄影及后期处理的指导。

"微团课"大赛的决赛以主题论辩形式开展，临场发挥能力、PPT 制作能力及对软件的熟悉程度都是比赛的影响因素：一是邀请长安大学辩论队进行交流，并对选手进行针对性指导；二是多次进行彩排，调试程序，保证赛事顺利进行；三是团学骨干参与 PPT 把关工作，调整布局，做到从"手把手"到"心连心"，真正让学生在每一次活动中有所成长。

(四) 选好宣传出发点

选好宣传出发点，即运用新媒体矩阵打好"第一枪"。

疫情期间，宣传主阵地第一次转向线上，学院思想政治工作逐渐形成以微信为先声、以腾讯会议为辅助、以 B 站(抖音)为桥梁、以易班为落脚的宣传模式。

"微团课"大赛将文件通知及相关材料以微信推文的方式发出，以 B 站联动为支撑，以腾讯会议为决赛平台，在易班平台播放比赛视频、开放课群供全校师生学习，真正发挥新媒体矩阵优势，让更多人看到，让更多人深入思考。

(五) 搞好成果结合点

搞好成果结合点，即总结归纳、成果转化再推广。

"单单去做，完全不够"是学院每一个思想政治工作者的心声，办一场活动，就要有一场活动的收获，但是活动的参与人数、覆盖范围总会有所限制。学院学生充分运用互联网优势，将所有活动内容的精华部分制作成视频、图片或者文本，发布在易班、微信等平台上，这样既能将成果更好地展现和留存，又能将经验分享给更多人。

"微团课"大赛就是一个极佳的案例，决赛选手一共 10 人，来自学院不同年级、不同专业，都是青年学生骨干中的佼佼者，对于自身工作都有着自己的"套路"，但是他们的讲述能不能被大家记住，大家能不能通过他们的讲述明确未来发展的方向是一个重要议题。学院将比赛的全程记录下来，制作成精品学习视频，在易班、微信等平台推送，一方面可以让选手在回顾总结时拥有依据，更好地发现不足，并加以改正；另一方面可以让更多的人看到身边的榜样，让成果不只受益于选手，更受益于学院乃至学校的更多学生。

四、主要成效和经验

（一）活动影响力度大、成效显著

"五点一线"是从实际工作中提炼出来的模式，以"微团课"大赛为初步试验点，按照全思路开展，成效明显。首届"微团课"大赛从 2022 年 4 月 10 日开始到 6 月 2 日结束，共持续 50 余天，覆盖学院 2018 级、2019 级本科生，仅决赛参与人数就已超 300 人。"微团课"大赛构建了一个让学生展示自我风采、深入学习交流的平台，激发了基层组织活力，深化了青年学生的思想认识，提升了其政治觉悟，促进了爱国教育的开展。本次大赛共转发视频 10 部、优秀微信推文 8 篇，总浏览量达千余次，是首次运用"五点一线"模式系统性开展的活动。

（二）工作思路易操作、可复制性强

"微团课"大赛中的学"四史"演讲比赛、党的知识竞赛也充分运用"五点一线"工作思路开展。在学"四史"演讲比赛中，"想好活动创新点"更上一层楼，首次使用"微媒平台"进行线上评分及流程展示，更好地烘托出比赛紧张刺激的氛围，同时避免了人工评分的错误率高以及时间较长的问题。该举措受到了其他二级学院的赞赏，学院将其进行了积极分享。党的知识竞赛着力"选好宣传出发点"，首次运用图片直播形式，直接转播赛况，让更多的人参与比赛，寓教于乐，学习党团知识，提高自身政治素养。平台共发布图文 12 条、图片 60 张，总浏览量 1200 余次。

五、改进计划

"五点一线"工作思路从工作中提炼，并在 2020 年 4 月开始反哺学院团学工作，促使学院团学工作快速推进，有例可循，但仍有许多不足和需要改进的地方，下一阶段将会在以下两个方面进行优化。

（一）切入点贴近学生实际

（1）将社会主义核心价值观教育、理想信念教育、爱国主义教育等内容融入日常团学工作，用学生更容易理解、接受的网络语言展现出来，让抽象的理论知识更接地气，吸引学生的注意力。

（2）围绕校园新鲜事、学生日常生活中的难点与痛点问题等设置学生讨论区，加强学生之间的沟通与交流，增强学生对学校和社会的认同感、归属感。

（二）宣传点关注学生需求

（1）通过增加关注量来增强传播量。通过挖掘学生感兴趣的内容，吸引学生的关注；及时回复后台留言，维持学生的黏着度。

（2）通过增加转发量来增强传播性。通过寻找学生的兴趣点吸引学生大量转发消息，使阅读量能够突破关注量的限制，从而吸引新的关注量。

（3）通过直观的形式来增强传播性。用动图、漫画等直接可见的形式替代视频等需要点击的形式，即便是以视频为主要方式的推送，也可截取动图并附说明，增强学生阅读的直观感受。

工科专业学生思政引领教育案例分析

雷　丹

(陕西科技大学)

陕西科技大学聚焦工科专业学生立足立德树人这一根本任务，以"精神的力量"为党史学习教育主题，以中国共产党人的精神谱系为主线，开展教育实践活动，引导学生进一步了解中国共产党人的精神谱系，读懂其背后的初心、使命。学校依托"云长征""系列微党课""电子展板设计大赛"等形式，结合工科专业背景，坚持教育为学生服务、为中国共产党治国理政服务，在学思践悟中抓好学生党史学习教育，在伟大精神的感召下求真务实做贡献。

一、项目背景及意义

在 2016 年全国高校思想政治工作会议上，习近平总书记强调，要坚持把立德树人作为中心环节，把思想政治工作贯穿教育教学全过程，实现全员育人、全程育人、全方位育人。在党史学习教育动员大会上，习近平总书记强调，要教育引导全党大力发扬红色传统、传承红色基因，赓续共产党人精神血脉。

针对当前新形势下的人才培养特点，本项目积极贯彻落实习近平新时代中国特色社会主义思想和党的二十大精神，深入学习贯彻全国高校思想政治工作会议和新时代全国高等学校本科教育工作会议精神，全面落实立德树人这一根本任务，深入推进党史学习教育及学生思想政治引领工作，读懂中国共产党人精神谱系，结合工科专业学生学业发展特质，探索学生思政引领教育同学科创新能力培养的双向推进机制，着力开展育人模式改革实践。本项目以思政引领实践推进网络文化建设，把优秀红色文化具有的核心价值和精髓提炼出来、展示出来，抓住当代大学生价值观形成和确定的关键时期，推动高校育人实践创新，培养担当民族复兴大任的时代新人。

二、项目思路

学校依据创新形式学党史、深入挖掘悟思想、立足本职办实事、促进发展开新局的逻辑思路，动员全校师生党员主动探寻中国共产党人的精神元素及其背后的故事，深刻领会中国共产党人对初心和使命的坚守，在学思践悟中抓好党史学习教育，在伟大精神的感召下求真务实做贡献。

党史学习教育针对教师与学生的本职与特点，立足教师立德树人、教书育人的根本任务，将学党史与传授知识、培养能力、塑造正确人生观相结合，立足学校发展实际，贯彻新时代新工科培养理念，以创新型人才培养为目标，引导学生将学党史与学专业相结合，在党史学习教育中培养信仰、创新实践，与新时代同向同行，以聪明才智贡献国家，以开拓进取服务社会。党史学习教育通过"云长征"进行前期氛围的营造，为精神谱系微党课系列做铺垫，利用电子展板设计大赛深化学习成效，通过三种学习形式，从精神育人、文化育人、实践育人三方面达到立德树人的实效。陕西科技大学党史学习教育思路如图1-9所示。

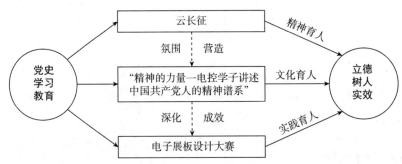

图 1-9　陕西科技大学党史学习教育思路

中国共产党人的精神谱系中的每一种精神都值得学习，都是对中国共产党人初心和使命的诠释。倘若没有对使命的坚守，没有无数中国共产党人一以贯之守初心，就没有一个个伟大的精神，也就没有在其引领下的一场场胜利、一次次突破。本项目立足立德树人的根本任务，紧抓"四个紧密贴合"(紧密贴合党史学习教育主题、紧密贴合贯彻习近平总书记来陕考察重要讲话精神、紧密贴合弘扬我校"三创两迁"精神、紧密贴合激发学子内生动力)，依托9个学生党支部及学院新媒体宣传矩阵，开展"精神的力量——电控学子讲述中国共产党人的精神谱系"系列活动，将党史学习教育同伟大精神感悟、思想引领教育、学生综合能力培养充分结合，达成"八个一"目标，推进精品党课孵化工程建设，实现了工科专业学生思政引领教育同学科创新能力培养的交互式融合，推出了精品电子展板、精神谱系微党课等一系列兼具专业特色的红色文化作品。

三、组织实施过程

(一)"云长征"追寻先烈足迹，营造自强氛围

开展"学党史、云长征"氛围营造活动，将党史学习教育与师生健康生活相结合，通过"云健身"追寻先烈足迹，通过"云答题"回顾百年历史，以红军长征为背景，以支部为单位完成"长征路线"，以"步数换里程"的方式模拟行走二万五千里长征路，以线上知识问答形式普及党史知识。"云长征"从"瑞金"出发，通过"智取遵义城""巧渡

金沙江"" "强渡大渡河"" "飞夺泸定桥"" "激战腊子口"等学习阶段，实现"胜利会师"。

（二）强化思政引领，达成"八个一"目标

(1) 讲好一个故事，学懂一段历史，确定专题党课总体框架。学生党员根据个人的成长环境、兴趣爱好及未来发展等，收集整理红色故事，通过查阅资料，积极挖掘故事的时代内涵和历史意义，用自己的语言讲述，使抽象的精神理念形象化，深化思政教育效果。

(2) 感悟一种精神，增强一份信心，配发资料及相应的思政学习元素。学生从红色故事中汲取精神力量，主动探寻中国共产党人的精神元素，在理解和传承伟大精神的过程中树立坚定的理想信念。

(3) 突出一个理念，聚焦一个目标，坚持"以生为本、学为中心"的教育理念，针对学生逻辑思维能力强、语言表达能力弱，学习能力强、自我激励弱的特点，以"讲党课"的形式开展师生联合主题党日活动；邀请马克思主义学院专业教师对精神谱系微党课系列进行审核指导，进一步提升主题党课的专业水平。

(4) 形成一个团队，打造一套精品。通过学生答辩及视频展示环节，从各学生党支部中选拔部分党员，帮助学生进一步提升自我表现能力，挖掘学生自身优势潜能，结合学生专长给予任务分工，组建能写、能讲、能导、能演的学子宣讲团。深入发掘、无限扩充、反复打磨主题党课内容，采用微视频、情景剧、谈话节目、专题讲堂等形式打造精品党课，最终以党课库的形式呈现，对外传播，扩大受众覆盖面。

（三）"声光电"立体表达，交互式融合显特色

举办电子展板设计大赛，以人才培养为目标、以"精神的力量"为主题、以中国共产党人的精神谱系为主线，扎实推进党史学习教育，将学党史与学专业相结合，开展"中国共产党人精神谱系"电子展板设计大赛，按照不同精神谱系内容，以"声、光、电"的交互式立体表达方式，深度讲述其精神内涵，在创新实践中提高学生的专业设计水平和理论认识水平。活动特邀专业指导教师对各参赛团队进行技术指导。

四、案例育人成效

（一）全程同步宣传，全员积极参与

创新形式学党史：通过"云长征"的形式围绕"学"，全体师生党员、入党积极分子及共青团员 400 余人参与活动，活动对每一阶段排名前十的师生发放《中国共产党简史》《我在大学讲党课》等学习书目和证书以示表彰和鼓励。此次活动通过微信视频号、抖音等线上平台进行同步宣传，累计浏览量 12 500 余次，并在推送首日被微信视频号平台推荐至首页。

(二) 细致打磨修改，创作精品党课

深入挖掘悟思想：在精品党课孵化工程实施过程中，针对"一期探索计划"，学生党员收集整理"红色摇篮""横空出世""塞罕坝绿色奇迹"等红色故事10余篇，并在进一步收集史料的基础上录制《红船映初心 精神铸丰碑》等党课视频17个；针对"二期提升工程"，经综合评定获得前3名的党课内容由基础综合教工党支部中荣获讲课比赛国奖、省奖及校内特等奖的教师进行"一对一"优化提升，第4~10名由7个学生党支部分别认领进入第二轮完善打磨，后期邀请马克思主义学院专业教师进行第三轮精品化指导；针对"三期精品项目"，经过前期打磨修改，各党支部确定支部终版精品课程，最终确定一期党课围绕红船精神、长征精神、延安精神、抗战精神、西迁精神、井冈山精神、西柏坡精神、航天精神、苏区精神等九大精神进行讲述，精心策划9个党课视频并将其纳入党课资料库。

(三) 融合推进创新，尽展专业风采

立足专业展特色：电子展板设计大赛将党史学习教育与专业学习充分融合，深化党史学习教育成效，让党史学习教育为专业学习增温、为思政建设赋能；以"精神的力量"为主题，以科创研学为切入口，动态展示长征精神、抗美援朝精神、"两弹一星"精神、抗疫精神、脱贫攻坚精神、载人航天精神、奥运精神等中国共产党人精神谱系。9个学生党支部成立9支制作团队，根据前期查阅的资料，通过"声、光、电"的结合运用和团队协作展示实物作品。在制作过程中，邀请专业指导教师为各个团队提供5次技术指导，解决实际操作过程中的核心专业问题；然后，经过PPT讲解、现场展示、评委提问等环节，评选出优秀作品；最后，将展板进行室外展示。电子展板设计大赛获得了陕西科技大学师生的一致好评，宣传视频一经微信上线，就获得6000余次浏览量，被搜狐视频千里眼陕西站专题采访报道。

五、下一步工作计划

(一) 拓展网络思政育人的广度和深度

本项目通过红色文化进行思政教育引领及专业综合素质提升的目标虽已达成，但其网络思政育人的深度和广度还有待进一步拓展，在育人目标的精准化、阶段化和全程化层面还有很大的改进空间。网络思政阵地的建设不是一劳永逸的，而是需要系统谋划、持久推进。面对信息化浪潮的冲击，平台的设计理念、项目的运营思路需要不断优化升级，以满足青年大学生日益增长的多元化需求。

(二) 不断完善平台的互动育人品质

本项目需要进一步深化党史学习教育成果，开展"互动式"教育引领，一方面积极组

织学生依托校园红色文化资源进行理论学习，将"学"落到实处；另一方面积极组建院级宣讲团，对接周边社区、中小学，开展精神谱系微党课系列宣讲，将"教"落到实处。宣讲团成员通过现场讲授打磨的微党课，对中国共产党人精神谱系进行弘扬和宣传，以学、教融合的方式，完善平台的互动育人品质。

高校"云端"新生入学教育模式探索与思考

韩　晔

(陕西科技大学)

刚迈入大学的新生充满新奇和迷茫，对于学校概况、专业前景和个人未来目标尚不清晰。入学教育是大学第一课，是大学生转变身份角色、适应校园生活、增强专业自信、寻求未来发展的重要教学环节，是大学生思想政治教育的起点，能够帮助大学生树立正确的世界观、人生观和价值观，也是高校落实立德树人这一根本任务的关键环节。近年来，新生入学教育的方式方法呈现出新的特点，将传统线下入学教育与信息技术高度融合，提高入学教育质量，实现线上线下入学教育的协同配合，开展"云端"新生入学教育成为一种新探索、新手段。

一、案例基本情况

在"无人不网、无处不网、无时不网"的时代背景和疫情防控常态化的现实背景下，在"十四五"规划和轻工类人才培养目标的指引下，学校围绕立德树人根本任务，坚持以专业为基、以平台为辅、以内容为王的创建理念和 "学院组织、网络搭台、师生唱戏、共创共建"的推广理念，按照"一轴两翼三驱六端多载"的建设思路，创建了学院"食易云"——云端网络育人供给站，将新生入学教育同互联网技术深度融合，推动入学教育模式由线下向线上、由单一到多维转变，全方位、重实效，保障新生迈好大学第一步。

"一轴"，即将立德树人贯穿教育全过程；"两翼"，即一方面专业教师和思想政治工作队伍协同育人，另一方面以学生为中心，建立 3 支学生网络团队生力军，深化"思想政治工作者+专业教师+骨干学生"的"1+1+X"工作梯队模式，形成"两翼领航"；"三驱"，即构建"易班领衔、多元参与、上下融合"的网络育人体系，整合微信公众号、直播号和易班三大平台，使平台互驱、载体互融，形成学校网络育人媒体矩阵；"六端"，即从新生需求出发驱动内容供给，举办专业发展"云"介绍、思政阵地"云"讲堂、职赢未来"云"直播、食光榜样"云"访谈、味之食光"云"劳动、打卡联盟"云"挑战 6 个云端品牌活动，将新生入学教育同思政育人紧密结合；"多载"，即举办丰富多彩的校园网络文化载体活动，实现网络育人的多触角延伸。项目思路如图 1-10 所示。

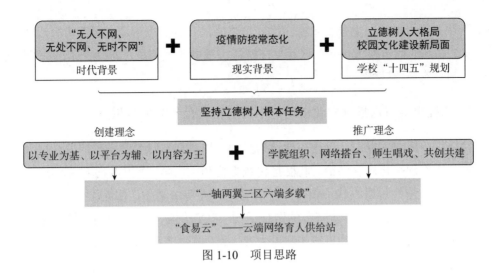

图 1-10 项目思路

二、组织实施过程

(一)构建"三三三"横式网络思政工作基础,实现网络育人全员化多轨并行同频共振

注重网络队伍的横向联合和纵向建设,打通脉络、组建队伍、建设平台,构建了"三三三"横式网络思政工作基础,即三级梯队管理、三支导学队伍、三个网络平台。纵向推进网络思政融媒体中心—各学生组织宣传部—易班班长(宣传委员)三级"梯队管理",横向建立由专业教师、思想政治工作者、学生骨干组成的三支导学队伍;整合学院网络平台,创建易班、"食光驿站"公众号、"食光微语"视频号三个网络平台,并通过视频制作、摄影、直播等培训,定期召开工作例会开展指导,实现网络育人全员化。

(二)坚持育人导向占领网络阵地,守护精神家园让网络思政落地生根

坚持"学生在哪里,思政阵地就在哪里"的理念,主动占领网络阵地,构建同向同行的网络思政育人同心圆。结合"00 后"大学生思想开放、思维活跃、信息来源多元化等特点,在新生入学教育中,组织学工队伍举办思政阵地"云"讲堂,开展"党员发展""团员教育""疫情防控""资助育人""心理健康"等主题教育;开展"志存高远、天天向上"易班优课和快搭,鼓励新生发表感言;组织代班党员进驻新生宿舍开展"我为青春代言"话题讨论,通过绘画、短视频、发布易喵喵话题等形式,展示青春风采;通过青春榜样"云"访谈、"食代心声"专访等,讲好身边故事;创建"请党放心、强国有我""国家公祭日""宪法知识竞赛"等易班优课和党史剪纸活动等,传播正能量,弘扬主旋律。

见贤思齐,古来有之,一个先进典型,就是一面凝心聚力的旗帜;一个身边榜样,就是一支催人奋进的号角。学校利用关键节点在学生工作、志愿服务、科技创新等方面树立先进典型,开设"资助伴行""迎新物语""食光榜样"微信公众号专栏,拍摄"食

代心声"师生专访视频,举办食光榜样"云"访谈,开展热点话题校园街访等活动,通过讲述身边故事、倾听科大声音,使新生在榜样引领中寻找差距,志存高远、胸怀梦想,长志气、强骨气、厚底气。

(三) 把握重要节点举办文化活动,丰富网络文化作品内容供给

坚持以用户需求为导向,以内容建设为主线,以重要节点为契机,深挖学校品牌化活动,丰富网络原创文化内容供给。将弘扬传统文化和推广学院特色文创产品相结合,开展易班快搭线上"抢"月饼、线下新生慰问活动,举办粽情端午、缘定七夕、"寻找最美汉服"、国风歌曲大赛等,在丰富有趣的网络活动中让青年学生了解中国传统文化,增强文化自信和民族自豪感;举办易班班级建设大赛,帮助新生顺利融入班级,增强班级创建活力和凝聚力;积极举办"美好'食'光杯短视频"大赛、绘世光影绘画摄影大赛、品酒大赛、校园直播大赛、"520 大声说出我爱你"、食光 FM 音频制作、食光礼赞微电影拍摄等活动,丰富学生的网络文化生活,提升网络育人热度,增强网络育人黏性,使师生真正"动"起来、网络建设内容"活"起来、人人参与网络思政建设的氛围"浓"起来;组建新生网络"护航员"队伍,举办"风清气正做文明科大人"、网络清朗活动、校园文明征文大赛等多个参与度高的网络文化活动,开展大学生爱校荣校、网络文明及安全教育,促进大学生网络作品输出,增强大学生网络安全意识和素养,使大学生全方位、立体化、多层次地参与网络育人活动。

(四) 专业教育融入网络平台,拓展网络服务内涵助力专业人才培养

将学科特色融入网络育人,将大学生价值塑造、知识传授和能力培养三者融为一体,使专业知识生动化、形象化、趣味化。学校在新生报到之初,就通过自我认知和职业探索作业的形式,了解学生的专业困惑和未来规划,并结合大学生喜爱通过直播、短视频获取信息的特点,积极组建优秀的网络思政骨干队伍,创建"食光微语"视频号,邀请专业教师录制视频,开展专业"云"介绍,从"微观生物""民以食为天"到"药剂天下",将学科特点与专业使命相融合,以微见著,展示不一样的专业魅力;与校外知名企业联合打造"企业零距离"直播,介绍专业发展前景,帮助学生了解企业用人标准,增强学生专业自信,使学生明确个人发展方向;面向全校师生网络征集产品设计方案,推出了文创产品"茯茶月饼"和文化 IP"茯小茶",使 3 年茯茶研制成果走出实验室,实现了传统食品改造升级,通过搭建平台、打造精品,使学生的创意、设想变成现实;紧抓学生需求创新"网络+实践"模式,将易班快搭抢票、实验室线下组团参观和线上主题直播相结合,举办职赢未来"云"直播活动,策划了"实验初体验""职场零距离""走进名校话科研""你不知道的基层就业"4 个主题直播,鼓励大学新生走进实验室,参与面包、啤酒、酸奶、冰激凌等食品的制作和直播观赏,增强新生的专业兴趣和科研能力;邀请知名企业代表、优秀校友开展企业岗位与环境、考研升学、基层就业专题直播,畅通信息渠道,引导学生

明确未来就业方向和职业发展路径，尽早谋划、全面提升自我，助力学生成长成才。

三、案例育人实效

(一) 思政队伍协同配合，网络作品内容丰富

师生网络思政骨干队伍站在立德树人的高度，潜心探索新生入学教育，创作出内容丰富的网络文化教育作品，其中《陪伴》《西迁精神——艰苦创业》《春之花、志愿红——致敬疫情期间青年志愿者》在第五届陕西高校大学生网络文化节评选活动中获得佳绩，《文明的勇气》被推荐至第六届大学生网络文化节参加比赛，部分思政骨干被评为陕西高校易班工作先进个人和全国易班优秀指导教师，实现了师生真正"动"起来、网络建设内容"活"起来、人人参与网络思政建设的氛围"浓"起来的目标。

(二) 学生能力大幅提升，育人效果显著

近年来，新生入学教育模式的探索和创新促使学生认识自我、了解专业，极大地增强学生专业学习的信心和兴趣，学习氛围浓厚，学生积极参与各类食品行业赛事、社会实践等活动，且呈现出低年级学生核心论文发表、科研专利申请人数增加的趋势；学生合理规划未来发展，基层就业人数增加，育人质量显著提升。

(三) 形成教育品牌，向外辐射延伸

"网络＋实践"模式将专业特色和职业发展相结合、线下体验和线上教育相融合，使6个云端品牌活动成为新生入学教育品牌，得到了专业教师的支持和配合、学生的认可与喜爱，单次直播观看和点赞共达5000人次，总观看量达2万人次，文创产品"茯茶月饼"成为中华人民共和国第十四届运动会学生群众演员、志愿者及师生中秋节慰问礼品，原产啤酒、风味冰激凌等产品见诸报端，占据微博热搜，被学校官方微信、本科生招生平台、中新网、省教育厅、搜狐、《三秦都市报》等媒体报道，引发了良好的社会反响，该模式也在全校范围内得到了推广。

四、案例经验与启示

利用网络开展新生入学教育或思政教育，需正确处理以下三个辩证关系。

(一) 需求与供给

利用网络开展新生入学教育必须以生为本，了解学生的个性和特点，掌握不同层次学生的问题和需求，以需求驱动供给，为学生提供喜闻乐见的教育内容，如在内容设计上深入了解大学生的特点和需求，做到大众化与分众化相结合，提升内容黏性；在语言表达上

掌握学生话语体系，接地气，贴近学生，防止教育"一言堂"和说教。

（二）变与不变

开展新生线上入学教育需要不断转变工作思路和方式，因事而化、因时而进、因势而新，要有自我革新、接受新事物的勇气和魄力，但要保持学生理想信念教育和成才培养目标不变，需在变与不变中寻求平衡。

（三）内容与形式

在开展新生线上入学教育的过程中，抖音、短视频、微信推送等形式需要服务于教育内容，而内容则需要有适合的形式，对于空洞或低劣的教育内容，形式再好也无意义；对于精彩的教育内容，若缺乏合适的呈现手段也会变得平庸，因此，需要在不断的探索中获取经验。

五、改进计划

(1) 将学校网络文化节系列活动纳入新生线上入学教育，增强入学教育的趣味性，提高学生的参与积极性。

(2) 及时总结"云端"新生入学教育的经验和不足，设计系统化、常态化的新生入学教育方案，使线上入学教育更加规范化。

(3) 丰富线上入学教育的内容和外延，尝试将线上教育的影响力拓展到学校各个年级，增强教育的实效性，持续精耕细作，盘活网络思政"责任田"，使网络教育成为正能量的"播种机"、思政育人的"防疫站"、百花齐放的"大舞台"。

第二章

互联网+党建

2018 年 7 月，习近平总书记在全国组织工作会议上强调："提高党的建设质量，既要坚持和发扬我们党加强自身建设形成的优良传统和成功经验，又要根据党的建设面临的新情况新问题大力推进改革创新，用新的思路、举措、办法解决新的矛盾和问题。"当前网络党建工作在推进党员实时培训教育、动态监督管理、扁平化交流沟通以及实施便捷化利民服务等方面，都有着极大便利，产生了显著效果。本章重点收录了高校运用互联网开展党建工作的 4 个典型案例，为相关高校深入推动"互联网+党建"工作提供借鉴和参考。

"百人百讲"网络实践，为高质量党建育人赋能

张乾隆　王琳颖　蓝璟

(陕西科技大学)

　　为深入落实习近平总书记关于加强党史、新中国史、改革开放史、社会主义发展史(以下简称"四史")学习的重要讲话精神，获得学"四史"、听"四史"、悟"四史"的多元学习体验，推进思想建党、理论强党在师生党员中的具体落实，筑牢师生党团员的思想根基，增强师生奋发有为的信心和勇气，陕西科技大学轻工科学与工程学院将全体师生党员、入党积极分子组成百余个"四史"学习小组，通过对历史素材进行再创作、再加工，用青年人的话语体系和创新方式开展思政教育，形成数百个微视频、海报及新党员书信，创作"微教育"作品，在线上线下平台进行展示，在校内校外进行分享和传播，引导师生"学、思、践、悟"，探索有温度、有高度、有深度、有广度的"互联网+四史"学习模式，让学生从"四史"中汲取思想力量和砥砺前行的青春力量，赓续红色血脉，坚定理想信念，彰显青年担当。

一、案例基本情况

　　"百人百讲"学习教育系列活动的核心是学，表现和展示是讲，传播和扩散是通过微视频，落点是服务、实践。学习教育系列活动紧紧围绕立德树人这一根本任务，重温红色记忆、讲好红色故事、用活红色资源、厚植红色基因、联动新媒体矩阵、创新展示方式，将学习内容分为"信念""英雄""创新""复兴"四个主题，对应"四史"的相关内容；把党团员理想信念教育放在"四史"学习教育大格局中，引导师生从"四史"中汲取经验、传承精神、弘扬优良传统，以发挥自身的育人效能。此外，选取不同历史时期具有代表性的党员信件，以此为切入口，在交流研讨的过程中挖掘书信背后的历史人物和历史瞬间，以小组为单位选择对应历史阶段(主题)的个人或群体(人物)代表，讲述他(们)的历史故事，制作网络作品、呼应主题、传递力量，同时通过学习、演绎、视频传播等重要环节，实现"一种学习、多种体验、多人受教"的育人效果，构建了"一个平台、两方合力、三种创新、四个着力"的"互联网+四史"学习矩阵。"百人百讲"主体环节作用关系如图 2-1 所示。

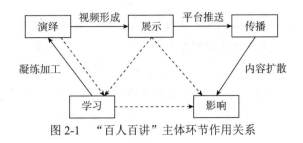

图 2-1 "百人百讲"主体环节作用关系

二、组织实施过程

(一) 一个平台，打好底色，夯实"百人百讲"学习教育基础

坚守网络平台的主阵地，遵循网络教育的内在逻辑和传播规律，打造线上党团员发声阵地，利用易班、微信公众号、视频号、QQ 等社交平台搭建一个架构合理、层级分明、集点线面于一体的立体化新媒体矩阵，以丰富的演绎形式(包括讲述、朗诵、说唱、短剧等)生动表现"四史"内容，让学习"四史"成为青年学生生活的一部分。

(二) 两方合力，精心润色，构建"百人百讲"学习教育新格局

"两方"指师生两方，也指党团员和广大群众。师生党团员通过对历史素材的再创作、再加工，精心润色，形成符合青年视频学习、碎片学习、分散学习特征的作品，在线上线下平台进行展示，在校内校外分享和传播，筑牢师生党团员的思想根基，从青年的角度阐释中国共产党的成功经验，用理性且专业的声音将中国共产党的奋斗历程讲述给全校师生和社会各界。

(三) 三种创新，循脉而行，打造"百人百讲"学习教育新方式

在学习导向上，设置了四个主题和历史人物的双线引领，使学习更有针对性、成果更具集群性、影响更具凝聚性，形成可复制、可推广的范式；在学习方式上，通过学习历史、讲述历史、收听历史、领悟历史、传播历史的多维互动与多元学习体验，利用有关"四史"的珍贵资料，推进思想建党、理论强党在师生党团员中的具体落实，进一步明理、增信、崇德、力行；在数量规模上，参与主体近千人，创作作品超过 100 部，由集中灌输式的学习延伸扩展到全体师生的日常主动式学习，既促进了党团员群体的互动学习，也促进了微视频和图文学习素材及成品的积累。

(四) 四个着力，整体增色，确保"百人百讲"学习教育实效

"百人百讲"学习教育系列活动在参与人员的数量上，力求覆盖全体党员、带动部分团员、辐射大量青年；在学习和成果展示方式上，力求符合青年视频学习、碎片学习、分散学习的特征，以四个着力点保障育人实效：一是着力学的方式革新，将支部学、小组学和个人

学进行内容整合和方式整合，实现重点学习、细节学习和碎片化学习的平衡；二是着力在学习中凝练，通过讲的方式辩证地认识学习内容，再拓展学习的内涵与细节；三是着力学讲结合互动，引导党员、群众从所学、所讲、所听、所看的故事人物、背景和细节中感悟历史的真实与信念的力量，加深他们对历史的了解和理解；四是着力学与做的统一，通过在"四史"学习中体会真理、体验原理、体味情理，增强党团员的创业(学习)激情、自信心和使命感，把学习所得落实到实际行动中。"百人百讲"框架流程如图 2-2 所示。

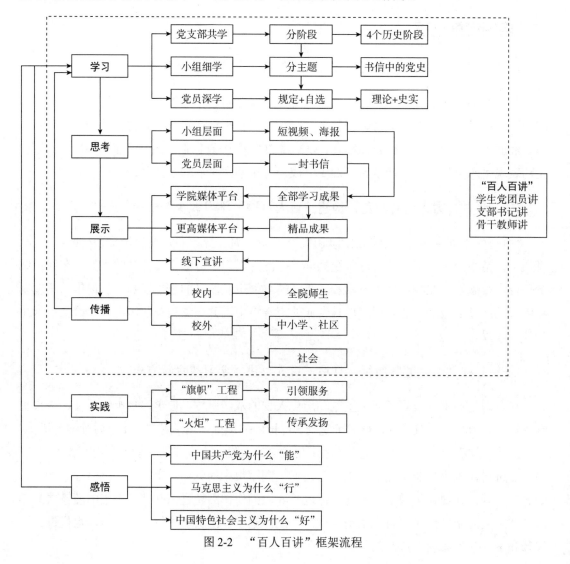

图 2-2 "百人百讲"框架流程

三、工作成效

(一) 凝聚力量

"百人百讲"学校教育系列活动通过互联网云端开展"四史"学习和理想信念教育，

在浩瀚的历史素材中提炼出思政教育的精华，加强思想政治理论学习，引导学生深刻认识中国共产党为什么"能"、马克思主义为什么"行"、中国特色社会主义制度为什么"好"，激发学生对祖国和人民的热爱之情，不断增强学生的道路自信、理论自信、制度自信、文化自信，促进学生形成一股爱国奋斗的强大青春力量。

（二）互动学习

互联网平台具有其独特的即时性和互动性，在青年学生中具有吸引力和广泛性，学院借助易班、微信公众号、线上课堂、线上会议、直播软件等平台，准确、及时、高效地对学生进行网络"四史"学习教育。师生党团员在网络平台上积极"发声亮剑"，通过新颖、鲜活、多样的手段讲解和展现历史故事，正面驳斥错误思潮，旗帜鲜明地维护"四史"在网络多元文化中的价值引领地位，激发正能量、弘扬主旋律，让学习"四史"成为生活的一部分，让党旗、团旗在网络舆论空间高高飘扬。

（三）形成品牌

"百人百讲""四史"学习教育自举行启动仪式开始，组建青年师生讲师团，依据"信念""英雄""创新""复兴"四个主题制作百余期视频，现易班优课已有千余人参加学习，已经完成 150 部短视频的拍摄，其中制作上线视频 90 部，各互联网平台总计浏览量近 10 万人次。此外，拓展学院团委"红色家书"主题活动等，形成较完整的学习、实践活动体系，目前活动整体效果明显，形成了独具特色的"百人百讲""四史"学习教育品牌活动。

四、经验总结

（一）思政教育与媒体元素结合的探索

随着国际形势的变化，在百年未有之大变局中，意识形态教育的迫切性、网络思政教育的渗透性对思政工作提出了新的要求。新时代大学生对短视频、微视频产品的使用和依赖，对教育引领方式的多样需求，需要引起教育工作者的高度重视，特别是将日常思政教育与媒体元素有效结合，在理论研究和实践探索方面都比较紧迫。开展多维度的网络思政教育，抓住的是当下，传承的是根脉，面向的是未来。

（二）学习主体参与的调动和组织

"百人百讲""四史"学习教育活动实践为"四史"学习提供了组织方式和内容加工的实践范例。面向学生的学习教育，要注重以学生为主体，提高学生的参与性、增强学习的趣味性、拓展学习的影响性，具体到"百人百讲"学习教育系列活动就是让学生在学习过程中通过多种形式参与创作网络作品，增进学习交流，形成持续影响力，产生润物细无声的育人效果。这是"三全育人"背景下，推动全方位网络思政育人的有效实践探索。

（三）成果规模化的重要价值

"百人百讲"学习教育系列活动的核心是重视以学习为起点，在组织学习的过程中嵌入一个扩散学习的目标，这个目标的实现依赖学习者的参与、思考和实践，并且以学习者自身喜欢的形式表现出来，形成可传播的成果。

五、改进计划

"百人百讲"学习教育系列活动下一阶段将以"四融"推进"四促"，完善多平台交互、交融，推动融入式、嵌入式、渗入式的线上育人模式的实施，持续提高网络思政育人的生动性、针对性和实效性。

（1）学讲相融——促"百人百讲"学习教育落地有声。勠力推动上下联动，在现有基础上扩大师生宣讲团，使形成的众多"微团队"用小篇幅、小切口、小细节传递大格局、大视野、大情怀；"微"作品聚焦"微"问题，以线上微课开展党的二十大精神、中国共产党人的精神谱系学习等活动；通过讲好红色故事展现师生的爱党爱国情怀；微党课通过打造生活化、场景化的微环境，全方位地夯实意识形态阵地管理；继续培育"微"队伍、搭建"微"平台、设计"微"作品，从而触动"微"心灵。

（2）学比相融——促"百人百讲"学习教育生动出彩。依托网络平台开展系列竞赛活动，以考促学、以测促学，激发全体师生党员、入党积极分子的理论学习新动力，使其在学思践悟中坚定理想信念；依托党建"树旗"计划开展比先进、树标杆系列活动，并通过"轻工达人秀""励志之星""支部建设展示接力"等宣传活动提高影响力，切实发挥党员的先锋模范作用和党支部的战斗堡垒作用。

（3）学做相融——促"百人百讲"学习教育生根开花。广泛征集群众意见与需求，聚焦师生"急难愁盼"的热点问题，通过"闻道讲堂""问道学堂"等特色活动拓宽服务渠道，以办实事筑牢师生党团员的思想根基，切实将党的二十大精神学习、中国共产党人的精神谱系学习、"四史"学习等多项教育成果转化为推动学院高质量发展的动力。在寒暑假期间，将线上"百人百讲"学习教育系列活动延伸至线下"红色行学"沉浸式实践活动中，在目前已有的十余个固定实践基地的基础上继续拓展，让学生在"育人炼己"中强化责任感、使命感，共筑线上线下同心圆。

（4）学创相融——促"百人百讲"学习教育走深走实。将"百人百讲"学习教育系列活动作为党建"双创"工作的重要抓手之一，找准问题、精准发力、对标提升。依托科研团队开放日，侧重科技创新创业活动的支持和指导，鼓励本科生继续深造，并在服务整体科研实力的提升上，着力创新团队建设和重点横纵向项目的申报和研究，不断探索党建工作与科研团队、人才培养工作、服务行业发展深度融合的科学发展模式。对内增强师生凝聚力和向心力，对外提升影响力和公信力，形成同频共振的传播新模式，为高质量网络思政育人提供有力保障。

网络思政"金钥匙"巧开培养学生党员"百宝箱"

张科　宫玮　赵佳

(陕西科技大学)

随着互联网的高速发展，学生获取信息的渠道更加多元化，高校学生党员培养工作也面临着新的挑战与机遇。陕西科技大学材料科学与工程学院(以下简称"学院")积极探索网络思政与学生党员培养相结合的教育模式，通过加强思想引领、创新服务阵地、提升网络素养等方式方法，引导广大学生党员坚定理想信念、勇担时代重任，使党员培养更有高度、更接地气、更有活力。

一、主题和思路

新形势下，随着网络技术的迅猛发展，网络平台也发生了翻天覆地的变化。学生党员作为大学生群体的先锋力量，是高校青年大学生的杰出代表，起着榜样作用。但部分学生党员面对纷繁复杂的网络信息往往缺乏足够的判断力，很容易被网络热点话题吸引，甚至被泛娱乐化"裹挟"。低俗文化通过互联网加大渗透和颠覆力度，使网络空间成了各种错误思想和多元价值观的放大器，导致网络舆情、网络生态和信息传播方式等发生了巨大变化，影响着高校的和谐稳定和学生党员的价值取向。如何在信息传播速度快、承载内容多、接受时间短的新媒体融合发展趋势下，抢占网络高地，引导学生党员在新媒体平台汲取养分和阳光，用什么样的内容吸引学生党员，提高网络思政教育的针对性和实效性，是高校需要不断深入探索和研究的难题。基于此，学院积极探索网络思政在高校学生党员教育培养工作中的作用，充分发挥网络文化"涵濡浸渍"的作用，形成润物无声的育人合力。通过挖掘国家大事、网络热点等背后的思政元素，发挥党员的思想引领作用，通过强基础、推精品、拓渠道等创新网络服务阵地，通过培根、清朗、暖行等措施提升学生党员的网络素养，增加学生党员的数量，提高学生党员的质量，使学生党员的作用发挥得更加充分，使学生党员队伍的组织建设更有活力。学生党员培养的逻辑框架流程如图 2-3 所示。

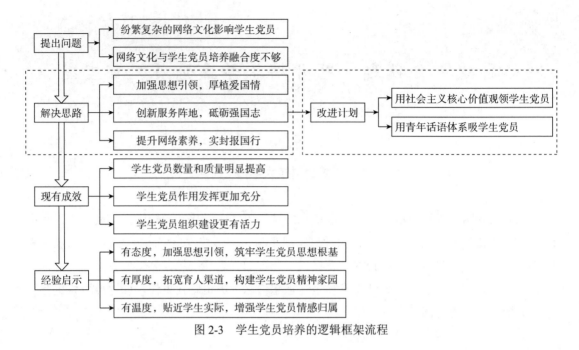

图 2-3 学生党员培养的逻辑框架流程

二、实施方法和过程

(一)加强思想引领,厚植爱国情

学院在党员教育培养过程中主动适应新形势,积极采用"互联网+党建"的理念,利用互联网传播的特点,组织开展线上党员教育活动,构建"云党建"课堂,引领学生党员深入学习习近平总书记系列重要讲话精神,不断增强对习近平新时代中国特色社会主义思想的政治认同、思想认同、情感认同。充分挖掘疫情防控、建党百年等重大事件背后的育人元素,利用腾讯会议、微信平台,通过云端主题党课、云端党团日活动、云端组织生活会等架起网络育人桥梁,保障学生党员思想政治教育走在前面。例如,在新冠疫情防控期间,通过线上多措并举引导全体学生党员将突如其来的疫情变成一次爱国主义教育大课;主动发掘互联网热点与痛点,将爱国主义教育与学生党员日常教育紧密结合;引导广大学生党员在抗疫事迹、感人故事、发展成就中汲取精神力量,主动把个人理想融入国家和民族的事业,构建高校学生党员教育新模式。

(二)创新服务阵地,砥砺强国志

(1)强基础,开展线上党史理论学习活动。只有让学生听得懂、听得清、听得进党的理论,党史学习教育才能入脑入心。学院通过搭建线上平台,开展线上宣讲,开设易班优课、党史学习教育专栏等方式拓展学习广度。党支部书记、辅导员通过撰写网文专栏《疫情大考,我们从这份试题中读懂了什么》等在各个时政热点阶段全方位引导学生,紧跟时事变化,牢牢把握网络思政话语权,提升党员教育的实效。

（2）推精品，打造"材声悦动·百年党史"系列微课。"材声悦动·百年党史"系列微课是学院献礼建党 100 周年推出的特别栏目，按照党的百年发展历程，以党的重大事件为线索，以不同时期的典型事例、历史人物、精彩故事为主干，全景式地回顾了党的发展历程和辉煌成就。5 分钟左右的音频讲解，用一个个有温度的党史故事，帮助学生树立坚定的理想信念，助力提升党史学习教育的实效。

（3）拓渠道，打造"湖畔讲堂"庆祝建党百年特别栏目。创新学习形式，邀请主要学生干部、社会实践先进个人、科创达人、战疫先锋等，通过在美丽的科大湖畔录制党课微视频把校园美景融入思政讲堂，让广大学生通过观看微视频提升思想政治素质，充分发挥网络育人的功效，着力打造小规模、广受众、高频率的微课堂教育盛宴。

（三）提升网络素养，实践报国行

（1）培根——凝心聚力。学院组建一支网络文明先锋队，选拔一批讲政治、懂网络、善讲解的学生党员，以习近平新时代中国特色社会主义思想为指导，以社会主义核心价值观为引领，运用广大青年学生喜闻乐见的话语方式和产品载体，如普法小课堂、"网络诈骗你来讲"等，系统普及网络正能量、网络安全、网络普法、网络文明等内容，引导、教育广大青年学生争做新时代好网民。

（2）清朗——风清气正。学院引导学生党员增强网络法律意识，提升网络素养。坚决抵制自媒体平台上散布的不良信息，引导学生党员理性转发及评论舆论热点。组建学生党员队伍，针对抖音等平台的短视频乱象进行整治，严厉打击低俗、造谣、传谣等违法和不良信息，加强网络有害信息监管。推出《辅导员来啦》《疫情下的一天》《我在科大很好》等系列优质短视频，举办网络文明漫画评比、文明网络标题大赛等活动，增强学生党员教育的精准性和实效性。

（3）暖行——启迪心智。鼓励学生党员积极带头传播网络正能量，为营造健康向上的自媒体氛围、创造风清气正的校园舆论环境贡献力量。在重要节点，面对时事热点，学院鼓励学生党员在 QQ、微信等自媒体平台上进行互动交流、分享爱国故事、传播正能量，以此深化广大学生党员对党的认识，不断增强学生的制度自信，促使其努力践行新时代赋予的责任与使命。

三、主要成效以及经验与启示

（一）主要成效

（1）学生党员数量和质量明显提升。近年来学院递交入党申请书的学生比例逐渐增加，学院研究生递交入党申请书的比例超过 95%。党员培养质量也稳步提升，培育出"全国研究生党员标兵""陕西省优秀共产党员""中国大学生自强之星""全国百佳心理委员"等一批优秀学生榜样，1 个本科支部获批"全国党建工作样板支部"1 个研究生支部获批"全

国研究生样板党支部",获得党建思政类省部级以上表彰 10 项,辅导员担任学生支部书记主持党建思政类项目 6 项,党建品牌活动"湖畔讲堂"等先后被新华网、中国新闻网、《中国青年报》、《陕西日报》、"学习强国"App 等媒体平台报道。

(2) 学生党员作用发挥更加充分。经过培养的熏陶,学生党员爱党、爱国、爱社会主义的情怀明显增强。广大学生党员主动走出实验室,走进学校,开展爱心支教,通过科学小课堂等形式助力乡村中小学生创新能力培养;走进基层,在乡村、社区开展党史学习教育宣讲等活动,通过寻访老党员,挖掘、宣传其光荣事迹,培养在校学生的使命意识和担当精神;走进实践课堂,主动参加志愿服务、社会实践、科技竞赛、劳动教育等实践活动。党员参加志愿服务活动人均 2.5 次,50%以上的科技竞赛项目负责人为党员,项目数量与质量明显提高。广大学生党员在严格要求自己的同时主动帮助、影响、带动身边同学,发挥了模范带头作用。这一系列举措提升了党员教育的广度和深度,也提升了学院育人的整体质量。

(3) 学生党员组织建设更有活力。各党支部充满活力,先后推出"材声悦动·百年党史"系列微课 100 期、"顾百年党史·诵百般经典"100 期、"湖畔讲堂"庆祝建党百年特别栏目 10 期。学院官微推出学习习近平总书记重要讲话等相关文章 76 篇,开设易班优课 5 期。在抗击新冠疫情期间,各党支部开展线上手抄报、漫画战"疫"评比 5 期,结合时政热点开展线上讨论、交流分享 112 次。学院广大学生党员学习热情高涨,真正做到了政治上紧跟紧随、思想上对标对表、行动上坚定坚决。学院评选出在社会实践、志愿服务、科技竞赛、文艺体育、劳动教育等领域的党员标兵,集中在网上宣传,引导广大学生向身边人学习,向榜样看齐。

(二) 经验与启示

(1) 有态度,加强思想引领,筑牢学生党员思想根基。在当前百年未有之大变局的复杂背景下,各种思想文化交流、交融、交锋更加频繁,高校网络思政文化育人显得尤为重要。学生党员作为先进群体,在模范带头、朋辈引领等方面起着关键作用,网络思政要在坚定大学生党员理想信念上下功夫,帮助他们筑牢思想根基。各级各类新媒体平台,首先需要发布的内容应该是对马克思主义理论、习近平新时代中国特色社会主义思想的解读和宣传,用先进理论占据网络高地,培养出一代又一代拥护党的领导和社会主义制度、立志为中国特色社会主义建设事业奋斗终身、能担当民族复兴大任的有用人才。

(2) 有厚度,拓宽育人渠道,构建学生党员精神家园。网络文化是开展网络思政教育的重要内容,网络思政教育要贴近学生实际,从培养学生的爱校情怀出发,进而培育学生的爱党和爱国情怀。高校网络思政文化育人要充分挖掘校本文化资源,结合校院两级实际情况,搭建载体、拓宽渠道,将校本文化的"水库"转化为思政育人的"活水";充分利用传统节日、时政热点、国家大事等进行策划,用学生喜闻乐见的形式开展网络育人工作,用民族精神滋养学生的思想。

(3) 有温度, 贴近学生实际, 增强学生党员情感归属感。利用网络思政开展党员教育工作, 要充分发挥学生的主体作用, 贴近学生思想、情感和生活实际, 打造有温度的网络思政文化, 满足学生党员成长和发展的需求和期待; 设计学生党员喜闻乐见的栏目和作品, 多用青年话语体系、生动鲜活的事例、新颖活泼的形式, 促进学生党员参与网络文化的生产和传播, 鼓励学生党员主动参与短视频、网文、手绘、漫画等网络文化作品的制作与创作, 引导学生用积极健康、文明向上的网络文艺作品影响身边同学、引领校园文化风尚、传递主流价值观。

四、改进计划

(一) 用社会主义核心价值观引领学生党员

学院将继续占领网络高地, 以思想政治教育为主线, 创建更多有时代热度、有人文温度、有思想深度的党建栏目。一是输出更有高度的产品: 全面贯彻落实党的二十大精神, 以学生党员的视角全方位地展现习近平总书记关于党的历史、社会主义核心价值观和青年的重要论述, 用小故事、身边事阐释大道理, 引导广大学生党员坚定理想信念, 踏实学习做事, 勇担时代重任。二是输出更接地气的产品: 将学科特色、专业前景、个人发展与产品输出相结合, 从学生的视角和立场持续输出学生真正感兴趣、听得进、能落实的优质作品。

(二) 用青年话语体系吸引学生党员

学院将继续立足融媒体, 持续优化教育内容, 立足学生党员话语体系, 做到大众化与分众化相结合, 有的放矢, 提升教育内容黏着度。一是从学生关注的热点出发。例如, 从热点中挖掘思政元素, 同时注意贴近学生实际生活, 结合专业特色、学生的兴趣爱好以及话语特点, 适当使用一些吐槽体、震惊体、呆萌体等话语, 增强话语的感染力, 以此达到党员教育入耳、入脑、入心的效果。二是从身边人、身边事出发。避免远而大的个例, 注重从身边挖掘典型事例, 加大力度选择、宣传在综合素质、志愿服务、科技创新、体育文化等方面的优秀典型事迹, 激励广大学生党员见贤思齐, 把对先进典型的敬仰和感动转化为勤学上进、精忠报国的实际行动。

"五个一"用好网络平台，
让党史学习教育走新又走心

邓 萌

(陕西科技大学)

2021 年 2 月 20 日，习近平总书记在党史学习教育动员大会上的讲话中强调："要抓好青少年学习教育，着力讲好党的故事、革命的故事、英雄的故事，厚植爱党、爱国、爱社会主义的情感，让红色基因、革命薪火代代传承，让红色江山永不变色。"党史学习教育作为思想政治教育的重要组成部分，对健全大学生人格具有不可替代的价值，是培养德智体美劳全面发展的社会主义事业建设者和接班人的重要基石。因此，高校要采取有效举措深化大学生党史学习教育，提升党史学习教育实效。本案例围绕党史学习教育如何有效开展这一主题，通过易班网络阵地，发挥网络媒体优势，精心设计、精心准备、精心安排，开展系列主题学习与教育活动，提升大学生学习兴趣，增强主题教育学习效果，引领大学生坚定政治信仰、厚植家国情怀、坚持正确的价值取向、树立良好的社会责任感，培养大学生拼搏进取的奋斗精神，为高校开展党史学习教育提供了参考。

一、主题和思路

习近平总书记在 2021 年党史学习教育动员大会上指出，党史学习教育"要注重方式方法创新""要发扬马克思主义优良学风，坚持分类指导，明确学习要求、学习任务，推进内容、形式、方法的创新，不断增强针对性与实效性"。因此，在面向学生开展党史学习教育时，如何针对学生特点，结合学生需求，设置学习内容，培养学习习惯，创新学习方式，联动教育资源，提升学习实效，是辅导员首先要思考的问题。

陕西科技大学文理学院在党史学习教育中，针对理科学生特点，用好网络阵地，打造"红色易班"，通过"坐标化"党史学习教育体系的设计，遵循"一知，提升理论素养，找准党史关键点""一学，加强理论学习，建好党史学习教育坐标系""一讲，传播红色声音，弘扬党史学习教育正方向""一实践，做好专业融合，展示党史学习教育效果图""一传承，贯彻实践育人，绘就党史学习教育新画卷"的"五个一"工作思路，选取内容关键点、建立党史坐标系、弘扬学习正方向、展示学习效果立体图，最终绘制党史学习教育新画卷，将网络思政教育与党史学习教育有机融合，推动党史学习教育走深走实，实现党史学习教育理论入脑、情感入心、效果入行，引导广大青年学生在党的百年奋斗历程中汲取前进的智慧和力量，切实做到学史明理、学史增信、学史崇德、学史力行。"五个一"工作思路逻辑框架流程如图 2-4 所示。

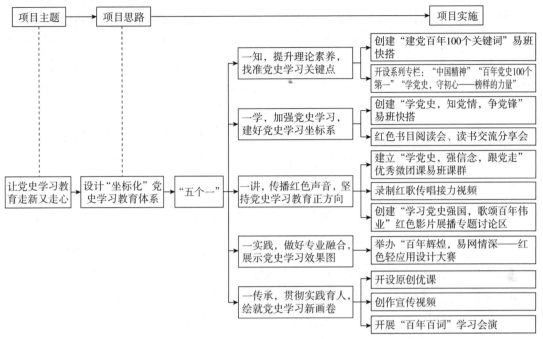

图 2-4 "五个一"工作思路逻辑框架流程

二、实施方法和过程

(一) 一知，提升理论素养，找准党史学习教育关键点

"一知"，通过梳理百年党史中的关键点，运用多样化的表达方式，引导学生学习领悟党史中的关键事件、关键内容、关键成果、关键人物。通过创建"建党百年 100 个关键词"易班快搭，将百年党史梳理为 100 个关键词，帮助青年学生从小切口学习大历史，从关键词了解大变化；通过开设"中国精神"系列专栏，分别对"红船精神""井冈山精神""长征精神""西柏坡精神""抗美援朝精神"等中国共产党人精神谱系进行详细介绍，让青年学生全面了解中国精神的内涵；通过开设"百年党史 100 个第一"系列专栏，制作 H5 短视频和图文海报，以讲党史、说故事的形式，向学生介绍建党百年的历史成就，分享建党百年每一个光辉的"第一"时刻；通过开设"学党史，守初心——榜样的力量"系列专栏，讲述百年党史中黄继光、邱少云、杨根思等一个个感人的英雄故事，让学生走近英雄、了解英雄、崇尚英雄，提升学生党史学习教育的兴趣和热情，引领学生认知真理、掌握真理、继承传统、弘扬文化，不断增强学生的道路自信、理论自信、制度自信、文化自信。

（二）一学，加强党史学习教育，建好党史学习教育坐标系

"一学"，通过建好党史学习教育内容的广度横坐标与深度纵坐标，激发学生的学习自主性与主动性。利用易班快搭宣传党的历史和理论，创建"学党史，知党情，争党锋"易班快搭；通过举办红色书目阅读会、读书交流分享会，全面介绍党史知识，梳理党史脉络，将集体学习与个人学习相结合，将理论学习与思想交流相融合；通过"谁是卧底"党史知识竞猜和党史知识竞赛，将深邃内涵与趣味载体相统一，及时反馈学习效果，引导青年学生进行理论思考与辨析，在"比、学、赶、超"的良好氛围中提升党史学习教育的深度与效度，极大地丰富了学生学习党史的载体与形式，提升了党史学习教育的感染性和实效性，引导学生正确认识党史学习教育的战略地位和重要价值，在思想与行动上知党懂党、爱党护党。

（三）一讲，传播红色声音，弘扬党史学习教育正方向

"一讲"，通过口述党史、红歌传唱、真情告白等方式，引导学生将所学所思讲出来，将真情实感唱出来，将美好祝福说出来，弘扬党史学习教育正方向，传递党史学习教育正能量。通过建立"学党史，强信念，跟党走"优秀微团课易班课群，让学生用自己的语言讲好党的百年辉煌历程，表达对党的崇高敬意；通过录制红歌传唱接力视频，让学生在云端唱响红色力量、感受红色歌声、激扬红色青春；通过创建"学习党史强国，歌颂百年伟业"红色影片展播专题讨论区，组织学生线下观影、线上讨论，在红色影片中感知党的奋斗历程和百年变迁，接受红色精神的洗礼，让党史学习教育深入人心、浸润心脾。

（四）一实践，做好专业融合，展示党史学习教育效果图

"一实践"，将党史学习教育与学生专业学习有效融合，促进党史学习教育落地、落细、落实，为学生学史搭平台、做保障，展示党史学习教育效果图。结合学院信息与计算科学国家一流专业特色，举办"百年辉煌，易网情深——红色轻应用设计大赛"，将党史学习教育与专业提升相结合，打造丰富多样的红色网络产品，让青年学生在专业实践、创意设计中将党的红色精神、红色基因进行讲述、展现与传播，进一步坚定青年学生的理想信念，激发青年学生的历史责任感，提升青年学生的专业水平，让党史学习教育效果可展示、可传播、可记录，教育青年学生知行合一，将理论与实践相结合，从党史中汲取经验和智慧，把握历史规律，提高实践本领，为实现中华民族伟大复兴的中国梦积蓄力量。

（五）一传承，贯彻实践育人，绘就党史学习教育新画卷

"一传承"，通过内容创作、情景演绎等方式，利用网络媒体，让广大青年学生争做党史学习教育的宣传者、先行者。围绕"建党百年100个关键词"的学习，以"救国、兴国、富国、强国"为主线，开设原创优课，让青年学生在学懂弄通的基础上，进行接力创

作；围绕党史关键词进行秒懂视频、词条视频等影音图文多样化原创内容设计，并将其作为党员、团员和青年学生的日常教育素材。除此之外，开展"百年百词"学习会演，让广大青年学生通过合唱、小品、话剧、朗诵等多种方式再现经典、还原历史、对话榜样，在学院内形成了"人人学、人人讲、人人传承"党史的良好氛围。

三、主要成效和经验

通过"坐标化"党史学习教育体系的设计和"五个一"工作思路，党史学习教育开展得有重点、有条理、有方向、有氛围、有效果，在广大青年学生中反响热烈，主要成效与经验着重体现在以下三方面。

(一) 结合学生的学习方式设计内容，让学生乐于接受

学习效果首先取决于学习态度，面向理工科学生开展党史学习教育，一定要采用学生乐于接受、喜闻乐见的方式，结合学生较强的逻辑思维能力和简洁化的语言表达习惯，通过选取百年党史中的关键点，让学生先找到切口、先看到重点、先体会精华，从而提升学生的主观能动性，构建学生心甘情愿学、循序渐进学、手不释卷学的良好氛围。学院37个团支部通过资料查找、交流讨论、小组研讨等方式共学习设计党史关键词100个，制作录制党史关键词讲解视频"三湾改编""家庭联产承包责任制"等80余个，单个视频浏览量突破1000余次，让学生在党史学习教育中获得了成就感。

(二) 结合学生的兴趣爱好创新形式，让学生勇于探索

兴趣是最好的老师。党史学习教育的实效不仅在于学生学习的广度，更在于学生学习的深度，既要让学生有集中学习的大课堂，又要让学生有自我学习的小空间。因此，要结合学生的兴趣爱好创新学习形式，通过举办红色书目阅读会、党史知识竞赛、红歌传唱、红色电影述评等活动，促进党史学习教育形式多样化、载体丰富化，让青年学生在党史学习教育中找到自己的兴趣点、融入点，激发好奇心、探索欲，推进党史学习教育向纵深开展。在党史学习教育系列活动中，学院学生参与热情高，各党支部、团支部参与率均达到了100%。其中，党史知识竞赛学院学生答题率、闯关率、学习率连续2个月位居全校前三，在全院形成了良好的"比、学、赶、超"氛围。

(三) 结合学生的专业所长开展实践，让学生敢于作为

党史学习教育只有与学生的生活学习相融合，才能落地生根。理工科学生在党史学习教育中学起来容易，行起来难，如何打破这种思维定式和传统模式？将党史学习教育与学生专业所长相结合尤为重要，通过学生团支书身份所长让学生主动发声讲党史，通过学生专业技术所长让学生主动参与设计红色App，通过学生兴趣技能所长让学生主动开展图文

影像的创作设计,让学生在党史学习教育中找到自己的擅长点、成就点、满足点,让党史学习教育在青年学生身上见行见效。学院学生自主设计的"微党通"App获学校首届红色轻应用设计大赛三等奖,参与设计的"网上重走长征路"小程序获2021年易班创新设计大赛全国一等奖。

四、改进计划

(1) 多方协同,汇聚资源,为高质量党史学习教育网络产品输出提供保障。积极邀请思政课专业教师、马克思主义学院优秀学生、身边榜样人物、优秀校友等参与党史学习教育,通过不同身份、不同专业、不同角度的讲述与参与,凝聚合力,精心设计,输出高质量党史学习教育网络产品,丰富学生党史学习教育内容与形式。

(2) 线上线下,融会贯通,为常态化党史学习教育思政活动开展打牢基础。通过线上线下协同联动,将线上活动拓展到线下,提升线上活动的效果,丰富线下活动的形式,如把红色书籍分享会由线上延伸到线下,把党史集中学习素材由线下整合到线上,使其相互呼应,营造党史学习教育的良好氛围。

(3) 加强调研,发现问题,为高效化党史学习教育内容形式创新提供灵感。通过结合学生生活实际,进行广泛调研,了解学生的真实感受与真实需求,倾听学生的真实意见与真实反馈,及时总结、及时完善、及时提升,保证党史学习教育深入人心、汇聚人力,提升学生党史学习教育的参与度与兴趣度。

巧用掌上"易"支部，让支部工作"红红火火"

曹姬倩蕊

(陕西科技大学)

习近平总书记在 2016 年全国高校思想政治工作会议上指出："做好高校思想政治工作，要因事而化、因时而进、因势而新。"这是新时期、新形势下做好高校学生思想政治工作的总要求。随着科技和互联网的发展，网络媒体已然成为社会发展的新浪潮，如何利用新媒体创新高校网络思想政治教育已成为当下重要而紧迫的时代课题。因此，跟上时代步伐，把握科技发展潮流，推动党的现代化建设，是当前加强和改进党的建设的一项重要任务，"将支部建在网上"成为信息化时代对基层党建的必然要求。

易班网作为高校教育教学、生活服务、文化娱乐的综合性互动社区，融合了论坛、社交、博客、微博等主流的 Web 2.0 应用，增加了为在校师生定制的教育信息化一站式服务功能，并支持 Web、手机客户端等多种访问形式。当前高校大力推动易班建设，易班作为全国教育系统的知名文化品牌，成为当前"互联网 +"时代加强和改进新形势下高校思想政治工作的重要载体。在此背景下，陕西科技大学化学与化工学院党委依托互联网，充分发挥易班网平台的功能优势，探索出高效、便捷、灵活的线上党支部学习教育模式，并编制了《掌上"易"支部建设指导手册》，创新学习方式、丰富实践内容、激发支部活力，打破了地域、时间的限制，破解了基层党建工作组织开展不规范、流动党员"脱管"等难题，实现了党支部管理的精确化、智能化和科学化，为高校学生党支部建设工作的开展提供了重要借鉴。

一、项目主题及思路

自 2018 年起，陕西科技大学化学与化工学院党委积极推进党支部建设与易班网深度融合，以破解学生党员流动性大、管理服务难等问题为主要任务，着力打造凝聚力强、氛围活跃、吸引力强的掌上"易"支部，以科学的网络化建设理念推进基层学生党支部建设高质量发展，实现线上线下相统一、"键对键""面对面"相补充，让掌上"易"支部成为学生思想政治教育的重要助力。

掌上"易"支部的建设以抓好"四个重点"(抓党员学习教育、抓党日活动创新、抓红色氛围营造、抓党员作用发挥)为路径，以实现"四大突破"(学习形式"活"起来、党日活动"燃"起来、红色氛围"浓"起来、党员带头"动"起来)为目标，大力推进基层党支部的网络化建设，实现党支部工作线上线下双推进，凝聚学生党员青春力量，激发学生党支部生机活力。掌上“易”支部框架流程如图 2-5 所示。

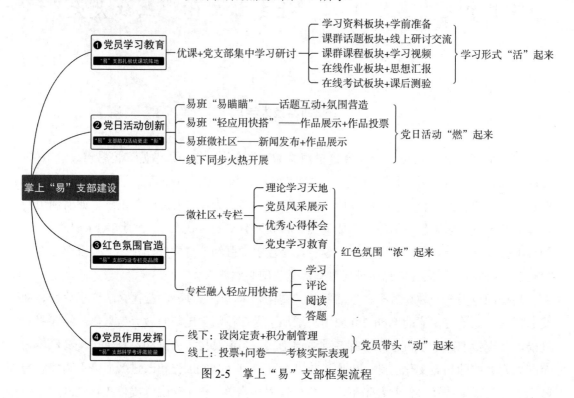

图 2-5　掌上“易”支部框架流程

二、实施方法和过程

（一）“易”支部扎根优课筑阵地，让学习形式“活”起来

大学生因为寒暑假、外出实习、新冠疫情等特殊情况，部分时间段难以保证线下的集中学习，掌上“易”支部的建设以党支部为单位，借助易班平台建立支部优课课群，运用易班优课中的课群话题、课群课程、学习资料、在线考试、在线作业等板块功能，保证支部成员学习交流“不断线”。以党支部每月的集中学习研讨为例，月初时支部委员在掌上“易”支部优课学习资料板块发布学习通知，上传学习计划和学习资料，做好学前准备；研讨当日，在易班优课课群话题板块发布研讨话题，邀请外出党员参与线上研讨交流；录制集中学习课程视频，及时将其上传至易班优课的课群课程板块，方便所有党员会后巩固学习内容。同时，外出党员可通过易班优课课群在线作业板块定期提交思想汇报，汇报自己的学习、工作、生活情况。为了巩固学习效果，党支部也可通过易班优课的在线考试板块发布题目，测试支部党员对于集中学习内容的掌握情况。党支部易班优课课群的建立，筑牢了党支部学习教育的网络阵地，规范了支部开展集中学习研讨的流程，丰富了基层支部的学习形式，强化了支部党员集中学习的效果考核，让外出党员不掉队，找到“家”。

(二)"易"支部助力活动更走"新",让党日活动"燃"起来

传统的党员活动常常因为场地空间、活动时间等多种因素的限制,难以保证全员参与。掌上"易"支部的建设借助易班网平台的"易喵喵"状态发布、微社区、轻应用快搭等功能,结合党日活动的内容,做到线上线下同步宣传推广,实现实时互动参与,活动氛围感浓厚,特色也更加鲜明,丰富了主题党日的深刻内涵。例如,"我最喜爱的习近平总书记的一句话"党日活动,线下采用书法现场创作与展出的形式,线上活用易班网多板块功能,让党日活动走"新"更走心。一是借助党员个人易班"易喵喵"状态发布板块,添加话题"我最喜爱的习近平总书记的一句话",发布个人作品,实现话题互动和氛围营造;二是借助易班轻应用快搭功能上线"我最喜爱的习近平总书记的一句话"作品评比轻应用快搭,对入选作品进行展示,并组织线上投票,进一步扩大活动影响力,提高参与度;三是借助易班微社区文稿发布功能,发布活动新闻和作品展示推文,对活动进行总结并进一步宣传推广。最终,活动所选拔的优秀书法作品由支部设计并制作成书签、贴纸等文创产品作为活动奖励,既有意思又有意义,极大地提升了党员同志的参与热情。

(三)"易"支部巧设专栏亮品牌,让红色氛围"浓"起来

掌上"易"支部建设始终坚持"红色领航",为了确保红色教育"不断线",巧设专栏,大力推进易班各项功能与掌上"易"支部的深度融合,引导广大学生将个人奋斗目标与实现中华民族伟大复兴的中国梦相结合,推动党的伟大精神在青年学生中落地生根。一是将专栏设在易班微社区,开设"理论学习天地""党员风采展示""优秀心得体会""党史学习教育"等多个图文类专栏,进一步营造学习氛围、树立标杆,激励广大党员发挥先锋模范带头作用。二是上线"初心""党史天天学"等活动类轻应用,将专栏融入轻应用快搭,设计阅读、学习、评论以及答题任务,并设置一定的活动奖励,让学生在不知不觉中接受红色教育,逐步打造学院党建特色品牌。新冠疫情期间,掌上"易"支部指导党员引领创作,助力学院各项工作有序开展,增设科创周报、"化语"、"党员有话说"、"听心"等原创内容专栏,在学业帮扶、就业指导、心理疏导、防疫知识宣传等多项工作中发挥重要作用,切实发挥了基层党支部的战斗堡垒作用。

(四)"易"支部科学考评激能量,让党员带头"动"起来

在掌上"易"支部的建设过程中,学院党委指导学生党务中心不断完善党员评价考核体系,对学生党员设岗定责,并结合党员参加学习、活动、服务等的情况及时记录,实行积分制管理,每月在支部优课课群及时予以公示。同时,利用掌上"易"支部的投票、问卷功能,调研党员在基层服务工作中的实际表现,更加全面、科学地评价党员作用发挥情况,针对问题党员及时教育引导,宣传优秀党员的先进事迹,及时总结并推广先进经验,

实现"党员身份有压力、组织评价有依据、创先争优有动力",极大地激发了党员的内驱力,发挥了党员的先锋模范带头作用。

三、主要成效和经验

(一) 搭建了一个"易班+党建"的党员学习教育平台

依托易班网所搭建的掌上"易"支部,让学生党员全方位、全角度地参与支部的学习教育活动,将支部建设与思政育人有机结合,解决了学生党员流动性大、管理服务难、寒暑假等时间段集中学习难以组织等问题,节约了管理成本,提高了管理效率,形成了比学赶超、先锋引领作用发挥有力、党建活力强劲释放的线上党建阵地,营造了良好的舆论氛围。在掌上"易"支部的建设过程中,学院认真总结经验,编制了《掌上"易"支部建设指导手册》,为学生党支部标准化建设提供了参考。

(二) 积累了一批特色鲜明的红色网络文化成果

学院成功打造了本科、硕士、师生联合党支部等典型活力"易支部"共 5 个,建设《共述芳华》系列优课、《学四史 守初心》系列优课、《百年传唱,声声嘹亮》、《回信精神在我心》、《西迁精神在我心》、党团学习系列优课共计 91 个,催生红色网络文化作品 200 余部,推广展示一批主题鲜明、思想深刻、生动活泼的线上微党课、党史情景剧等优质网络文化产品,引领校园风尚。在此基础上酝酿总结出的《恰是·少年芳华》系列微情景剧——情景再现式理想信念教育案例获得 2021 年度全国高校思想政治工作优秀案例三等奖。

(三) 党建工作成果喜人,人才培养质量显著提升

学院于 2016 年荣获陕西省"先进基层党组织"称号;2018 年荣获"陕西省师德建设先进集体"称号;2019 年荣获"全国教育系统先进集体"称号;2020 年入选陕西省党建工作标杆院系创建单位,荣获"陕西高等学校教学管理工作先进集体"称号。学院承担党建相关的省级项目 1 项、校级课题 3 项,涌现出省级师德标兵、课程思政名师、优秀辅导员、最美志愿者等 7 名优秀党员,总结形成了助力疫情防控、脱贫攻坚、乡村振兴、服务地方经济等一批先进事迹典型,"苹果面膜"生态研发团队、同位素科研团队、"化学盒子"支教团队、乡村振兴社会实践团队被 CCTV 专题报道,学院党委书记在抓党建述职考评中连续获得优秀。

2022 年,学院化学工程和化学两个学科入选软科世界一流学科榜单。本科生考研率逐年增长,突破 46%;学生就业率稳定在 95% 左右;仅 2021 年,学院学生团队就获得创新创业类国家级奖项 6 项、各类竞赛省级及以上奖项 200 余项,3 篇研究生论文获评省级优博论文。

四、思考与启示

(一) 掌上"易"支部建设必须有长远的规划和科学的建设标准

当前我国高校的网络思政教育平台建设还处于初级阶段，在平台搭建和系统管理方面还存在很多不足，即使是教育部大力支持的易班平台本身功能也具有局限性，难以满足高校网络思政教育快速发展的需要。因此，基于易班建设的掌上"易"支部要持续增加建设投入，制定科学、长远的发展目标，紧跟当前思政教育发展的趋势，不断优化平台、丰富内容、创新形式，提升思政教育的感染力和吸引力，确保育人实效。

(二) 新时代党员教育管理工作既要发扬优良传统又要与时俱进

新时代基层党员教育工作面临诸多新情况、新问题，传统的线下党员教育和新兴起的线上教育都有各自独特的优势，也存在一定的弊端，如果只注重线上教育，而缺乏线下的交流、互动，就会导致学习逐步丧失仪式感，学习效果大打折扣。只有科学、合理地把握二者所占的比重，精心设计内容分配，促进网络教育与实践教育的优势互补，正视网络载体的力量，才能实现网络教育和传统教育的多维互动和有机融合，保证基层党员教育工作的顺利开展。

(三) 继续加强高校学生党建工作队伍建设

高校学生党建工作队伍目前多数由辅导员组成，互联网技术和党建工作理论水平不足，且投入时间有限。除此之外，基于易班平台的掌上"易"支部专业思政教师队伍建设的投入也严重不足，难以满足其长远发展的需求。因此，必须大力推进专业教师、思政专家、党建专家进驻线上网络思政平台发挥作用，不断提升高校学生党建工作队伍的全面性和专业性，保证高校学生党建工作队伍建设的顺利开展。

五、改进计划

(一) 深入探索，深度融合

主动适应信息化发展的大趋势，持续探索"易班+党建"互联网党建新模式，促进轻应用快搭、微社区等易班主体功能更好地与党建工作深度融合，有效利用信息化手段加强学生入党前后的教育、学习和管理、红色文化氛围营造，持续助力基层党支部建设工作的开展，实现党建工作中的传统政治优势与互联网技术优势的深度融合。

(二) 健全机制，持续发力

建立较全面的线上操作培训机制，不断完善积极分子、党员干部的考核管理和激励机制，建立科学化的量化标准，进一步将党员线上教育培训的结果与积极分子推荐、党员发展和评优工作结合起来，调动广大学生的学习热情，确保掌上"易"支部建设的可持续性。

(三) 品牌至上，内容为王

不断完善掌上"易"支部各板块内容，挖掘和整合可用红色资源，悉心打造特色鲜明的、感染力强的网络红色文化品牌活动，培育一批优秀红色网络文化成果，调动青年学生学习党的理论知识的积极性，增强其对红色文化的感知和认同，让红色信念深入人心。

第三章

网络文化育人

2016 年 4 月，习近平总书记在网络安全和信息化工作座谈会上指出："用社会主义核心价值观和人类优秀文明成果滋养人心、滋养社会，做到正能量充沛、主旋律高昂，为广大网民特别是青少年营造一个风清气正的网络空间。"网络文化对新时代大学生群体的思想观念和价值选择有着重要影响，高校必须高度重视网络文化的育人功能，大力创新理念、方法、路径、载体，以积极向上的网络文化强信心、聚民心、暖人心、筑同心，更好地营造风清气正的网络空间。目前，各高校积极建设网络文化阵地，培育网络文化工作室，组建网络思政工作团队，充分利用理论宣讲、高校评论、微电影、微视频等载体，极大丰富了网络文化的产品供给，提升了网络文化的内涵质量，探索了一批先进经验。本章节重点收录了高校从不同维度对网络文化育人进行探索的 11 个典型案例，为更多高校加强和改进网络文化育人工作提供新思路和新视角。

"三层次三维度"师生网络理论宣讲体系

周远　张丹　顾蓉

(西安交通大学)

西安交通大学以习近平新时代中国特色社会主义思想为指导，围绕立德树人这一根本任务，针对时政热点和学生思想动态变化，以新媒体技术为基础，利用网络平台开展理想信念教育，形成了以"伟大事业，信念领航"辅导员微宣讲、"筑梦铸人，爱国奋斗"青春榜样微宣讲、"西迁精神，时代华章"学生理论社团微宣讲为主体的"三层次三维度"师生网络理论宣讲体系。

一、案例基本情况

西安交通大学"三层次三维度"师生网络理论宣讲体系通过打造系列网络理论宣讲品牌，发布高质量网络文章、短视频、漫画，开展微党课、微分享、微论坛，结合特色教育活动，为学生提供丰富充实、拓展性强、多样性显著的学习内容，营造网络思想政治教育的良好环境，达到铸魂育人的目的。2023年初，"三层次三维度"师生网络理论宣讲已形成13个系列专题，发布3000余篇网络文章、35期网络微课，出版图书4部，校内宣讲实现了本科生全覆盖，校外宣讲200余场。

二、组织实施过程

(一)"伟大事业，信念领航"辅导员微宣讲

西安交通大学组织"伟大事业，信念领航"辅导员微宣讲，围绕党的二十大精神、西迁精神、学校思想政治理论课教师座谈会精神、新冠肺炎疫情防控、"四个一百"育人行动等主题，开展"辅导员读报告""辅导员致西迁""辅导员讲信仰""辅导员战疫情""辅导员享经典"五个系列专题网络微宣讲，组建党的二十大报告、西迁精神、"四史"学习等主题辅导员宣讲团，构建线上线下相结合的思想政治教育体系。"伟大事业，信念领航"辅导员微宣讲工作体系如图3-1所示。

微宣讲开展以来，百名辅导员参与，通过学校新闻网主页及"知性兼修"微信公众号等网络媒体发布理论宣讲文章、音频作品共计230余篇，撰写爱国主义故事84篇，出版《"爱国主义"青春读本》系列丛书4册。线下宣讲活动覆盖全体本科生，并走进中小学、

社区、对口支援地区及单位等校外场所。

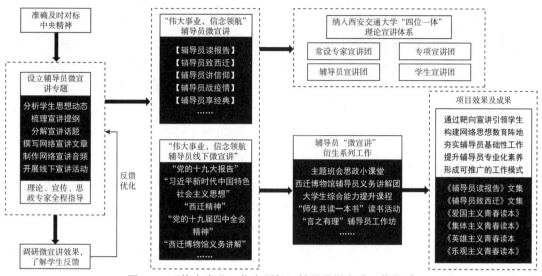

图 3-1　"伟大事业，信念领航"辅导员微宣讲工作体系

(1) "辅导员读报告"。2017 年 10 月，党的十九大胜利召开，为学习宣传好党的十九大精神，学校组织辅导员围绕国家重大战略、人民生活的巨大变化等主题，发布专题网络宣讲文章 65 篇。校内新闻网单篇最高点击率超过 3400 次，线下微宣讲覆盖 16 000 余名本科生及 50 余个学生党支部，校外宣讲达 20 余场。

(2) "辅导员致西迁"。2017 年 12 月 11 日，习近平总书记就西迁精神作出重要指示。学校组织辅导员第一时间响应，发布专题网络宣讲文章 66 篇，引导学生做新时代西迁精神的传承人，校内新闻网单篇最高点击率超过 2600 次，组建 32 人西迁博物馆辅导员义务讲解团，开展校内外线下微宣讲 120 余场。

(3) "辅导员讲信仰"。2019 年 3 月 18 日，习近平总书记在学校思想政治理论课教师座谈会上发表重要讲话。辅导员承担"让有信仰的人讲信仰"的重任，发布专题宣讲文章 13 篇、讲述音频 11 则，校内新闻网单篇最高点击率超过 1800 次，编写爱国主义、集体主义、英雄主义、乐观主义故事 84 篇。

(4) "辅导员战疫情"。2020 年 1 月 20 日，习近平总书记就新冠肺炎疫情作出重要指示，组织辅导员积极发声，发布专题宣讲文章 72 篇，引导学生做"科学的传播者、谣言的粉碎者、健康的守护者、家庭的关爱者"，校内新闻网单篇最高点击率超过 4100 次，线上专题宣讲覆盖 671 个本科生班级。

(5) "辅导员享经典"。西安交通大学开展"四个一百"育人行动，即倡导学生阅读一百本经典、认识一百位老师、听取一百场报告、参加一百场活动。2020 年 4 月，学校组织辅导员结合百本经典书单，发布网络宣讲文章13 篇，引导学生好读书、读好书，并开设《习近平的七年知青岁月》《红楼梦》等多门经典导读课程。

(二) "筑梦铸人，爱国奋斗"青春榜样微宣讲

习近平总书记在中华人民共和国国家勋章和国家荣誉称号颁授仪式上指出："崇尚英雄才会产生英雄，争做英雄才能英雄辈出。"西安交通大学打造"筑梦铸人，爱国奋斗"青春榜样微宣讲系列活动，通过论坛分享、巡回宣讲、短视频、漫画、微论坛、微课等形式，依托官方 B 站、抖音、澎湃新闻、党建学习平台、学术资源平台等新媒体渠道，线上线下相结合，构建了优秀学生党员"微宣讲"、"优秀学生标兵"微宣讲、"优秀退伍学生"微宣讲、"优秀国奖学生"微宣讲的"四优"学生榜样宣讲体系，让身边人讲述不凡事，引领广大青年学生自觉武装头脑，做习近平新时代中国特色社会主义思想的坚定信仰者和忠诚实践者。

(1) 优秀学生党员"微宣讲"。以优秀学生党员为主体，组织选调生、支教团成员、志愿服务先锋、社会实践达人等学生党员群体，对内面向党、团支部，班级及学生社团，对外依托实践见习，面向西部、扎根群众、深入中小学，开展基层建功、党史学习教育、国情研习、时事热点等主题微宣讲 40 余场，覆盖 5000 余人，切实发挥学生党的先锋模范作用，强化示范引领作用。

(2) 优秀学生标兵"微宣讲"。优秀学生标兵是西安交通大学的优秀学生代表，每年在全体本科生中评选出 10 名。为发挥优秀学生的榜样作用，学校组建优秀学生标兵宣讲团，每年开展"标兵微论坛"活动，以标兵鲜活的亲身经历和自强不息的拼搏故事，诠释当代学子心目中的爱国主义、集体主义、英雄主义、乐观主义，倡导广大学生做新时代爱国奋斗的践行者、示范者，并将标兵网络微宣讲纳入学校党建学习平台，线上课程累计观看量达 2.6 万余次。

(3) 优秀退伍学生"微宣讲"。学校每年遴选表现突出的退伍大学生组建强军宣讲团，确立"西迁精神传承，强军战歌嘹亮"的宣讲主题，弘扬爱国主义，宣讲学校退伍大学生的军旅事迹与感人故事，推进征兵宣讲进书院、进课堂。开设"强军战歌嘹亮"新闻专栏，多平台展现退伍学生事迹，学校大学生参军报名数量连年大幅度提升。

(4) 优秀获奖学生"微宣讲"。学校从每年获评国家奖学金的优秀学生中选拔组建国奖学生微宣讲团。200 余名宣讲团成员结合自身成长感悟，累计开展网络宣讲 2500 余场，通过国家政策解读、个人经历分享，带动全体学子理解国家资助政策，增强诚信意识、感恩意识和责任意识，践行"胸怀大局、无私奉献、弘扬传统、艰苦创业"的西迁精神。

(三) "西迁精神，时代华章"学生理论社团微宣讲

"西迁精神，时代华章"学生理论社团微宣讲以习近平新时代中国特色社会主义思想知行学社微宣讲团和各书院学生微宣讲团为依托，开展习近平新时代中国特色社会主义思想、党的路线方针政策、西迁精神、时事热点等方面的理论学习和宣讲，以青年学生之声，加强思想引领。截至 2022 年底，共有学生微宣讲团 5 个，微宣讲团成员 200 余人。微宣讲开展以来，开展了"西迁精神"微宣讲、"国情研习班"微宣讲、"时事热点"微宣讲、"经典导读"微宣讲等系列宣讲品牌活动，在师生中引起了强烈反响。

(1)"西迁精神"微宣讲以暑期社会实践为依托，组织 73 支社会实践团队走进企业、村镇、学校，开展"西迁精神"微宣讲，诠释新时代青年的责任和担当。

(2)"国情研习班"微宣讲以党史、世情、国情、市情等为主题开展 60 余次微宣讲，共计 4000 余人次参与，其中包括习近平新时代中国特色社会主义思想知行学社成员、各书院党员骨干、学生代表等。"国情研习班"微宣讲以专题网络宣讲形式解读新时代中国，继而涵养学生家国情怀。

(3)"时事热点"微宣讲坚持"以学生为主体、师生共同参与"理念，积极响应习近平总书记重要指示，跟紧时事热点，进行"四史学习""节约粮食""全会精神"等主题宣讲 30 余次，覆盖 3000 余人，将时代声音进行及时传播、解读。

(4)"经典导读"微宣讲开展《共产党宣言》《毛泽东选集》《邓小平文选》《交通大学西迁》《西迁故事》等经典导读类宣讲 20 余场，覆盖千余人，讲述历史故事，激发学生的信仰担当。

三、案例育人实效

"三层次三维度"师生网络理论宣讲通过靶向宣讲，既充分学习与宣传了党的理论知识，又符合青年学生的语言特点，达到了良好的宣讲效果，获得了社会媒体、兄弟院校与本校师生的广泛关注与一致好评，师生反响良好。以辅导员微宣讲为例：据统计，辅导员微宣讲的本校本科生受众 16 000 余名，学生认可度高，认为辅导员微宣讲更贴近校园生活，更符合实际需要，接地气、"对胃口"，讲好"大道理"和"小故事"的辅导员更专业、更鲜活，"主题班会思政小课堂"让自己学会承担、制定规划。优秀学生标兵"微宣讲"代表周格非在教育部"网上重走长征路"暨推动"四史"学习教育全国启动仪式上做了首场网络宣讲。

2017 年，时任中共中央政治局委员、中宣部部长黄坤明莅临学生理论社团微宣讲现场，并评价道："'微宣讲'这个活动确实办得不错。"时任教育部副部长杜占元现场观摩辅导员微宣讲时，称赞"微宣讲"形式新颖、语言活泼，达到了良好的宣讲效果。

"三层次三维度"师生网络理论宣讲体系已经形成了多系列宣讲模式，并在长期实践中积累了一定的工作经验，从活动组织、内容策划、效果评估方面形成了完整、成熟的工作机制和工作方法，可在其他高校进行复制和推广。

(一)创新教育模式，切合学生需求

形成"微宣讲"的教育模式，以微、快、短、活的鲜明特点，贴近学生实际、贴近学生生活、贴近学生情感，深入浅出地将理论问题化大为小、化繁为简，通过深入透彻的理性思考、覆盖广泛的宣讲主题、灵活机动的宣讲方式，不断增强理论宣讲的针对性和实效性，推动党的理论创新成果真正走近青年，武装青年头脑。

(二) 全过程全方位,提高引领精准度

将宣讲内容与人才培养过程紧密结合,围绕学生成长成才,依据学生不同阶段的发展需要和思想特点,打造立体化、沉浸式的育人环境,设计有针对性的活动和内容,提高思想政治工作精准度,引发学生共鸣,将思想引领工作融入学生日常生活与品行养成过程,提升学生的主动性。

(三) 线上线下结合,形成放大协同效应

形成"线上网文网课宣讲+线下分享交流活动+日常特色思想政治工作"相结合的工作范式,用身边人、身边事,诠释好最新理论,讲述好生动故事,带动青年学生主动学习党的理论政策,争做传播"四个自信"的青春鼓手,彰显青春蓬勃的精神风貌,达到以分享引领学习的良好效果。

(四) 全媒体多渠道,提升宣传时代感

紧扣时代脉搏,充分依托移动互联技术,把握碎片化时间,借助短视频、漫画、征文等形式,依托 B 站、抖音、澎湃新闻、党建学习平台、学术资源平台等新媒体渠道,做好习近平新时代中国特色社会主义思想的解读工作,使有意义的事情有趣味,贴近学生生活,增强学生的认同感。

(五) 师生深层互动,形成良性循环

打造开放的学习平台,围绕宣讲主题开展师生常态化集体备课。宣讲的辅导员和优秀学生、社团学生既是分享者又是学习者,既有利于开展思想政治工作,又有利于促进工作能力提升和知识积累,并运用组建微团队、巩固微阵地、打造微话题等方式,促进网络思想政治教育的良性循环。

四、案例经验与启示

(一) 工作体系深化

丰富宣讲主题和内涵,进一步拓展宣讲工作领域,不断完善与大学生思想政治教育新形势相适应的、满足青年学生日益增长的思想引领需求的师生网络理论宣讲工作体系。

(二) 一二课堂协同

探索师生网络理论宣讲与思想政治教育课教学、小班讨论、社会实践等教学工作的协同机制,促进日常思想政治教育主阵地与思想政治理论课主渠道的协同。

(三) 平台载体拓展

建立师生网络理论宣讲云分享平台，丰富微宣讲形式，用学生喜闻乐见的方式进行分享传播，不断扩大项目的社会影响力，增强活动的可复制性，提升品牌的推广价值。

(四) 队伍能力培养

做好师生宣讲队伍培养工作，结合网络宣传特点，根据理论宣讲在政治素养、表达能力等方面的要求，建立师生网络宣讲能力培养机制，不断提升宣讲的知识性、思想性、针对性和亲和力。

云上思政化危局，"易"抗疫情育新人

符恒　范紫轩　张钦峰

(陕西科技大学)

新冠疫情的暴发给大学生思想政治教育带来了新的机遇与挑战，网络思政教育要以此为契机，持续优化内容供给，充分发挥网络思政平台的优势和作用，结合自身工作实际，打造集思想引领、教育教学、生活服务、文化娱乐于一体的线上综合体验和互动社区，不断提升管理能力和水平，提升育人实效。陕西科技大学通过制度建设、自主应用开发、自建课程平台、构建全媒体矩阵等方式，让网络思想政治工作落地生根，切实提升育人实效，从"抗疫精神"到使命担当，教育引领学生坚定"四个自信"，引导学生自觉践行社会主义核心价值观，真正让网络思政教育"活"起来，为高校新形势下网络思政教育提供了可以借鉴的新模式。

一、案例基本情况

新冠疫情暴发以来，陕西科技大学深入学习贯彻习近平总书记重要讲话和重要指示批示精神，认真落实教育部党组、陕西省委部署要求，切实增强使命担当，在全力做好疫情防控工作的同时，积极发挥挂靠学校设立的陕西高校网络思想政治工作中心和陕西省易班发展中心的支撑保障作用，充分利用易班网络载体，建立响应机制、搭建信息平台、举办品牌活动、打造精品内容，创新做好大学生思想政治教育，全方位推进大学生价值引领，保障大学生在疫情期间成长成才"不掉线"。"云上思政化危局"建设思路如图 3-2 所示。

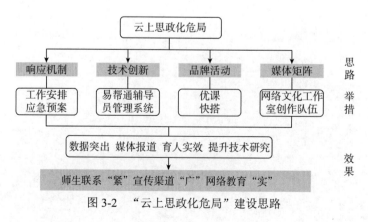

图 3-2　"云上思政化危局"建设思路

二、组织实施过程

(一) 紧跟疫情防控大势，建立"云思政"快速应急响应机制

新冠疫情暴发后，陕西科技大学迅速启动"云思政"快速应急响应机制，依托易班平台优势，牢牢把握思想政治教育的主动权，构建起思政教育主阵地，率先做好疫情防控科普宣传，搭建平台畅通信息报送；第一时间制定并发布了《关于做好疫情防控网络宣传教育工作的安排》《关于复学后新冠肺炎疫情网络舆情突发事件处置应急预案》《学生工作系统春季开学疫情防控工作预案》等系列文件，面向全校学生发出《关于"遵守网络教学纪律 规范网络课堂言行"的倡议》，号召学生在疫情期间勤学奋进、励志笃行，多途径地做好疫情防控期间的网络宣传教育引导工作。

(二) 紧扣疫情防控需求，强化"云思政"技术创新机制

学校依托易班平台设计开发了辅导员事务管理平台，包含晚点名、去向统计、请销假、辅导员日志、失物招领等多个子系统。在抗击新冠疫情的过程中，为做到点对点联系，掌握每名返乡学生的健康状况，落实"日报告""零报告"制度，学校在原有系统的基础上推出了"易帮通"疫情防控专属系统，实现了学生健康上报、学生返校管理、疫情期间假期去向统计、返校学生晨午检上报等基础功能全覆盖。两个平台的综合运用，既满足了学生日常学习生活的需求，也极大地减轻了辅导员日常事务工作压力，有效提升了工作效率，实现了"让数据多跑路，让师生少跑路"的效果，并在润物无声中嵌入价值导向。

(三) 聚焦"抗疫精神"，举办"云思政"品牌活动

(1) 充分发挥易班平台优课资源优势，将学生在思想政治教育中的被动学习转变为主动输出。学校依托易班优课平台，开设"思政战疫小课堂"，开展"共抗疫情、爱国力行""学'四史'、守初心"精品优课课程建设活动，组织师生围绕科普防疫知识、讲解防疫方法、传达复学要求、调适战疫心理、宣讲战疫典例、弘扬战疫精神等主题，录制专题视频、自建主题课群、上传优课共享课程。截至目前，共面向全校师生征集"共抗疫情、爱国力行"各类网络文化作品 210 余部。

(2) 利用易班轻应用快搭平台，推出"学回信精神，筑青年担当""劳动礼赞青春"等线上活动，做好抗疫爱国主义教育。依托易班平台的快搭功能，创建"学回信精神""劳动礼赞青春"快搭界面，设置"我宣誓、我承诺""我学习""劳动我先行""新时代新青年"等主题板块，发布 5 个公开课群，参与学生人数 20 000 余人。

(四) 厚植爱国情怀，打造网络精品，依托融媒体矩阵，弘扬青春正能量

(1) 依托网络文化工作室推出精品内容产品，搭建思政精品资源创作平台。学校易班发展中心及"辅导员来啦"网络文化工作室制作推出 17 期原创视频、14 期专题视频，创

立"辅导员来啦 SUST"微信公众平台，累计点击量 26 000 余次。疫情期间制作推出的新型冠状病毒预防知识问答和"疫"起来打假——戳破新冠肺炎相关谣言问答活动在微信、易班平台累计转发关注超过 36 万人次，录制的《大学生们，请直面战疫》等系列原创短视频累计播放 10 000 余次，形成了良好的宣传效果。

(2) 建立学生、辅导员、专业教师三个内容创作队伍，以学生喜闻乐见的网文形式开展思想政治教育。学校积极发挥"萌哥有话说""借阅"等品牌网络阵地的示范牵引作用，开设辅导员专栏和"师生共战疫"专栏，激励学生逆境成长，立志成才，涌现出了"旭述芳华""蝈蝈璋老师的碎碎念""律述发芽"等典型代表。战"疫"期间，从解决学生思想、学习、生活中存在的实际问题和困难出发，利用易班推送网文 800 余篇，总浏览量 246 800 余人次，单篇点击量有的超 30 000 次，有效发挥了网络思政平台的优势，提高了辅导员队伍的育人热情。

(3) 充分调动全校师生的创作热情，挖掘师生战"疫"典型故事。通过由"两微一端"、易班、抖音、快手等网络新媒体构成的宣传大矩阵，发布《防控疫情，我们在一起》《战疫志愿者临危而上，科大青年在一线》《师说》等各类宣传文章65篇，发布《学工系统开展复学后常态化疫情防控培训》等各类校园通知 7 篇，制作防疫原创抖音视频 5 条，在学生朋友圈广泛传播，所有作品累计阅读量近 6 万人次。

三、案例育人实效

在新冠肺炎疫情防控期间，陕西科技大学积极依托易班平台覆盖面广、操作便捷、功能丰富的优势，发挥网络思政主阵地作用，围绕学生关注的重点、热点和难点问题，进行有效的舆论引导，创新做好学生疫情防控工作，取得了积极成效。

(一) 易班建设指标数据突出

共建指数、活跃指数两大指标用于衡量易班工作在学生群体中的有效性。陕西科技大学易班共建指数排名长期居全国易班共建高校前三、陕西省共建高校第一。

(二) 官方媒体典型报道

2020 年 3 月，由陕西科技大学选送的战"疫"英雄剪纸作品先后被教育部官方微信"微言教育"以及中国大学生在线、高校思想政治工作网报道。2020 年 5 月，《人民日报》在报眼位置报道了陕西高校网络思想政治工作中心(陕西科技大学)利用网络平台，开展战"疫"思政教育的典型做法，新华网、《光明日报》等官媒也对学校"云阵地"精准供给、砥砺强国之志、"云行动"朋辈引领、实践报国之行的有关做法进行了宣传推广。

（三）育人实效持续深化

疫情期间，学校基于易班平台面向全校师生征集"共抗疫情、爱国力行"各类网络文化作品 210 部，辅导员思政网文专栏共撰写网文 800 余篇，总浏览量 246 800 余人次，单篇点击量 30 000 次以上，疫情知识问答、粉碎谣言等活动累计转发关注超过 36 万人次，录制的原创短视频累计播放 10 000 余次。"易帮通"疫情防控系统，日活跃人数近 18 000，累计访问量 800 万人次，累计数据约 200 万条。"辅导员迪丽巴尔返校遇疫情独自隔离近百天"话题冲至微博热搜第二名，被《华商报》《新华日报》《一手 Video》等媒体平台广泛报道，阅读次数达 6918.2 万，讨论次数达 3581。高质量的育人供给取得了优异的育人实效，为创新思政教育形式奠定了坚实基础。

（四）提升自主技术研发能力

"易点通——辅导员事务管理""易帮通——一站式疫情防控"这两个平台对服务师生疫情防控起到了重要的作用，均已申请著作专利。

四、案例经验与启示

（一）防与学紧密衔接，精准化解危局

抗击新冠疫情为新时代高校思想政治工作提供了重要素材。网络思政教育要以此为契机，持续优化内容供给，充分发挥网络思政平台的优势和作用，结合自身工作实际，打造集思想引领、教育教学、生活服务、文化娱乐于一体的线上综合体验和互动社区，不断提升管理能力和水平，提升育人实效。

（二）师与生并肩作战，协同联动引导

对身处"云课堂"的大学生来说，全民抗击新冠疫情，正是一堂不可多得的、震撼人心的超级思政课。高校思想政治工作必须抓住契机，主动抢占网络阵地，善于运用互联网做"大思政"。将网络思政与全员育人工作相结合，充分发挥学校领导、知名教授、青年辅导员的人格魅力和专业优势，有效激发青年学生运用网络的积极性，有针对性地推出一批高质量网络文化产品，广泛运用 AI、VR 等新技术，鼓励打造精品公开课、云端展示等载体，主动承担议题引领工作，生动开展思想政治教育，有效做实舆论引导，在协调联动、合力育人中创新做好疫情防控工作。

（三）点与面统筹结合，完善长效机制

基于易班的"云思政"探索为高校网络思政教育提供了新模式。"空对空"是需要着力破解的大学生网络思政教育的难题之一。陕西科技大学通过制度建设、自主应用开发、

自建课程平台、构建全媒体矩阵等方式，让网络思想政治工作落地生根，切实提升育人实效，从"抗疫精神"到使命担当，教育引领学生坚定"四个自信"，引导学生自觉践行社会主义核心价值观，真正让网络思政教育"活"起来，为新形势下高校网络思政教育提供了可资借鉴的新模式。

五、改进计划

(1) 基于易班平台信息化、网络化优势，自主创新开发信息上报系统，让师生联系"紧"起来。利用精准范围信息排查让辅导员及时掌握学生位置动向，依托平台开展"每日健康上报"，密切关注学生每日健康状况。

(2) 构建以易班为中心的全媒体宣传矩阵，让网络思政教育的宣传渠道"广"起来。通过由"两微一端"、易班、抖音、快手等网络新媒体构成的宣传大矩阵，不断扩大内容供给，提升宣传实效。

(3) 善用易班优课平台，将网络思政教育的被动灌输转化为主动吸纳，让网络思政教育"实"起来。打造抗"疫"思政云课堂，采用丰富多样的形式、生动的案例，因事而化、因时而进、因势而新地开展疫情防控期间的思政教育。

让高校评论在网络思政中奏响"融"强音

李重 纪梦然 梁辉

(西安交通大学)

习近平总书记在 2016 年全国高校思想政治工作会议上指出:"做好高校思想政治工作,要因事而化、因时而进、因势而新。"站在"两个一百年"奋斗目标的历史交汇点,学校认真学习宣传贯彻习近平新时代中国特色社会主义思想,围绕中心、服务大局、聚焦战"疫"。互联网的发展为创新高校宣传思想政治工作提供了契机,学校线上与线下双轮驱动,将传统媒体与新兴媒体相互融合,紧紧抓住高校网络文化这一切入点和着力点,为高校思想政治工作开启了全新思路,切实提升了高校网络思想政治工作的质量和水平,为乘势而上建设中国特色世界一流大学凝聚强大精神力量。

一、案例基本情况

面对新冠疫情的严重冲击,面对严峻复杂的国际形势和艰巨繁重的国内改革发展稳定任务,西安交通大学不断将党管媒体的原则贯彻到互联网等新媒体领域,加强对网络意识形态阵地的把控能力,牢牢把握立德树人的根本任务,创新高校网络意识形态工作方式方法。随着融媒体时代的到来,网络评论不断积极融合转型,抢占舆论制高点,强化思想引领。学校以"焦仲平网络评论"这一"融评"品牌为抓手,探索融媒体时代高校网络评论工作新思路、新方法、新机制,在主题宣传上发出了新媒体评论的"融"强音。在抗击新冠疫情期间,学校特别推出"焦仲平网络评论"——"抗击疫情"专题,以原创网评文章为主,同时涵盖漫画、短视频、线下宣讲等多种形式,不断加强疫情防控宣传教育,开展抗疫舆论引导,讲述抗疫英雄感人事迹,凝聚众志成城、齐心抗疫的中国力量,向广大网友展示了以习近平同志为核心的党中央无往而不胜的真理力量、实践力量。

二、案例思路和方法

习近平总书记在 2016 年全国高校思想政治工作会议上指出:"要运用新媒体新技术使工作活起来,推动思想政治工作传统优势同信息技术高度融合,增强时代感与吸引力。"将传统的学生思想政治工作与信息时代的新媒体、新技术相融合,打造新媒体时代高校网络评论,是落实"三全育人"的创新举措。

网络评论作为重要的舆论工具，逐渐凸显出其独特的价值。相较于传统的报纸新闻评论，网络评论的自由性和灵活性高得多，并且具备传播速度和传播范围方面的绝对优势。与此同时，网络评论在引导社会舆论、指导工作实践等方面具有理性分析、深度表达的宣传功效，是媒体释放、传递、弘扬正能量的重要载体，并因富有文采、接地气而成为大众关注的热点。自 2018 年以来，西安交通大学党委宣传部依托学校专业教师、党政干部、辅导员等，融合全媒体优势，打造"融评"品牌——"焦仲平网络评论"，以"为党发声，思想引领，快速发声"为宗旨，结合学校中心工作，持续推出观点鲜明、论述透彻、文字清新的网络评论，以及一系列"爆款"评论产品，坚持深耕内容，以精品内容弘扬主旋律，传播正能量。"焦仲平网络评论"坚持将宣传好习近平新时代中国特色社会主义思想放在重要位置，围绕重大主题形成宣传气势，以学校发展实践展现当代高等教育发展大局。共有80 多件作品被全网推送，推送量位居全国高校网站网评栏目的前列。这对于加强融媒体时代高校网络思想政治工作、唱响主旋律具有启示意义。

2020 年西安交通大学在原有的"焦仲平网络评论"专栏中开设"抗击疫情"专题，组建以教师为主、以学生为辅的评论员队伍，以西安交通大学新闻网主页为主要阵地，联动学校各本科生学院、研究生学院的学习平台，聚焦抗疫前线，增强大学生价值引领，使疫情教育"活"起来，着力大学生素质提升，成为疫情安全宣传、教育、维护的中坚力量，以及培养社会主义事业建设者和接班人的坚强阵地。

三、组织实施过程

(一) 筑牢阵地，价值引领，深耕抗"疫"评论阵地

优秀的网络评论不仅要关注大事、大是、大势，还要关注民声、民生、民情、民意。为此，学校开设"思源时评""众志成城克时艰"等专栏，组建由专家学者、思政教师、学生骨干构成的三级高质量网络评论队伍，结合抗疫热点，积极正面发声，引领网络舆论，2017—2022 年间共发布宣传稿 260 余篇，其中"抗击疫情"专题网络评论 18 篇，受到了社会及校内师生的广泛关注。

(二) 整合资源，联动发力，讲好抗"疫"故事

全媒体宣传抗击疫情一线典型。加强与附属医院等重点一线单位的信息联动，共享宣传资源和媒体"朋友圈"，打造了《援鄂医疗队出征》《战"疫"夫妻档》《战"疫"日记》等一大批感人至深的融媒产品，挖掘了彭年才团队开发的新冠病毒核酸检测设备和试剂、刘跃文团队开发的新冠病毒感染风险的预测模型系统、梅雪松团队研发的巡检机器人等助力抗"疫"一线的创新成果，被中央电视台和《光明日报》《中国教育报》《中国科学报》《科技日报》《陕西日报》等重要媒体的重要版面专栏报道，引发了社会的广泛关注。

(三)内外联动，主动发声，打造抗"疫"宣讲平台

积极开展抗疫精神主题宣讲。与人民视频合作推出"致青少年朋友们的战疫成长课"，书记、校长、院士共同诠释战"疫"中的科学精神、家国情怀和教育成长，通过人民视频、陕西网等 7 个平台播出，阅读量超过 430 万人次；王树国校长做客陕西广电网络讲授《停课不停学 战疫课堂》系列节目之"共抗疫情 爱国力行"战疫课，引导学生增强爱国主义情感，大力弘扬战"疫"正能量。学生微宣讲团多措并举，宣讲覆盖过万人。校内举办线上宣讲 7 场，参与"战疫英雄讲团课" 4 期，分别宣讲抗疫信心、模范故事等；校外联合北京大学、华中科技大学及复旦大学等高校开展"青年聚，齐战疫""江河同源，抗疫同心"等主题云端宣讲 7 场，在喜马拉雅平台发布 31 期全国援鄂医疗队故事；发挥博士宣讲优势，录制长篇课程解读抗疫的中国优势、公共卫生系统应急处理等专题。

(四)创新载体，打造精品，开展抗"疫"文艺活动

学校以文艺与社会共情，组织"抗击疫情 共创美好"和抗击疫情原创文艺作品征集和展示活动，凝聚共克时艰的文艺力量。与网信中心、招生办联合完成"面向全国青少年同上一堂课"；将马克思主义学院卢黎歌教授参与录制的《战"疫"中的家国情怀》视频公开课报送教育部；积极发声，在人民网、《中国科学报》、《陕西日报》等媒体撰写理论文章 30 余篇。

四、案例育人实效

互联网时代孕育了繁杂多样的信息，人们在获取信息之余产生了对观点、态度的诉求，精准有力的网络评论有利于师生进行理性思考。"焦仲平网络评论"自刊发以来，引起师生校友的高度关注，累计发表 80 余篇网络评论，点击量超过 15 万次，其中"抗击疫情"专题 18 篇，点击量超过 3 万人次，且不断被《陕西日报》、《当代陕西》、陕西文明网等媒体转载刊发，引起了兄弟院校和社会媒体的广泛关注，受到了一致好评。

在网络文章的基础上，讲好抗"疫"故事，宣传师生抗"疫"科技力量。在社会媒体上累计发表 600 余条报道，转载超过 4000 篇次。官方新媒体 7 个平台共发布报道 1500 余条，累计流量支持超过 2100 万人次。其中，《师生同上一堂课》直播全网观看量超过 150 万人次，相关网络话题登上 B 站直播频道 Top1、全网话题热搜 Top5。

以文艺手段为辅，征集抗击疫情文艺作品 264 部，作品入选抗击疫情文艺创作平台、全国校园抗击疫情主题公益歌曲、2020 年五四青年节特别节目、"奋斗吧青春""让青春为祖国绽放"等全国网络平台，抗击疫情原创歌曲《定能挺过去》被多国语言视频传播，同时举办"抗击疫情 共创美好""最美逆行者"等抗击疫情主题巡展，制作抗击疫情主题雕塑，彰显学校人文艺术情怀。

"焦仲平网络评论"在深刻分析当代大学生群体特点、价值观念、思想特征的基础上，

通过学校现有的资源与工作基础，创新教育载体，建立了课堂、网络、教育活动等相互促进、相互推动的体系机制，打造了高校网络评论的示范性平台。

五、案例经验与启示

高校网络评论平台发展基础较好，发展速度较快，但仍处于起步阶段，有较大提升空间。下一阶段，我们将从以下方面努力：

(1) 持续输出优质内容，促进粉丝数稳步增长。

(2) 与校内各新媒体平台联动，提高学生群体关注度。

(3) 优化评论员队伍建设，建成多渠道、立体式、全方位的网络评论员队伍。

网络评论平台建设是一项需要长期探索推进的系统工程。网络文化具有"草根性"，优秀网络评论既要有很强的说理性，又要易于师生的理解和接受，更要体现人文关怀、贴近民众，不能大话唬人，更不能高高在上。在融媒体平台百花齐放的今天，伴随着与网络时代一起成长起来的"00 后"一代进入大学校园，大学生思想政治工作面临着沉迷于虚拟社会交际、网络助推消费欲望、传统价值观念受到冲击等挑战，因此我们应时刻做好长期攻坚克难的准备，打赢互联网时代的网络思想政治工作阵地争夺战。

用微电影语言对话网络思想政治教育

高　凯

(陕西科技大学)

与艺微电影工作室致力于将微电影语言与网络思想政治教育语言相融合，以红色方向的艺术作品为基础，通过微电影、话剧演绎、纪录片、动漫等多种形式赋能红色经典传播，尝试制作出红色文化突出、西部艺术鲜明、传播受众广泛的全新作品，在温故中华优秀传统文化、革命文化、社会主义先进文化的同时，加以创作再传播，在凝练青年力量的同时，引导青年大学生增强文化自信。

一、案例基本情况

与艺微电影工作室秉持着"用艺术视角感知学生"的信念，以"影像＋互联网"育人理念为指导，坚持以激发青年自我教育潜能为教育创新发展的原动力，将学生观念价值的形成机理和学生主体性重塑目标贯穿互联网体系育人的全过程，极大地激发了青年创新创造的原动力，使其在自信、自省的基础上实现自育，取得了一系列创新成果。工作室在内容上进行核心观念创新，学生积极响应"融入·团队·创造"的青年网络文明观；队伍创新，以支点建设带动工作室工作覆盖面不断扩大；模式创新，新媒体集群效应初见规模；团队创新，实现线上线下有机联动。从与艺微电影工作室成立至今来看，这一实践探索具有积极意义。

二、项目主题和思路

何为"与艺"？在一个开放包容的大学环境中，打造一支深耕实践、发挥专业特色、引领校园风尚的团队是我们努力的方向，于是与艺微电影工作室诞生了。"一个人走得很快，但一群人可以走得很远"，与艺微电影工作室与一群具有艺术创作热情的志同道合的朋友同行。

与艺微电影工作室工作体系如图 3-3 所示。

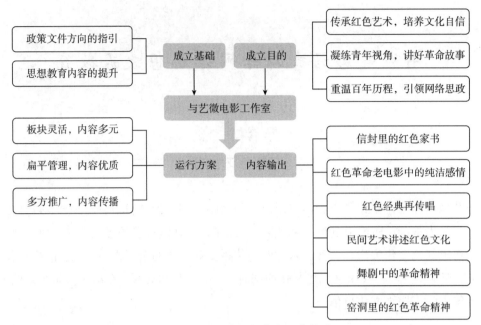

图 3-3　与艺微电影工作室工作体系

三、实施方法和过程

与艺微电影工作室于 2020 年 10 月成立，到目前为止，已经生产制作了 13 部视频作品，其中党史学习教育作品有《我的祖国》《青春之歌》《倾听我们党》《烈火中永生》《最亲的人》，陕西民俗作品有《笔墨纸砚——陕西油茶麻花美食》《风味汉中》；时事热点作品有《脚步》《2021 陕西征兵视频》《魅力陕科大助力十四运》《助力十四运》《咚咚咚　即刻出发》《十四运全国宣传片》。每部视频作品的诞生都离不开团队全体成员的共同付出，包括前期选题策划，中期现场指导、统筹拍摄，后期剪辑处理再传播。每月初，工作室成员会进行一次线下头脑风暴视频创作会议，这个环节保证了每月都有高质量、少弯路的作品产出。

(一) 话剧微电影作品——《青春之歌》

工作室在创作前期确定了方向，拟创作一部献礼党的生日的作品，于是团队成员学习了很多类型的作品，如音乐剧《黄河大合唱》、舞蹈类作品《白毛女》等。但是在写策划稿的时候，由于团队所有成员都是"00 后"，不了解创作者在创作期间的故事，如果没有投入情感去触摸历史作品的厚度，那么很难表达出它的意义，创作出来的故事就会很冰冷。《青春之歌》讲述的是青年党员自我奋斗的历程。工作室主创团队请教了故事原型人物，对话《青春之歌》电影道具组成员。通过对电影创作的深入了解，主创团队开始在校园内招募演员，经过在小剧场持续了一个月的彩排，最终将其拍摄出来。工作室也得到了参加校园巡演的宝贵机会，在入党宣誓仪式上展演给刚刚加入党组织的同学，很多同学潸然泪下，这或许就是历史与青年内心的深刻对话。

(二) 影像作品——"十四运"视频系列作品

与艺微电影工作室采用探索线下选题—整合制作—后期传播的模式，还在第十四届全国运动会期间探索出了"单人—多人"及"现场亲历—创作者线上讨论—有目的地创作影像"的思路，其中《助力十四运》《魅力陕科大助力十四运》就是在这样的模式下产生的。工作室成员在听取了一批"十四运"志愿者以及团队主创人员作为开幕式群演的线上交流之后，创作了"十四运"系列影像作品。这样线上线下同频共振的模式，为系列视频提供了更多的创作空间。

四、主要成效和经验

(一) 工作机制促进团队模式建设

与艺微电影工作室在经过自身的探索后形成了三大闭环工作机制——团队建设、模式导向、创作生产，使其能够做到可持续、可复制。团队建设赋能内容创作，建设方向是将工作室小组化，分为素材采编组、影像编辑组、视觉策划组、综合管理组，以专业化的组别来协同内容上的精量化。模式导向是将模式方案进行准确定位，凸显创作特色，从而达到树立品牌的效果，包括前期准备(包括人员配置、场地规划、视觉表达)、策划定位(创意流程、整体思路、基本环节)、执行统筹、确定流程走向以及制订应急预案等步骤。创作生产是以小组制、考核制、选题制、导演制来保持团队的新鲜创意。

在这样的三大闭环模式下，与艺微电影工作室打造了主心骨品牌——"'艺'心向党"，这是依托编导、艺播党支部构建的"'艺'心向党"网络文化品牌，在党支部提供人员、平台、活动的前提下，工作室采用高效率的优质创意和产出模式，同时在经过整合输出后，团队后期将以"'艺'心向党"为名进行转型升级，尝试促进受众从对单一视频的喜爱到对平台的认同，做到"与艺+"。此外，学院专业特色赋能团队进行了动漫视觉设计方向的尝试与探索(多维度参与视频制作)，以影像活化品牌，打造"四史"教育立体化传播(部分线上转线下)：上游——全校线下演员招募(校团委大艺团)、中游——与艺舞台艺术网络呈现、下游——互联网端多维度传播。

(二) 互联网传播推动内容出圈

经过系列产出后，与艺微电影工作室的作品有幸得到了各大全媒体平台、比赛单位的认可，如《笔墨纸砚——陕西油茶麻花美食》荣获第 12 届全国大学生广告艺术大赛省级一等奖；《风味汉中》荣获第 4 届"国青杯"全国高校艺术设计作品大赛优秀创作二等奖；《青春之歌》荣获陕西科技大学网络文化节三等奖；《咚咚咚 即刻出发》获中国大学生计算机设计大赛西北赛区三等奖，这是大一、大二年级参与专业类比赛取得的最好成绩。《2021

陕西征兵》视频被陕西省教育厅推送,《陕科大版最亲的人》被教育部直属新媒体机构中国大学生在线、高校思想政治工作网转载。

建设期间工作室作品被陕西科技大学官方公众号转载 3 次、"中国大学生在线"公众号转载 1 次、"高校思想政治工作网"公众号推送 1 次、陕西省教育厅公众号推送 1 次、陕西省教育厅网页推送 1 次。其余作品被"sust 设艺青年"官微、设艺学院易班、"不错制造所"等转发。这些认可是工作室之后创作优质内容的不竭动力。

五、案例经验与启示

(1) 邀请专业教研室教师作为技术顾问和指导。工作室学生成员的专业技术能力有限,核心成员都处在大二年级,剪辑、动画、视觉专业开设的专业实操课程还比较浅显,在综合运用专业知识的能力上有所欠缺,专业教研室教师的指导会使作品质量得到提升。

(2) 进一步提升作品网络多维传播效能。虽然工作室在建设周期内有很多作品被主流媒体报道过,但大部分作品在互联网上传播效能还稍显欠缺。工作室尝试在各个平台进行推送,用网络对话思政教育,更好地将价值导向传播给受众。

(3) 激发扁平化管理工作室成员的创造力。微电影的创作在日常的选题交流上有很大的局限性,没有新鲜血液的加入,使得微电影产出缓慢,作品制作周期长、成果转化过快。前期选题、创意碰撞,中期剧本制作、人员分工、实地拍摄,后期视频加工、审核投稿等都需要激发主创人员的积极性,以此保证高质量地产出成果。回首工作室从初创时的 7 人团队到现在的 30 人互帮互助小组,从初始的 3 个专业到现在跨学科的 8 个专业,还有两 2 名同学成功入选教育部直属新媒体——中国大学生在线平台,这或许正是我们成立工作室的初心:一个人走得很快,但一群人可以走得很远。

"艺生向阳"——"五育并举"涵养奋斗精神 网络思政工作实践

任旭 安玲 郑美红

(陕西科技大学)

奋斗是马克思恩格斯实践观的必然要求，也是中华民族精神的重要内容，更是中国共产党人的精神底色。习近平总书记在全国教育大会上强调："要在培养奋斗精神上下功夫，教育引导学生树立高远志向，历练敢于担当、不懈奋斗的精神，具有勇于奋斗的精神状态、乐观向上的人生态度，做到刚健有为、自强不息。"当前，实现中华民族伟大复兴正处于紧要的历史关头，新时代青年理应在这一历史时刻激流勇进，将人生奋斗与民族复兴的伟大事业结合起来，在实现中华民族伟大复兴的历史征程中彰显中国青年的奋斗精神。奋斗精神的培养是高校立德树人的重要任务，德智体美劳"五育并举"，同向同行、同心同力、同频共振，是新时代大学生奋斗精神培养的必由路径。近年来，陕西科技大学设计与艺术学院全面贯彻党的教育方针，以"艺生向阳"思想政治工作品牌为引领，主动通过师生易于接受、喜闻乐见的鲜活载体开展"五育并举"教育实践，逐步构建起涵养奋斗精神的思想政治工作网上网下同心圆。

一、案例基本情况

"艺生向阳"——"向阳而生者，难至迟暮；自强不息者，永远青春"。设计与艺术学院秉承这一创作宗旨，尊重分众化传播规律，以"主题教育+重要时间节点+学生关注热点"为创作脉络，加强线下活动引领和网上互动交流，运用新媒体平台用真心、真情、真诚对学生有的放矢地开展思想引领、学习指导、实践辅导、心理咨询等，以情化人、倾听回应，帮助大学生提高思想政治觉悟，树立正确的奋斗观，培养敢于担当、不懈奋斗的精神，引导大学生在奋斗实践中，增强奋斗本领、激发奋斗自觉、提升奋斗韧性、强化奋斗效能，打造出艺术特色明显、思想引领充分、育人实效显著的"艺心向党"(德)、"艺彩纷呈"(智)、"艺吹斯汀"(体)、"艺刻青春"(美)、"艺起实践"(劳)等工作板块，汇聚成"艺生向阳"奋斗教育网络思想政治工作品牌。

二、组织实施过程

"五育并举"涵养奋斗精神工作思路如图 3-4 所示。

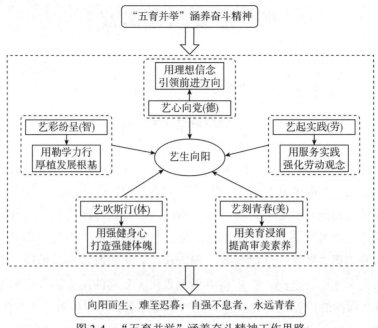

图 3-4 "五育并举"涵养奋斗精神工作思路

(一) 用理想信念引领前进方向，涵养奋斗的积极品质

理想信念是奋斗的灵魂，引领奋斗的方向和目标，孕育奋斗的精神和意志，催生奋斗的责任和使命。基于学院艺术学科扎实的理论基础和卓越的实践能力，"艺心向党"板块以"四史"教育为参照，把党史、新中国史、改革开放史、社会主义发展史中的奋斗历史、奋斗故事、奋斗人物、奋斗事迹融入大学生思想政治教育，激发大学生奋斗热情；以红色革命精神品格和历史情怀培育为内容，鼓励大学生勇于奋斗，培育大学生奋斗情怀，涵养大学生奋斗品格，促进大学生自觉内化精神内核；以红色仪式等载体充分发挥基层党支部的作用，通过不同专业艺术类学生的交流，激发学生主体"在场"意识，丰富奋斗教育艺术载体形式，用艺术作品引领青年学生与党同行、与国同行、与时代同行、与人民同行、与梦想同行的价值追求。该板块累计推送 500 余期，用理想信念照亮奋斗方向，涵养了大学生奋斗的积极品质。

(二) 用勤学力行厚植发展根基，孕育奋斗的昂扬状态

智育包括获得知识和形成科学的世界观，发展认识能力与创造能力。"艺彩纷呈"板块通过深度挖掘优秀学生个人和集体典型，推优树模，发挥其示范引领作用，营造"比学赶帮超"的积极氛围，受到师生、家长、校友、用人单位等的广泛关注。一方面，弘扬勤

学。对于入选该板块的学业优秀的榜样个人和集体，重点报道其在学好每一门课程、做好每一件事情、完成每一项任务、履行每一项职责方面的奋斗事迹，引导学生体会、肯定奋斗的价值。另一方面，弘扬力行。对学校"至诚至博"全优奖学金获得者和"优秀团员标兵"获得者进行专题报道，充分肯定其将奋斗精神融入日常、落在平常，以小见大、于细微处见精神的品行，鼓励广大学生以奋斗追赶奋斗、以奋斗超越奋斗、以奋斗致敬奋斗。该专栏已累计报道 200 余位优秀学子，弘扬勤学力行的精神，奠定了大学生全面发展的奋斗基础，孕育了大学生奋斗的昂扬状态。

(三) 用强健身心打造强健体魄，塑造奋斗的坚强意志

健康的体魄、健全的人格、坚定的意志是奋斗者最基本的身心素质要求。身体作为精神和知识的载体，是人全面发展的前提条件。"艺吹斯汀"板块既聚焦体育锻炼，从"三走活动"到"迎新杯""毕业杯"球类比赛的全程动员报道，到疫情期间居家健身线上教学指导，致力于让大学生树立运动观念，养成以体育锻炼为主的生活方式，保持健康的生活状态和强健的体魄，始终保持挑战自我的奋斗意志；关注心理健康，通过发掘积极心理学的育人功能，以"洞听""十四封信"等子栏目着重挖掘与培养大学生的积极潜能与品质，培养大学生自尊自信、理性平和、积极向上的阳光心态，使大学生热爱生活、奋斗生活、幸福生活。通过开展丰富多彩的校园体育活动和润物无声的心理健康教育，有意识地培养学生的团队协作精神、坚守岗位的责任感、遵守规则的意识、快乐共享的情感、积极向上的人格以及奋斗的坚强意志。

(四) 用美育浸润提高审美素养，陶冶奋斗的高尚情操

"艺刻青春"板块以提升审美理想与审美素养为核心，以感知体验为根本，塑造精神美、行为美、语言美与体态美，涵养高尚情操，陶冶奋斗精神。设计与艺术学院充分发挥艺术类资源禀赋，以青年视角输出优质网络文化产品——不管是接二连三的 10 余万阅读量的内容产品，还是时常被中国大学生在线、全国高校思想政治工作网、陕西高校网络思想政治工作中心、三秦青年等平台宣传报道，"艺刻青春"板块一直在用影像凝聚温暖力量，用音频传递坚定信念，用设计定格感动瞬间，用文字记录时代担当；用美育作品服务校院大局工作——从全网下载量超 5 万的校院表情包——"科大历险记""科大环游记""科大新年记""科大创新记"，到以网络拟人形象——"科仔""科姐""鹅小黑""喵小白"为原型设计制作的十四运志愿激励徽章，受到千余名科大志愿者的一致好评；在疫情防控当下制作"防疫四件套"，"抗疫精神"系列"核酸贴贴"冲上热搜，到党史学习教育系列条漫登上团省委官微……学生在实践当中不断提升审美层次、拓展审美视域。"艺刻青春"板块以美铸魂、以美增智，拓展审美教育时空，丰富审美教育形式，增强审美教育实践，形成美育研究与实践的共同体，塑造求真、向善、尚美的校园文化，陶冶大学生奋斗的高尚情操。

（五）用服务实践强化劳动观念，释放奋斗的无限潜力

设计与艺术学院劳动教育主要以志愿服务和社会实践两个载体进行，依托"艺起实践"板块进行线上宣传。志愿服务在关键节点树担当，如在疫情防控特殊时期，设立先锋岗，开展送你"艺"份温暖等活动，充分发挥先锋作用；在十四运等重大赛事中敢为人先，热情、周到、细致的服务受到了各界一致好评，涌现了校级以上优秀志愿者先进个人 27 名，被国家级、省级媒体报道 10 余次。社会实践以暑期"三下乡"为统揽，以构建项目体系、队伍平台和制度保障为支撑，立足三秦大地助力乡村振兴，扎根文艺工作一线，探索建设了学生实践与实践地需求、教师科研项目、专业教学、思想政治教育相融合的"四个融合"劳动实践育人平台。通过劳动教育，培养学生崇尚劳动、尊重劳动的态度，确立辛勤劳动、诚实劳动、创造性劳动的理念，让学生在实践中懂事理、知道理、明真理，坚定了理想信念，形成了劳动最光荣、最崇高、最伟大、最美丽的价值取向，释放奋斗的无限潜力。

三、案例育人实效

（一）讲好故事下力气

"艺生向阳"网络思想政治工作品牌做实线下学生的宣讲教育，做好线上青年奋斗精神的宣传推广，通过网络世界与现实世界的双管齐下，共同涵养新时代大学生的奋斗精神，涌现出获"中国大学生年度人物"提名奖的赵洋、"中国大学生自强之星"魏一苇等一大批先进学生模范，在校内外产生了较为深远的影响。以上学生模范以朋辈身份持续影响着更多学生，奋斗"红利"逐步生成。

（二）聚好青年接地气

设计与艺术学院汇聚多元育人合力同向同行，为服务学生知行合一、入脑入心保驾护航。例如，举办"我和我的祖国"快闪活动、"又红又专"原创海报设计大赛、"画个小镇"设计扶贫调研、"万乡耕新"助农直播活动，承办陕西高校艺术作品设计大赛、陕西大学生影评大赛等多项省级赛事及 10 余项校级比赛等。永远在路上的奋斗姿态换来的是学院在"挑战杯""互联网+"大赛等国赛中斩获金奖、银奖近 10 项，这也是对"奋斗者永远最青春"的生动诠释。

（三）扣好热点冒热气

坚持内容为王、互融互通，丰富网络产品供给，从内容涵育、情感激发、话语引领、表达形式优化等方面入手，激发大学生的奋斗精神。同时，"出圈"了一系列优质网络产品，如《都这样了，你还不选我？》《当事学生干部：现在就是后悔，非常后悔》《我

有什么坏心思呢，不过是一进教室就犯困罢了》等。优质作品广泛的影响力在激励创作团队的同时，也潜移默化地激发了更多青年学生努力奋发的内生动力。

(四) 做好服务有人气

用德智体美劳来全面评价学生的成长，才是完善的学生综合素质评价体系。设计与艺术学院整合资源，共建共享，努力实现资源联动、协同育人。"艺生向阳"各个子板块涌现出了很多先进个人、先进集体、先进事迹，每学年度学院会以"艺生向阳"表彰大会暨颁奖典礼的载体仪式感高度肯定奋斗者，让奋斗者受益，让奋斗者出彩。目前，已表彰 500 余位青年学生。

四、案例经验与启示

立德树人育人目标的实现需要"三全育人"大格局的支持。"艺生向阳"——"五育并举"涵养奋斗精神，为网络思想政治工作实践奠定了良好的基础，积累了一定的实践经验，同时部分工作需要继续加强和改进。

(一) 聚合优质资源共发力

网络思想政治工作能够吸引人、留住人的关键一方面在于网络作品输出坚持内容为王，另一方面在于网络传播尊重传播规律。在内容为王方面，着力从供给侧发力：一是继续聚合马克思主义理论、传播学、设计学等专业的学科资源，提升作品输出质量；二是聚合杰出校友的社会资源，发挥榜样示范作用和名人效应，提升作品传播的网络影响力。在网络传播方面，着重从供给侧出发：一是更加尊重网络传播规律，改进话语传播方式，契合受教育者的接受习惯；二是以分众传播为引导，进一步细化作品内容设计，确保产出系列化、模块化、系统化；三是继续聚合中国大学生在线、陕西高校网络思想政治工作中心、学校党委宣传部等媒体资源，形成全网发力格局，提高作品的传播力度，扩大作品的影响范围。

(二) 对接实际需求促成长

根据马克思主义灌输论，奋斗精神的实现需要外部的理论灌输，更需要受教育者内化于心，外化于行，这样才能达到增强受教育者的主体意识和主体能量的效果。一要对接学生个体的实际需求，促进奋斗精神入脑入心。在议题设置方面，在正确理想信念的引领下，坚持从学生需求中寻找真话题，提高话题参与度；在队伍建设方面，持续培育学生网络文化工作室，搭建网络实践平台。二要对接社会发展的实际需求，服务学生知行合一。着力通过大学生社会实践项目、专业实践课题项目等，寻求学生用所学服务社会需求的路径，将奋斗精神付诸实践，形成"理论—实践—正向反馈"的良性循环，促进学生的成长成才。

在当今社会,我们弘扬奋斗精神,不仅是在纾解奋斗焦虑,更是在肯定奋斗价值。时代新人的"出场"需要奋斗精神的"入场",奋斗精神的"赓续"需要时代新人的"传承"。

"艺生向阳"网络思想政治工作品牌致力于实现教育载体的有效延伸,提高学生的主体参与度,强化思政话语的传播力,提升思政教育的亲和力和针对性,满足时代发展所需,满足青年成长成才所需;通过数字化、信息化、动漫化等技术手段,培育青年奋斗精神,最大限度地运用网络的技术功能作用,让爱奋斗、敢奋斗、能奋斗、再奋斗的有机结合成为一种常态,让以"奋斗"为底色的青春成为新时代中国青年人生发展的永恒追求。

发现 融合 创新——网络思政新媒体平台建设的行与思

苗　智

(陕西科技大学)

本项目结合学院易班、微信、抖音、微博四类宣传阵地，以特色易班网络文化活动、优质易班网络文化作品引导学生校园生活、学习、成长过程，着力讲好青年故事，为青年发声，上好日常思政课，引领学生思考"人生何处用力，对谁用情，如何用心"的"人生之问"。

一、案例基本情况

为改变传统思想政治工作中"平台运营难、文章传播难、学生接受难"的不良循环，本项目创新网络思政教育形式，用有意思、有内容、有品牌、有情怀的新内容贴近青年、服务学生，加大品牌传播力度，推动工作提质增效，成效显著。本项目结合学院易班、微信、抖音、微博四类宣传阵地，以特色易班网络文化活动、优质易班网络文化作品，引导学生校园生活、学习、成长过程，用"抗疫有我，青春先行"的青年抗疫故事、"永不放弃，自我挑战"的励志奥运精神、"扎根基层，心怀大爱"的无私奉献情怀、"清澈的爱，只为中国"的纯粹爱国誓言、"坚持真理，坚守理想"的伟大建党精神，描绘出色彩丰富的故事图集，构建起润物无声的青年引领模式，积极创造，有效引导，用网文作品、易班快搭、易班优课等多种形式，着力讲好青年故事，为青年发声，实现力量聚集、信息聚集，形成意见领袖效应，提升思想引领的向心力和影响力。

二、项目主题及思路

(一) 项目主题

高校思想政治工作关系高校培养什么样的人、如何培养人以及为谁培养人这个根本问题，做好高校思想政治工作，要因事而化、因时而进、因势而新。"立言践行，青春有声"项目回归学生思政教育本质，以学生喜闻乐见的选题选材和表达形式，将思政教育与学生的校园生活、学习、成长经历相结合，紧紧围绕大学生活、校园故事等，以身边故事、榜样人物、伟大精神充分引导学生建立正确的世界观、人生观、价值观,以学生独特的视角解读理论、分析问题,用学生喜爱的方式表达观点、传递价值,创作出了诸多有内涵、有温度、有思考的经典作品系列,积极进行学生主流价值观引导。

(二)项目思路

本项目以学院易班平台为宣传基础,结合微信、微博、抖音三类宣传平台构筑综合宣传阵地,在充分保障宣传影响范围的基础上,与"智瀚思然"网络文化工作室进行创造联动,通过学生感兴趣的网络现象、热词,吸引学生关注,成为学生心中精神归属的"锚链",用青年话语体系、新颖活泼的形式、融入年轻群体的生活话题,为学生解惑释疑,及时解答学生在学习、生活、社会实践中遇到的困惑,让学生明确"人生何处用力、对谁用情、如何用心"以及"做什么样的人"等重要问题,不断提升思想政治工作的亲和力和针对性,充分落实有针对性的主流价值观引导工作。同时,以网文宣传为基础,结合视频互动等多媒介推广手段,匹配线上特色主题快搭、优课,提高学生主观参与度,在学生关注的网络思政作品中融情蕴理,潜移默化地对符合社会主义核心价值观的正向观点进行讲解,有效推进校园网络文化建设,深化网络思政教育成效。项目思路流程如 3-5 所示。

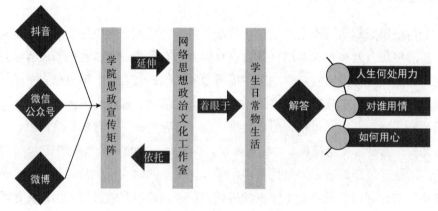

图 3-5　项目思路流程

三、项目依托

本项目协同学院"智瀚思然"网络文化工作室创作出内容丰富的优质网络文化作品,并相继在校级、省级两级平台投稿推送,内容建设有层次、有保障;以易班为基础,有效利用学院微信、抖音、微博三大平台,扩大思政引导范围,创建元素丰富的综合文化系列,内容宣传有广度、有特色;先后创建"青春荣光""导员慧语""控有奇图""八月盛夏""电亮视界"等诸多特色栏目,上线了"国家记忆""薪火相传""致敬劳模"等特色主题优课,举办了"牢记百年党史,矢志践行初心"等综合性文化活动,内容创造有主题、有内涵。同时,项目具有牢固的建设基础,项目负责人被评为 2020 年陕西科技大学优秀易班指导教师，指导学院易班开展各类优课、快搭活动，思政教育经验储备足；获评 2020 年优秀工作案例，且在 2020 年大学生网络文化节中创作出多个优秀作品，获校级二等、三等奖，获评相关优秀组织单位；网文作品阅读量、点击量超过学院人数的 25% 且多篇作品被校级、省级平台推送，思政教育效果佳。

四、实施方法与过程

以优秀思政作品为基础，发挥学院思政教育特色，协同"智瀚思然"网络文化工作室，以当代大学生学习、生活、成长经历、身边故事为主要切入点，引导学生树立正确的世界观、人生观、价值观，为充分发挥学生价值引领作用，多举措、多角度、多模式结合开展了如下网络思想政治教育：

(1) 围绕学生群体，联动表达。紧贴学生生活实际，提高学生关注度，以短视频为直接表述载体，结合期末复习与十四运志愿者时间矛盾等问题，分析学生能力困境、心理矛盾，切实激发大学生艰苦奋斗、奉献服务精神，有效增强大学生责任感和担当意识，传递正能量，并以集体网络文化活动增强学生的团队协作能力，培养其争创一流、敢为人先的精神。

(2) 紧抓政治导向，坚定信仰。紧抓建党百年这一历史时期，充分落实爱国主义教育，紧密联系伟大精神，开展"国家记忆""薪火相传""牢记百年党史，矢志践行初心"等专项主题优课，主动落实"建党精神""抗疫精神""奥运精神"内涵学习，培育学生爱国主义情怀，使学生感受伟大中国精神，并充分利用"打工人、内卷、凡尔赛、小丑竟是我自己、吃瓜群众"等网络用语回应学生关切的热点问题，开展有针对性的思政解读与价值引导工作。

(3) 引发话题共鸣，点燃热血。通过"奋进青年偶像""吃苦耐劳精神""学生干部故事""假期价值提升""滚烫青春""人生规划与强国之志""新学期新目标"等话题引发学生共鸣，跟进时事热点，引导学生理性思考，营造清朗奋进的网络环境，引领学生转移关注焦点，杜绝游戏成瘾、娱乐过度等不良行为，帮助学生点燃青春热血，找寻奋斗初心，使学生目光聚焦自身不足，立足学业发展，积极主动为追求创新创业而不断前行。

(4) 结合学生实际，分层引导。将工作重点与实际需要相结合，通过问卷调查了解大学生人生规划及理想信念，推出系列网文作品，上线"我的大学不躺平"等朋辈引导优课，帮助学生走出内心迷茫，明确奋斗目标，并结合学生情况分层分级开展思想政治工作，提供经验及干货分享，帮助大一新生快速适应大学生活；开展榜样分享及行为引导，帮助大二、大三学生牢记前行初心，不负滚烫青春；推出就业指导及人生规划建议，呼吁大四学生奋力追赶、扎根基层、勤劳奉献，最终以全面分级引导模式细化网络思政教育路线。

五、案例成效与经验收获

(一) 案例成效

本项目案例成效显著,与学院其他宣传平台实现了内容互补,创作出了众多有内涵、有温度、有思考的精品作品系列,在学生群体中引起了广泛关注;易班优课"国家记忆""薪火相传""牢记百年党史,矢志践行初心""致敬劳模"等参与人数多,均超过 600 人,活跃度高、反响良好;牢记百年党史系列活动(线上、线下党史知识竞答)开展过程中累计吸引 11 个学院 300 余名学生主动参与,学生群体党史学习教育热情高涨,思政教育建设稳步推进;在 2021 年全国大学生网络文化节中,积极引导学生参与活动,展现青春魅力,最终在网文、摄影、短视频等方面获校级二、三等奖及优秀奖近 20 项,并获评优秀组织单位,点燃了学生的"青春之火",掀起了理想与思考的浪潮。

(二) 经验收获

(1) 以学生为主体,构建网络思政育人新格局。紧跟学生群体,不断学习总结,在扩展宣传主题、加强活动创新、激发学生参与兴趣等方面积累了丰富经验,且在此过程中充分了解了网络文化元素、新兴网络话语、易班建设方法,围绕学生喜闻乐见的主流网络文化开展网络思政教育的普及型、创新型、交互型引导。

(2) 坚定政治导向,提升网络思政育人效果。在案例建设中坚定了学生的政治立场,丰富了学生的知识储备和人生阅历,让学生学会用马克思主义的观点、立场和方法进行审慎分析,帮助学生理解现象本质。同时,结合表情包和部分网络话语、网络段子,以亲近学生的语言形式,创作出贴切、有温度的易班思政教育产品。

(3) 依托平台阵地,构建网络思政话语体系。将学院易班同微信、抖音、微博及"智瀚思然"网络文化工作室紧密结合,以实际工作探索出高效的思政联动教育模式,在充分考虑大学生思政教育接受规律的基础上,采用全员分级分层引导的服务模式,极大地激发了思政教育活力。

六、改进计划

(1) 继续提高思政产品质量,并结合网络文化工作室的文化特色和学生的切实需求,多途径地提升网文质量与内容深度。

(2) 积极革新易班引导思路、内容、模式,以学生喜闻乐见的方式开展相关易班建设活动,并开辟评论交流、后期跟进等互动强化途径,保障相关工作切实有效。

(3) 及时更新相关网络作品,积极向省级、国家级平台推送,做到走出去,争取未来能在全校的网络思想政治工作中做出成绩、成为标杆。

"遇见心灯""三微"视频栏目开展大学生网络思政教育的实践与探索

柳心雨　张伟刚

(陕西科技大学)

　　新时代中国青年在与互联网的相互塑造中逐步成长。在互联网占据信息传播主导地位的今天，网络已经成为思想政治教育的重要载体。网络思政育人可以实现教育载体的有效延伸，提高学生的主体参与度，强化思政话语的传播力，提升思政教育的亲和力和针对性，这是时代发展所需，也是青年成长成才所需。陕西科技大学坚持与时代同步，与学生同行，高度重视分析和研究网络对大学生教育工作的影响，专门成立了若干网络思想政治工作室，而"遇见心灯"网络文化工作室就是其中致力于用"微课堂、微访谈、微答疑"视频育人的网络思政实践成果。

一、案例基本情况

　　高校是开展青年学生思想政治教育的重要阵地，网络思想政治教育是其中的重要环节。陕西科技大学"遇见心灯"网络文化工作室聚焦立德树人的根本任务，围绕学校中心工作，紧跟网络思想政治工作步伐，打造了"微课堂、微访谈、微答疑"系列视频栏目，突出网络育人特色，鼓励更多的思想政治工作者做网络思政的"栽树人"和源头创新的"挖井人"，凝聚网络思想政治教育合力，更好地服务青年学生的成长成才。

二、主题与思路

　　高校肩负着立德树人的根本任务和培养高素质人才的使命，当前，以"00后"为主体的大学生的思想和行为方式都发生了巨大变化，但是高校在思政育人方面仍存在一些问题。一是课程思想政治工作推进缓慢。近两年，学校倡导在专业培养方案中体现思政教育内容，各个学院也要求教师在课程教学大纲中融入思政教育元素，但是由于缺乏刚性约束和考核机制，只有个别教师参加一些课程思政类的讲课比赛，整体落实效果不太理想。二是辅导员忙于学生事务管理。作为主阵地的思政课堂教学方式单一，大多数课程对大学生的吸引力不强。辅导员多忙于学生管理的具体事务，思想政治工作落实力度不足。三是社会和朋辈教育氛围不浓。企业家、技术专家来学校的人数不多，与学生对话交流的机会少，学生对企业家精神的理解不深刻。组织学生朋辈教育活动的随意性大，活动开展的方式方法不够丰富。基于此，学校积极思考如何将网络育人与大学生思想政治教育以及学生日常管理相互结合形成合力，有效挖掘新媒体平台的育人功能并利用新媒体作品实现思政教育效果倍增，以"点亮学生理想的心灯、照亮学生成长的道路"为主题，依托微信公众号平台开设了"遇见心灯"视频专栏。

"遇见心灯"围绕"点亮学生理想的心灯、照亮学生成长的道路"的建设理念，坚持"立足平台、面向学院、辐射全校"的建设原则，遵循"内容为王"的建设规律，通过大学生网络思想动态需求调研，了解大学生网络需求，在供给侧紧抓关键节点和舆论热点，践行"微课堂、微访谈、微答疑"三维育人，占领"微"领地，打造网络思政育人品牌亮点，探索出更有效的网络育人新模式；同时结合学校实际，充分发挥学科专业优势和互联网阵地在立德树人过程中的重要作用，开发与创作有时代特色和青春感召力的新媒体传播作品，提升网络思政的引领力、渗透力、服务力。"遇见心灯""三微"视频栏目思路如图 3-6 所示。

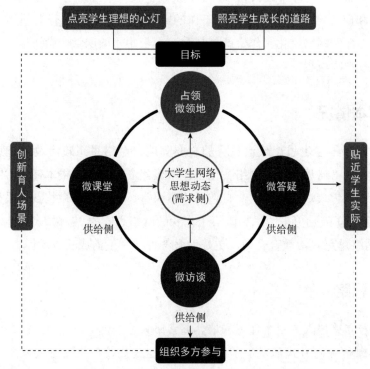

图 3-6　"遇见心灯""三微"视频栏目思路

三、组织实施过程

(一) "微课堂"创新育人场景，引领主题教育新方向

"微课堂"充分调动师生的积极性与主动性，整合校内外丰富的思政资源、课程资源、

社会实践资源等，把传统的教学场地从课堂拓展到了信息终端，创新育人场景，将价值塑造、知识传授相结合，引领主题教育新方向。

(1) 建设线上课程思政示范课。坚持以学生为中心，将思政育人元素有机融入专业课程教学过程，探索工科类课程思政模式。邀请陕西省高校课程思政教学标兵刘庆立、第四届全国高校青年教师教学竞赛工科类二等奖获得者张艳华等优秀青年教师录制课程思政讲课说课视频，在专业课程中融入思政元素，引导学生深入认识"科学技术现代化""综合国力""基本国情"等概念，激发爱国情怀，培育工匠精神。

(2) 紧扣社会时事舆论热点开展微课堂。"遇见心灯"微课堂紧抓思政育人关键节点，探索挖掘可以助力青年人成长成才的重大新闻选题。辅导员积极响应，围绕"建党百年""党的二十大""冬奥盛会""共抗疫情勇担当"等热点话题，精心录制了系列微课，厚植广大青年学生爱国主义情怀，强化使命担当，引导青年学生成长成才。

(3) 打造朋辈分享微课堂。邀请杰出校友、科创竞赛获奖者等走进"遇见心灯"朋辈分享微课堂，分享考研、科创、实习等经验。录制大赛、认知实习、金属加工工艺实习等微课 10 余个，发挥朋辈互助示范效应，共建浓厚的学习氛围。

(二) "微访谈"组织多方参与，丰富实践育人新途径

"微访谈"联动专业课教师、辅导员、优秀校友、优秀企业家、朋辈等群体，凝聚育人合力，开阔学生视野，丰富实践育人新途径。

(1) 老教授讲述西迁、校史故事。辅导员作为主持人，与西北工业学院原副院长尚久浩教授在校史馆现场为学生党员讲校史，畅谈我校作为西迁高校，三次创业、两次搬迁的生动鲜活的奋斗故事。录制上线的三期《尚久浩教授访谈》共计 140 分钟，讲述陕西科技大学老一辈人斗志昂扬地投身祖国西部建设，用热血和青春铸就了"胸怀大局、无私奉献、艰苦创业"的"西迁精神"，成为陕西科技大学宝贵的精神财富，引导学生投身西部建功立业，奉献青春，使学生备受鼓舞。

(2) 访谈优秀企业家、技术专家。邀请首批科创板上市公司苏州瀚川智能科技股份有限公司董事长谈论学生就业、创新创业，邀请 ROS 机器人技术专家古月老师交流行业科技前沿和产业动态。分别录制半个小时的视频，让学生近距离感受企业家精神内涵，激励学生敢于竞争、勇于承担风险，刻苦钻研专业技术，敏锐把握创业机会，高层次推进学生创新创业教育和职业生涯规划教育。

(3) "师请话意"访谈优秀教师。陆续介绍学院教师先进典型，宣传其先进事迹，展示其师德风范。引导全院师生学习他们爱岗敬业、无私奉献的精神，学习他们坚持真理、秉持信念的执着，学习他们严谨的治学态度与优良的工作作风。先后共访谈 15 位教师，累计阅读量 10 000 余次。

(4) "榜样力量"访谈身边先进典型。凡人微光，星火成炬。学院常态化开展"发现榜样"活动，联合各基层团支部推出系列访谈视频，带领广大学子一起走近身边榜样，点亮

初心使命，感受榜样力量。

(三) "微答疑"贴近学生实际，满足青年学生新需求

"微答疑"以大学生喜闻乐见的短视频形式回应学生关切，解答学生困惑，将育人贯穿教育教学的方方面面，满足青年学生新需求。

(1) 开设"心语"邮箱。为了更好地围绕学生、关照学生、服务学生，深入了解学生的需求和思想动态，"遇见心灯"通过开设邮箱的方式匿名征集广大学生"急难愁盼"的问题与困惑，并进行归类与分析，作为后期创作的素材。

(2) 成立"解惑"工作团队。建立以辅导员、青年博士为主的网络思政育人答疑队伍，定期组织开展"解惑"沙龙，集中解答学生问题，提出"微答疑"视频创作脚本，并通过录制短视频的方式为学生答疑解惑，提供优质网络思政内容，当好学生引路人。

(3) 坚持问题导向创作"微答疑"短视频。在前期调研的基础上，围绕大学生人生理想、专业学习、学业规划、人际交往等方面累计录制 40 余期"微答疑"短视频，解读校园热点与社会百态，用视频的方式解答学生疑惑，实现精准推送。通过进教室、进食堂、进宿舍与各学生面对面答疑解惑 40 余次，收获数万点赞。

四、工作成效和经验

(一) 助力课程思政，网络思政阵地不断壮大

主动对接学院教学优势资源，发挥专业教师积极性，增强其参与感，培育精品课程，落实课程思政建设。实现优质专业课程学生学习线上线下同步，促进专业教师在课程教学中融入思想政治元素，提高课程育人亲和力、渗透力。刘庆立的"工程制图"课荣获省级课程思政示范课，张艳华、刘庆立 2 位教师获得第三届陕西高校课堂教学创新大赛一等奖、全国二等奖，带动更多的学院青年教师参与课程思政建设，教辅联动，形成育人合力。构建网络育人同心圆，让课程讲出理论深度与情感温度，让专业课程讲出"思政味"，培养学生的家国情怀、人文情怀和世界胸怀。丰富课程思政传播途径，不断满足"随时随地"学习的需求，切实打造"指尖上的课堂"。

(二) 形成育人合力，网络育人产品不断优化

"遇见心灯"不断鲜活形式，不仅充分发挥专业课教师、辅导员、优秀校友的主观能动性，还推出"师情话意""薪火相传""榜样力量"等系列专题，把学生既作为受教育的客体，又作为参与思政的主体，提升主体吸引力，在互动交融中增强教育主体与客体之间的吸引力，在线上线下的增信释疑中，在反客为主的自我教育、朋辈教育中，实现主客体的双向转化和良性互动，初步形成育人合力。在各方努力之下，"遇见心灯"推出了一系列线上"三微"视频作品，成功塑造了"遇见心灯"文化品牌。"微访谈"推出《学生

时代，是你的最佳充电时间》，点击量超过 2000；"微答疑"推出《"学霸"宿舍诞生记》等作品。累计阅读量 6000 余次；"微讲堂"推出《学霸讲堂(第三期)》，通过录制主讲人讲课视频、上传学习资料、发布图文课程、布置在线作业等多种多样的方式，激发学生学习和自主发展的内生动力，课程累计 2000 余次添加。网络思政品牌不断丰富，逐步增强了学校网络思政主流正面舆论的覆盖力、渗透力和影响力。

(三) 促进学生发展，实现思政教育精准滴灌

通过学生的反馈，此栏目选题新颖，贴近学业生活实际，视频作品接地气，紧扣学生需求，能引发情感共鸣，引起学生对相关问题的深思，得到了学生的认可，对于学生在校期间的综合素质能力提升、科技创新活动起到了有效的促进作用。"遇见心灯"栏目的朋辈榜样讲述，通过学业实习、科创方面优秀学生的经验分享和交流，带动学生参与科技创新比赛。按照校内活动与省级、国家级活动相衔接，学科竞赛与专业相衔接的理念，扩大竞赛覆盖面和影响力，加强竞赛培训与指导。2020—2022 年，研究生及本科生累计获得科技创新比赛国家级奖励 43 项，其中一等奖 6 项、二等奖 20 项、三等奖 17 项；申请国家发明专利、实用新型专利 100 余项，其中中国研究生机器人创新设计大赛一等奖 1 项，全国大学生机械创新设计大赛一等奖 2 项，全国大学生先进成图技术与产品信息建模创新大赛一等奖 2 项。

五、改进计划

(一) 团队"多方并进"，让"遇见心灯"更有动力

继续积极整合开展学生网络思想政治教育的育人合力，夯实网络育人队伍建设，以实际问题为导向，扩大团队规模；以思想引领为重点，培育团队综合素养；以工作创新为特色，提升团队创造力。广泛吸收校内思想政治教育队伍中各类有特长的骨干教师和学生，培养一支政治立场坚定、业务能力强、综合素质高的网络文化建设队伍。

(二) 内涵"多元并重"，让"遇见心灯"更有活力

持续完善网络文化作品创作格局，加大调研力度，立足实际谋划，丰富栏目元素，根据学生的接受特点以及学习和生活需求，结合时政热点纵横延展，以立德树人为主线灵活地增加内容供给，有计划、有组织地推进网络文化作品创作，持续开发微课堂、微访谈、微视频等新媒体作品，输出网络正能量。

(三) 平台"多端并举"，让"遇见心灯"更有引力

拓展升级网络育人阵地，做强微信公众号思政专栏，不断完善升级思政专栏设置，结合"00 后"学生特点开展问卷调查，剖析大学生对不同新媒体平台的使用度及对新媒体作

品形式的喜爱度，并结合学生特点，试点开发 B 站、抖音等新媒体平台，拓展网络育人的覆盖面，打造"遇见心灯"新媒体矩阵。同时，进一步加强线上线下联动，实现思政教育、实践教育、网络教育一体化，更好地提升网络思政的渗透力，打造网络思政活动品牌和特色，做好网络思政对外交流和推广。

"辅导员来啦"网络文化工作室微视频中的大情怀

沈璇博　李帅　闫明佳　雷丹　赵闯

(陕西科技大学)

"辅导员来啦"网络文化工作室是一个以辅导员为核心团队，以大学生思想政治教育为目标，以网络原创短视频为主要题材，探索新时代辅导员网络思想政治教育新阵地的工作室。工作室围绕宏观育人导向、时事热点，结合学校底蕴，针对辅导员日常工作和学生成长成才过程中存在的实际问题，挖掘创作有深度、有趣味、有灵魂的高校网络文化作品，力求以"微"言述大义，展情怀。工作室自2020年1月创建以来发布原创作品40余部、微信平台问卷1套，累计浏览量近百万人次。作品先后被中国大学生在线、陕西高校网络思想政治工作中心等国家级、省级媒体平台报道推广。

一、案例基本情况

习近平总书记在全国高校思想政治工作会议上指出："要运用新媒体新技术使工作活起来，推动思想政治工作传统优势同信息技术高度融合，增强时代感和吸引力。"教育部、国家互联网信息办公室发布的《关于进一步加强高等学校网络建设和管理工作的意见》明确指出，高校要积极实施大学生网络文化工作室项目。2014年，教育部思想政治工作司印发《关于培育建设大学生网络文化工作室的通知》，正式启动大学生网络文化工作室的培育建设工作。这不仅为高校思想政治工作诠释了新理念，也指明了新方向，提出了新要求。

(一) 思路

工作室坚持"小成本、大情怀、正能量"的自主创新原则，将价值引领放在首位，走以学生为中心的精品化创作道路，坚持教育性、原创性、趣味性、针对性和时效性相结合，着力打造精品网络视频。充分利用微视频这种大学生乐于接受的新形式，强化议题设置、内容供给，建立现实和网络两个空间的全域性思想政治教育机制，做好网络思政育人工作、服务辅导员专业化成长。

(二) 主题

工作室围绕宏观育人导向、时事热点，结合学校底蕴，针对辅导员日常工作和学生成长成才过程中存在的实际问题，通过团队分工+月度考核制度，团队成员定期上报月度创作计划并开展交流研讨，确保创作质量。工作室成员沈璇博围绕思想引领、学生热点话题以及法律相关问题进行创作，雷丹围绕网络舆情、校园安全主题进行创作，闫明佳围绕党建、校史校情文化等进行创作，李帅围绕共青团工作、学生日常管理等主题进行创作。

二、组织实施过程

(一) 三个精准核心，回应学生所需，创作精品网络视频

工作室以 AIPE 为导向(A，accurate，译为"精准"；I，immediate，译为"即时"；P，professional，译为"专业"；E，effective，译为"实效")，积极开展内容创作，努力做到"三个精准"，即工作室通过问卷调查，了解学生需求，以学生实际所需为导向准备视频内容，实现教育内容精准；针对不同年级、特征的学生群体，设计不同主题，以群体特点为导向展开创作，实现教育对象精准；紧抓学生行为偏好，以总结反哺创作为导向，实现教育方法精准。比如，《这是不是正在适应大学生活的你》微视频就是针对大一新生，以学生喜爱的演绎对话形式回应入学适应问题而制作的。

(二) 两个专业，提升专业能力，打造网络思政团队

工作室以"四位一线"辅导员为主体，收纳编导专业学生，团队结构合理，成员经验丰富。一线专职辅导员有丰富的一线工作经历，对大学生成长成才有深入的理解和认知。同时，成员具有多学科背景，并拥有法律执业资格证、全球职业生涯规划师资格证等，在大学生安全教育、职业生涯规划等思想政治教育方面具有一定的专业性。在视频制作方面，吸纳专业广播电视编导专业学生，学生学业基础扎实，能够熟练运用影视后期制作软件，为微视频制作提供了技术支持。

(三) 三个平台，拓展内容广度，搭建传播矩阵

工作室积极建设思想政治教育网络宣传矩阵，借助新媒体信息传播速度快、资源共享等优势创新思想政治教育。一是紧跟学生动向，通过微信、微博、抖音等覆盖面广、用户黏性高的新媒体平台，将思政教育与互联网技术进行有机结合。二是维护好线下运营场景，通过后台数据技术分析，提升话题引导、评论互动、学生答疑等方面的用户体验，助力打造和谐清朗的校园网络公共空间。"辅导员来啦"网络文化工作室工作运行体系如图 3-7 所示。

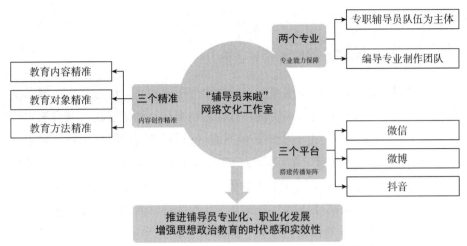

图 3-7 "辅导员来啦"网络文化工作室工作运行体系

三、案例育人实效

工作室自 2020 年 1 月创建以来，共计发布原创作品 40 余部，累计浏览量达百万人次，覆盖了易班、微信、微博、抖音等网络平台载体。其中，2020 年 10 月 8 日，"辅导员来啦"工作室创作的视频《你以为你以为的辅导员就是你以为的吗？》在中国大学生在线头条一经推出，0.5 小时浏览量就超过 5 万，短短的 3.5 小时内浏览量突破 10 万，引发了全国高校师生的热烈讨论和争相转载。疫情期间，工作室秉承"共抗疫情，共享环境"的理念，用思政微视频表达抗疫中爱党、爱国的"大情怀"，凝聚师生共克时艰的信心，切实提高思想政治教育的实效性。疫情期间，微视频、微信人均浏览量 5000 余次、微博人均浏览量 1 万余次、知识问答参与人数 35 万，助力抗击疫情，帮助学生成长。

（一）平台"多端并举"，网络育人有传播力

工作室自主运营微信、微博与抖音固定线上平台，内容涉及疫情防控、党史学习教育、理性消费、学业规划等多个维度，各个平台总浏览量突破百万人次。作品先后被中国大学生在线、陕西高校网络思想政治工作中心、陕西科技大学工部等省级、校级媒体平台报道推广。

（二）形式"创意互动"，网络育人有吸引力

工作室作品以辅导员角色演绎的方式进行创意表达，着力创作有料、有趣、有人格、有内涵的作品，增强思想政治教育内容的吸引力。比如，中国大学生在线平台发布的视频《你以为你以为的辅导员是你以为的吗？》，对标辅导员九大工作职责，从学生的视角幽默诙谐地展现了辅导员工作的温暖与责任，并以"你以为的辅导员是你以为的吗？"为题，引发了辅导员的强烈共鸣和学生群体的热情讨论。许多学生纷纷留言，表达了对辅导员工

作的肯定和支持。

(三)内容"多元并重",网络育人有感染力

工作室通过问卷调查,了解学生需求,挖掘学生所思所想,回应学生所感所受,以学生实际所需为导向准备微视频内容,实现教育内容精准化,增强了思政教育的实效性。工作室成员参与了教育部2021年度高校辅导员网络培训课程建设项目,主持了多项陕西省社科普及资助项目(课题)等国家级、省级项目。工作室在校级、省级、全国大学生网络文化节和网络教育优秀作品推选展示活动中获得多个奖项。2个作品获评省级网络教育优秀作品。1个作品在第六届全国高校网络教育优秀作品推选展示活动中获评三等奖。此外,工作室成员闫明佳、沈璇博在建设期内荣获"2020年度陕西易班共建先进个人""陕西高校十佳易班指导教师""全国优秀易班指导教师""优秀易班辅导员"等称号。

四、改进计划

(一)坚持"内容为王",提升微视频内涵,增强思政教育实效

在微视频创作中,除了回应时事热点、辅导员日常工作和学生成长成才过程中存在的实际问题,还需增强学理性的支撑,以此实现持续突破。同时,通过队伍支撑、标志打造、产品输出、体系设计、主线牵引等方式方法,努力贯彻网络思政"见人见事见感情,抓载体抓机制抓落实"的要求,制作有思想"大情怀"的微视频。

(二)坚持"创新赋能",增强成员创作能力,丰富思政教育成果

"辅导员来啦"网络文化工作室是一个以辅导员为核心的团队,在网络文化作品创作中脚本的制作、视频的拍摄技术亟待提高。需要进一步加强专业技术培训,增强创作能力。同时,在微视频网络文化作品产出过程中,需在实践中掌握网络思政教育教学规律,加强反思性总结,努力做好网络思政的课题研究,增强科研意识、提高研究能力。

构建"互联网+普法"大矩阵，
让高校法治宣传有用又有趣

刘贝民　王静蓉　魏倩茹

(陕西科技大学)

随着新媒体技术的日益成熟，"人人刷屏""大众麦克风"的时代已经到来，能否灵活运用新媒体为校园法治服务，有效利用这些传播工具宣传法律知识，引导舆论导向，推动高校普法工作有效提升，激发社会正能量，成为所有高校学生工作者必须面对的一个重要课题。陕西科技大学"律述法芽"网络文化工作室聚焦构建高校尤其是理工科院校法治校园建设的新路径，组建了由一线辅导员、校外法律专业工作人员、学生骨干组成的研究团队，积极探索"1234"模式下普法宣传与新媒体、新技术的有机融合，不断拓宽高校普法渠道，丰富普法内容，用学生喜闻乐见的表达方式讲好身边的法律故事，让高校普法更接地气，为校园普法宣传注入"活水"，有效增强校园法治宣传教育的针对性和实效性，努力让文字"站"起来、让视频"活"起来、让法条"立"起来，宣传正能量，提升法治宣传的引导力和渗透力，引导广大在校师生养成学法、遵法、守法、用法的良好习惯。

一、案例基本情况

为全面贯彻落实全国教育大会、全国高校思想政治工作会议、学校思想政治理论课教师座谈会以及全国网络安全和信息化工作会议精神，不断加强网络思想政治文化阵地建设，增强学生法治意识，净化校园网络生态环境，陕西科技大学辅导员刘贝民等人依托专业背景和丰富的一线工作经验，认真筹划，成立"律述法芽"网络文化工作室，利用新媒体平台，积极探索"1234"模式下的校园法治建设新路径，有针对性地开展多种形式的普法宣传教育，努力构建全方位立体化的校园普法新格局，创造良好的校园环境。"律述法芽"网络文化工作室工作思路如图3-8所示。

"律述法芽"网络文化工作室依托陕西科技大学理工科院校的背景，坚持"关注学生成长，服务读者所需"的工作思路，结合热点事件和关键节点，以问题为导向，线上线下持续推进"1234模式"(围绕1个核心，面向2个群体，立足3项重点，依托4类载体)下的理工科院校法治校园建设新路径，用学生喜闻乐见的表达方式和通俗易懂的语言形式讲好身边的法律故事。截至目前推出文章、视频共70余期，累计浏览量超3万，范围涵盖防疫、就业、学习及生活等各个方面，多次被校级和省级官微报道，持续把日常的普法教育宣传阵地建在学生最需要的时间和地方，引导学生养成学法、遵法、守法、用法的良好习惯，培养广大师生的法治意识和法治思维。同时，坚持工作室整体运营项目化，不断提升作品质量、深化课题研究，取得了一系列丰硕成果。

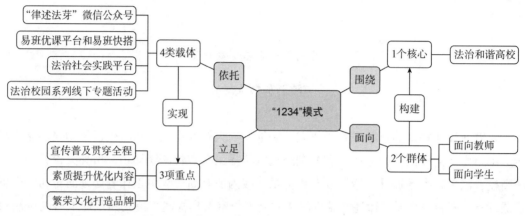

图 3-8 "律述法芽"网络文化工作室工作思路

二、组织实施过程

(一) 坚持以工作室为依托，积极探索实践"1234"模式下的法治校园建设路径

(1) 围绕1个核心。紧紧围绕构建法治和谐高校这一核心，整合校内外资源，融合线上线下平台，分层分类有序推进工作室任务开展。

(2) 面向2个群体。聚焦高校法治建设这一关键，紧贴教师与学生两大主体的现实诉求及发展需要，坚持做到：面向教师，深入研判教学管理法律风险，切实提高法治化管理水平；面向学生，培育理性平和的健康心态，增强知法、守法、用法的内在自觉，为构建和谐法治校园奠定坚实基础。

(3) 立足3项重点。以宣传普及知识、提升法治素质、繁荣校园文化为重点，构建"三位一体"的工作格局。一是宣传普及贯穿全程：围绕学生入校到毕业全过程的发展需要，普及相关的纪律教育、安全教育、生涯规划等知识；二是素质提升优化内容：立足日常管理和思想政治教育，服务教师队伍管理和立德树人根本任务，构建融合法治与管理、法治与德育等元素在内的素质提升全平台；三是繁荣文化，打造品牌：联动校外资源，逐步打造"模拟法庭""法律问诊"等特色活动，丰富校园活动，营造浓厚的法治校园氛围。

(4) 依托4类载体。项目依托4类载体，它们相互配合、相互补充，确保新路径实施能落地、有实效。"律述法芽"微信公众号和易班快搭围绕热点重点事件，扩大传播范围；易班优课平台，深入浅出视频化解读法律常识，丰富输出方式；法治社会实践平台，联动法院、检察院、律师事务所等专业单位，统筹资源，搭建校内外联动平台；法治校园系列专题活动，常态化开展专题讲座、"法律问诊"、辩论赛等活动，增强活动育人效果。

（二）平台搭建和团队组建、理论研究和实践探索有机融合

（1）提析工作理念，搭建网宣平台，旗帜鲜明地开展普法教育。没有阵地，就没有话语权。为切实做好校园普法工作，让法治教育形成合力，学校围绕建设目标，面向全校师生成立"律述法芽"网络文化工作室，且坚持从学生角度出发，坚持以"关注学生成长，服务读者所需"的理念为指导，结合热点事件和关键节点，申请并运营"律述法芽"微信公众号，对于热议的某些具体的条文、案例、热点话题引发各种讨论，用学生语言和网络语言说法律事、讲法律理，对相关问题进行正确的法律解读，对无法确定的、有争议的、现有法律体系无法解决的问题，引导学生进行理性、平和的思考。坚持用文字讲述身边的法律故事，用声音传递法治理念。

（2）找准建设目标，强化团队培养，纵横联动打造宣传新矩阵。工作室坚持贴合学生实际，以案说法，以普法教育的常态化开展为建设目标，同时不断加强团队成员的队伍建设和专业培养。为了适应新媒体时代的普法宣传工作，就能力而言，普法工作者既要精通法律，又要有政治素质和敏锐的判断力，同时对基本的网络、视频、音频等要熟悉，能够制作简单的动画，熟悉文字、图片的处理和 PPT 制作。工作室有针对性地吸引 3 名专业教师和 5 名优秀学生骨干同时加入，精细分工，以"核心+骨干+基础"的组织培养模式，在有效保证工作室在作品数量和质量上双输出的同时因材施教，有针对性地加强对工作室成员专业技能的培养。另外，为进一步扩大宣传覆盖面，切实提升宣传效果，工作室采取纵横联动的宣传举措。横向坚持线上线下相结合，线上依托新媒体平台，把阵地建在学生最喜欢的地方，通过微信公众号、易班优课和易班快搭等，持续拓宽宣传渠道，线下通过法律讲座和"法律问诊"进行面对面的答疑解惑；纵向上选取优秀作品分别投稿院级、校级和省级等官方媒体平台，努力搭建全方位、多渠道的宣传新矩阵。

（3）深耕实践基础，注重内容建设，从实践中来到研究中去。坚持"以热点事件为中心，以时间节点为抓手，以学生需求为出发点"的建设主线，通过对大学生群体的实际调研，结合自身日常的学生工作经验，在内容建设上求实求新，做好以宪法为核心的国家基本法律法规知识宣传，把法律法规、法治建设资讯、热点社会问题法律解读和法治舆论引导等作为宣传教育的重要内容，最大限度地传播法律知识和法治理念。对于社会上各种热点难点问题、涉法案件事件等，运用法律知识和法律原则进行准确解读，以案说法、就事论法，通过网络推文、视频制作、快搭展示和咨询问诊等多种形式进行作品呈现，形成正面和专业舆论强势，大力传播法治舆论的正能量，并解决这一过程中发现的问题，总结经验，找准研究方向，深入开展实践研究，积极申报相关课题，持续推动项目化运行。

三、案例育人实效

（一）队伍建设：坚持同心同向，不断优化培养机制，建立完善的鼓励机制

工作室现形成了由 4 名一线辅导员(均通过司法考试)教师、6 名有新媒体工作经验的学生骨干和 6 名法律实践工作者(包括律师、法官、检察官和公安干警在内)组成的稳定团队，并在 2020 年和 2021 年陕西科技大学工作室申报中成功立项。

工作室成员依托现有优势资源，建立了"理论研究+实践探索""教师引领+学生培养"的团队强化机制，同时通过不断开展课题研究和项目申报争取经费支持。所以，无论是专业能力、责任意识还是资金支持都为工作室的长期运营和作用的有效发挥提供了充分的保障。

（二）内容建设：聚焦需求导向，创作成果多次被转载，受益群体覆盖面广

工作室结合学生实际需求和当下热点，激发"味点"、转化"槽点"、辨清"痛点"、回应"爆点"，举好旗、定好位。工作室在成立后的 2 年时间里已推送《拘！疫情当下拒不配合防控措施可能涉及犯罪》《返校复学，必备法律知识系列》和《从校园到职场，必学法律知识系列》等大学生常见法律问题相关文章、视频共 70 余期，累计浏览量超 3 万，4 次被陕西科技大学官微报道，多篇文章被陕西高校网络思想政治工作中心、延安大学党委学工部、陕西科技大学学工部和电子信息与人工智能学院等官方微博转载。

（三）理论研究：实践反哺理论，坚持工作室整体运营项目化，研学成果显著

工作室坚持整体运营项目化，持续做好课题和各类成果的申报工作。工作室在成立后的 2 年时间里，荣获 2020 年陕西高校网络思政教育优秀工作案例评选优秀奖，荣获 2020 年陕西科技大学网络文化工作室立项。同时，基于实践调研和经验总结申报的陕西省中华职教社一般项目"法治思维在高职院校学生教育管理中的应用研究"与陕西科技大学辅导员工作研究项目"依法治校视域下校园危机事件法治化处置路径探索研究——基于北郊三校的实证分析"均已结题。

四、案例经验与启示

（一）强化团队、技术和资金等基本保障支撑，提升工作保障力

为保证普法工作长效、有效开展，团队工作人员除了要精通法律，有丰富的相关法律工作经验之外，还要有敏锐的判断力，同时对简单的视频和音频等的基本制作有一定的掌握。所以除了教师和学生之外，还要加强与司法机关、政府部门普法宣传专业工作人员的交流合作，最大限度地形成工作合力。新媒体普法宣传平台的顺利运作，需要配备普法活动在新媒体应用中所必备的硬件设备。这就需要确保充足的宣传工作经费。经费的获得除

了学校支持外，还需要将已有的工作成果与各类项目、课题的申报要求积极对标，持续推进工作室系统化、项目化运营，从根本上保证团队普法工作长效运行。

(二) 强化问题导向，凸显学生主体地位，提升工作引导力

随着新媒体技术的广泛应用，"低头族"越来越多，公众号、微博和微信等新媒体平台发布的信息也越来越多，但让人记忆深刻、能撞击人们心灵的宣传作品非常少，普法宣传往往只是发条式，内容枯燥，效果甚微。只有加强新媒体内容的原创性、独特性、新颖性以及配图的和谐性，才能达到更好的普法效果。在内容设计方面，突破普法工作照本宣科、呆板枯燥以及事后评论的局限，坚持贴近学生实际和问题导向的思路，紧抓时间节点和热点事件，想学生所想、写学生所需、答学生所问，主动把握工作先机，运用法律知识和法律原则进行准确解读，以案说法、就事论法，有的放矢，用法言法语为广大师生做好普法宣传、答疑解惑和价值引领，形成正面和专业舆论强势，进一步深挖学生日常生活中感兴趣和具有教育引导意义的问题，以点带面，精细推送，大力传播法治舆论的正能量。在形式创新方面，根据受众的心理需求，以群众喜闻乐见的方式宣传法律法规。例如，将枯燥的法律条文及学生无法见到的指示文件，以文字和视频等形式，由学生模拟场景通过新媒体平台展示出来，让学生在观看的同时能够潜移默化地强化法律常识学习，寓教于乐，以讲案例的方式娓娓道来；在法治宣传日、宪法日等特殊节日里，开展线上线下的良性互动，提高学生对法律的关注度，持续提升普法工作的引导力。

(三) 创新内容设计，拓宽宣传渠道，提升工作渗透力

除了做好网文推送，还要更多地站在新闻媒体和社会公众的角度，运用网络化、平民化、生活化的语言，充分采用文字、图像、动画、声音和视频等多种媒体表现手段传播媒介信息，如通过 H5 页面、短视频和微电影等学生更易于接受的形式加强推送；在宣传渠道方面，基于公众号、易班优课和快搭推送，探索在 B 站、抖音、今日头条等受学生欢迎的平台上开设主题专栏，真正把普法阵地建在学生的心坎上，让广大师生寓教于乐、寓学于趣，不断提升工作渗透力。

"旭"述芳华——艺术类学生"二十不惑"的网络陪伴教育平台

任旭　徐嘉　柳程曦

(陕西科技大学)

谁掌握了互联网，谁就掌握了时代主动权。当今社会，互联网是影响世界的重要力量，互联网快速发展带来的影响范围之广、程度之深，是其他科技成果难以比拟的。为深入学习宣传贯彻习近平总书记网络强国重要思想，把思想政治工作贯穿教育教学全过程，陕西科技大学通过互联网加强思政教育，专门成立了若干网络思想政治工作室，其中"旭"述芳华工作室就致力于探索适合艺术类学生的网络思政教育实践。

一、案例基本情况

星火聚微光，灼灼耀芳华。"旭"述芳华工作室基于设计与艺术学院的学科优势，通过打好"大艺术+思政教育"的组合拳，以"主题季+重要时间节点"为创作脉络，以网文为主、影音图画为辅，运用新媒体对学生开展思想引领、学习指导、生活辅导、心理咨询等。经过4年由"量变"到"质变"的"实战实训"，工作室目前已形成"高处站位、细处落笔，向内深耕、向外延伸"的创作新格局，成为一个"艺术特色明显、思想引领充分、育人实效显著"的矩阵式网络思政平台。"旭"述芳华工作室工作思路如图3-9所示。

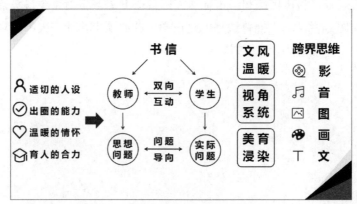

图3-9　"旭"述芳华工作室工作思路

二、组织实施过程

(一) 各司其职，密切协作

网络技术的创新发展为青年学生群体提供了更加便捷的意见表达渠道。工作室借助网络渠道的意见表达便利性，依托工作室目前不同艺术类学科背景的 12 名成员，各美其美，美美与共，构建起多边形表达渠道和意见收集路径。面向学生，传递的信息内容更接地气；贴近学生，表达的产品内容更容易被接受。例如，在新冠疫情期间，"旭"述芳华工作室结合成员人文资源与专业优势，增加影、音、图、画、文的内容输出和价值供给，引领师生齐心协力"以艺战疫"，在普及防疫知识的同时，提升学生的专业素养和能力。

(二) 紧跟时事，因势利导

工作室紧跟瞬息万变的时代节奏，结合网络热点事件与学生诉求主动设置议题，将学生吸引、聚集起来，进而有针对性地进行价值观的引导和教育。坚持"把天下事讲成身边事，把有意义讲得有意思，把有高度讲得有温度"的创作原则，创作出与社会热点话题息息相关的内容，在引发学生共鸣、得到学生支持的基础上加深意见讨论的程度，进而形成良性互动，真正做到网络思政教育的因势利导。例如，《我不愿让你一个人，一个人"内卷"泄了气》一文以网络流行语作为切入点，以"大学生如何探寻自身价值"作为思想引领点，润物细无声地使学生群体养成正确的价值观，这种养成既是一种必要，也是一种必需。

(三) 美育浸染，创新教育

工作室是窗口，是形象，是桥梁，是服务的平台。工作室创作坚持以学生为本，始终将学生的成长成才作为工作的出发点和落脚点，遵循学生成长规律和思想政治工作规律，春风化雨、润物无声，将学生的思想引领融入各类创作尝试。工作室定期将热点选题与创新的呈现形式相结合，从而使创作工作形成良性的闭环。例如，工作室推出的《科大青年原创说唱——〈腾飞〉，喊你来与国同梦》，将说唱艺术融入网络产品创作，弘扬正能量，深受学生喜爱。

(四) 网文之上，跨界探索

工作室结合学院设计专业与传媒专业的学科特色，做到艺术文化和思政教育之间的相互渗透，用融合跨界的思维，在做好网络文创作这一主要业务的同时，达到影、音、图、画的多种类、多媒介、多平台矩阵发力效果，助力网络思政出圈，以更符合当代青年视觉、听觉与审美的方式满足新时代大学生自主性、个体化的需求。比如，推出的拜年、防疫表情包和在学校西迁纪念日创作的《陕西科技大学版〈最亲的人〉》，均运用了"传媒+思政教育"的模式，准确把握了新媒体的传播特质，巧妙提高了网络思想政治工作的及时性和新颖性，在寻找更优思政教育的传播途径方面，做出了有益探索。

三、案例育人实效

(一) 击鼓催征，勇于"破圈"

自 2020 年 9 月成立至今，工作室已完成原创内容创作近 50 篇，创作内容被"陕西科技大学""陕科大学工部""团聚陕科大"等校级微信平台转发共 9 次，被省级平台"陕西高校网络思想政治工作中心""三秦青年"转发共 3 次，被国家级平台中国大学生在线转发共 3 次。工作室在各平台公众号推送篇目累计浏览量破 56 万次，其中《陕西科技大学版〈最亲的人〉》被全国高校思想政治工作网、中国大学生在线等多家媒体转载报道，多平台累计阅读量超 2 万人次；推送于中国大学生在线的优质内容《我有什么坏心思呢，不过是一进教室就犯困罢了》单篇阅读量达 7.8 万人次；《以上单词，共有＿＿＿＿个词，存在拼写错误？》单篇阅读量破 10 万人次，本篇内容也是学校近年来首篇官方推送阅读量突破 10 万的网络思政内容产品。

(二) 积极向上，敢于"发问"

工作室成员从学生中来，到学生中去，在完成工作之余，随时随地服务广大学生。一方面，工作室成员倾听并汇聚同学的心声；另一方面，工作室开展积极向上的思想政治教育。总的来说，工作室就是以文风温暖、视角系统、美育浸染的笔触，坚持"主题季+重要时间节点"的内容创作思路，加强与学生的网上互动交流，运用新媒体对学生开展思想引领、学业指导、生活辅导、心理咨询等，帮助学生提高思想政治觉悟，树立正确的人生观、价值观，培养积极进取、乐观向上、厚德载物、自强不息的人生态度，发出"青年之问""中国之问""时代之问"。

(三) 多元回应，善于"引领"

工作室成员作为学生中的意见领袖，都是学生党员、学生干部、社团干部等。以学生骨干为依托涉及领域内有影响力、号召力的骨干分子，他们在经过系统培训之后进行各自的信息交流。例如，作品《你我共开"创"》获得第五届大学生网络文化节动漫类校级一等奖，作品《〈金刚川〉里的勇气、志气和底气》获 2021 年陕西科技大学优秀网络文章二等奖。这些作品的作者也自然成了各自专业学生的意见领袖，同时在现实生活与网络环境中发挥了模范带头作用。

四、案例经验与启示

(一) 强大队伍赋能平台运转

目前，工作室的12名成员覆盖了传媒、设计、理工等不同专业背景，在工作室的工作监督和激励制度的良性运转下，成员之间在进行信息共享的同时，优化资源配置，充分挖掘和整合团队的优势和强项，有力激发了团队的创作力，提升了创作质量。

(二) 优质内容源自美好生活

工作室的创作应围绕学生密切关注的话题展开，要求辅导员打开格局，让网络思政教育乘势而上、顺势而为，既关注学生所见所闻，又关注其所思所想。只有站在学生的视角看世界，站在辅导员的视角想问题，才能创作出与学生共情共鸣的作品，达到网络育人的目的。

(三) 矩阵融合覆盖更多受众

工作室依托学校设计专业与传媒专业的学科特色，做到了艺术文化和思政教育之间的相互渗透，达到了影、音、图、画、文的多种类、多媒介、多平台的矩阵发力效果。目前，工作室探索跨界融合创新，在助力思政网络出圈的同时，产出了部分具有代表性的网络文化成果，覆盖了更多受众，形成了更有生机和活力的网络思政新生态，努力将自身打造成艺术类学生"二十不惑"的网络陪伴教育平台。

理工类学生影音制作实践育人路径探析

谢果　闫明佳

(陕西科技大学)

思想政治工作过不了网络关，就过不了时代关。当前以抖音、快手等短视频平台为代表的影音平台在青年群体中展现出其使用频次高、传播力度强、观念影响深的特点。面对新的变化形势，陕西科技大学主动求变，结合学校理工类学生特点，以影音制作实践育人为路径、以团学工作为载体、以平台发布为激励、以专业人才培育为目的，累计制作影音视频 30 余部，被人民网、校园网等广泛转发，引起师生的较大关注和热议。在视频发布、观影互动中，不断提升学生的成就感，扩大思政育人宣传面，使思想政治工作持续提质增效。

一、案例背景

(一) 网络思政多媒体时代来临，影音作品成为主战场

网络思政是网络社会时代背景下对传统思想政治工作的升级与发展，不仅把思政内容搬到网上，更利用网络传播的互动性、网络内容的丰富性等特性，将思想政治工作从单一灌输式教育转变为双向的互动式培养。当下，音视频正成为青年学生获取信息的主要来源，尤其以轻量化的短视频表现形式最受推崇。

(二) 兼具"观众"和"导演"的双重身份

当代青年对网络技术的掌握非常熟练，在思政教育中，传统的教育者与受教育者的主客体关系日趋复杂。青年更注重表达自己的观点，弹幕文化的兴起为视频赋予了新的生命。伴随手机设备性能的升级和制作软件的普及简化，青年已经不满足于浏览，他们热衷于通过发布音视频作品表达个人观点，寻求他人的认同。

(三) 传统思想政治工作转型和成果化输出的切实需要

影像是还原场景和情感的最好载体，将思政内容视频化，将思想政治工作好的做法、好的经验、好的课程通过网络快速进行大范围传播，能将示范引领的效果最大化，这是思想政治工作成果化的必然要求，是思想政治工作未来发展的必然趋势。

二、案例基本情况

自 2018 年以来，本案例结合陕西科技大学工科学生的特点，以团学工作为载体，设置思政主题；以音视频制作为路径，让学生在工作过程中主动学习、切身体会；以平台发布为激励，提升学生的成就感、扩大思政育人宣传面；以专业人才培育为目的，让网络思政育人落地开花。案例基本思路如图 3-10 所示。

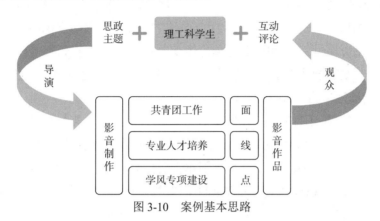

图 3-10　案例基本思路

三、组织实施过程

(一) 组建实力强大、结构合理的工作团队

构建以校电视台骨干 2 人为核心技术力量，院团委、学生会、青团宣传部 7 人为主要工作力量，各班团宣传委员为具体执行者，包含院内各年级、各专业、有梯度、有层次的工作团队。

(二) 重视学习与培训，保障工作顺利开展

(1) 开展骨干队伍的集中学习，确保思想不偏航。定期开展集中理论学习，实时跟进重要讲话、指示、批示，不断增强"四个意识"、坚定"四个自信"、做到"两个维护"。

(2) 开展宣传人员的技术培训，确保技术有保障。首先通过内请导师、外购课程为团队"输真气"。聘请专业导师 1 名，定期授课，增强队伍整体的技术能力，购买 3 门专业课程让核心骨干全体参与系统训练。然后通过招募设艺学院相关专业的学生 3 人参与团队运营持续"修内力"，切实增强自身业务能力。

(三) 紧扣重点与热点，确保内容制作的针对性

每年春秋季，结合思想动态调研工作设计相应问卷，精准把握学生思想状况。紧密围绕学校重点工作和学生关注热点，定期开展选题研讨会，结合学科特点，以"团学面—专业线—学风点"为视频制作体系，全面提高网络思政育人实效。

四、案例育人实效

(一) 充分结合共青团工作,多样化输出音视频成果(团学面)

共青团工作内容丰富,音视频成果转化的切入点多。学校结合全团推进基层建设的契机,以推优入党、入团规范、团课建设、党史学习教育为重点推进网络思想政治工作,产出了一批高质量的音视频成果。推优入党工作开展前,组织一、二年级全体团支书进行示范课程录制,将拍摄制作的流程视频在校内示范推广,将样片报送至团中央并得到了肯定,工作经验作为陕西省首批基层团建示范单位经验中的第一篇进行推广。在团干部能力大赛期间,工作团队拍摄并制作微团课 2 节并于校团委微信公众号进行宣传,因为其制作精良、内容生动得到阅读师生的一致好评。

在社会实践工作开展期间,工作团队紧紧围绕党史,将音视频制作设计为单独的模块,由 8 个团队 24 名学生参与制作 6 个音频、2 节微团课,并且在学院微信公众号进行宣传。在入团积极分子团课期间,安排视频制作实践任务,最终产出 8 个精品视频进行线上展示和线下答辩,43 名积极分子通过视频制作和展示极大地加深了对党团的认识。2020 年初,组织 8 支学生队伍积极参与陕西科技大学第一届网络文化节,指导的《春之花·志愿红——致敬疫情期间青年志愿者》公益广告,获得省级优秀奖、校级一等奖,个人荣获优秀指导教师。

(二) 紧密结合学科特色,项目化开发特色科普视频(专业线)

知识类、科普类短视频是高热度网络产品,学院鼓励将所学的抽象的专业理论与实际生活中遇到的场景相结合,将其转化为更精简、直白易懂的科普内容。在学科顶级科创赛事中,学院指导 1 支团队参与第一届"科拓生物杯"益生菌科普知识竞赛,本科、研究生学生利用脸谱演绎和惊艳特效制作《益生菌的由来与定义》科普短片,获得全国 22 658 次阅览投票,最终助力团队进入全国决赛并获评优秀团队。

学院连续 3 年指导"食品安全中国行"专项活动。实践团队结合食药学科专业特色,制作系列科普视频 10 部,关注量破 500 人次,播放量超 1000 人次,在专业领域引起广泛关注,得到了校内学术骨干团队的技术支持。依托科普视频号,实践团队在全国青年志愿者项目大赛中获得国赛铜奖,工作成效得到《人民日报》《中国食品报》的专题报道,项目团队获得志交会全国铜奖。

(三) 连续开展"食光礼赞"学风影片拍摄活动,精品化打造系列微电影(学风点)

学风建设是大学生成才的重要保证,良好的学风助力毕业生走上社会后的成才和发展,做好学风建设是达成学校"三三三"制人才培养目标的前提。团队结合学校"考研质量数量双提升"的培养目标,自 2018 年以来,连续 3 年拍摄"食光礼赞学风启动仪式"系列微电影,至今已经完成微电影 11 部,包含 14 个单元故事,以及"追忆食光楷模""我心中的干部食光""学习的美好食光""成长的实践食光""三创两迁中的食光"5个模块内容，累计片长65分钟。影片受到广泛好评，引起对于学风建设的热议，最高网络传播数破万，学校将其作为新生教育的重要内容，并作为60周年校庆晚会的暖场影片。

五、案例经验与启示

(一) 团队成员的思想意识需要进一步提升

团队成员的整体思想政治意识有待加强，其对剧本、对话等内容的撰写还停留在就事论事层面，缺少习近平新时代中国特色社会主义思想、社会主义核心价值观的相关内容。团队成员均为工科专业的学生，眼界和思维有一定的局限性，需要进一步通过教育培训清醒地认识到网络时代的利与弊、机遇与挑战，网络的精彩内容来自对现实的敏锐观察和对问题的深入思考。

(二) 视频内容的思政内涵需要持续提升

网络思政现有的视频内容很难在学理性和娱乐性上取得平衡。学生团队制作的视频内容，要么停留在理论层面显得枯燥乏味，要么停留在就事论事层面显得浅薄轻浮。因此，需要补充专业思政力量，如马克思主义学院专业教师、学生等，共同参与内容设计，提升网络思想政治工作的内涵，筑牢立德树人精神基础。

(三) 不断凝练有特色的视频创作技法

团队成员需要从视频主题的多元设计和选取标准、学习生活的素材采集和灵感收集、视频演绎和编剧过程中的多线性叙事等中不断凝练相对固定的创作技法，形成文字材料并进行传承。借用视频拍摄的不同角度、不同方式拓宽学生思路，引导学生从不同角度深刻体悟故事内涵，让制作者也成为受教育的一方，进一步扩大思想政治工作的辐射面。

第四章

新媒体建设

　　2018 年 8 月，习近平总书记在北京召开的全国宣传思想工作会议时强调："我们必须科学认识网络传播规律，提高用网治网水平，使互联网这个最大变量变成事业发展的最大增量。"当前，微博、知乎、贴吧、B 站、小红书等新媒体传播媒介成为大学生获取信息、传播信息的重要渠道，这就要求高校新媒体紧跟时代步伐，主动占领网络阵地，用主流舆论、主流文化、主流价值主导网络空间，不断创作出优秀的新媒体作品，始终与国家发展、民族复兴同呼吸，春风化雨地实现思想引领，推动互联网这个"最大变量"转化为育人效果的"最大增量"。目前，各高校新媒体平台基于官方背景的信任度优势，面向师生提供了权威全面的信息服务，旗帜鲜明地开展思想政治教育，样态的丰富度、师生的覆盖度、内容的呈现度显著提升，营造了良好的育人氛围。本章重点收录了高校创新开展新媒体建设的 8 个典型案例，为更多高校利用新媒体平台开展育人工作提供借鉴和参考。

构建省级高校网络思政工作平台，
助推高校网络思政教育

陶兴旺　张诚　赵晨潇

(陕西科技大学)

作为传播渠道最广、效率最高、效果最优的高维媒介，互联网拓展了思想政治教育视域，为助推高校思想政治教育提供了新机遇。当前，高校网络思想政治工作仍然存在着平台窄化、信息泛化、效果弱化的传播困境。本案例以陕西科技大学承建陕西高校网络思想政治工作平台建设为依托，积极构建多元、多向、多样的思政内容平台，以期聚合优秀思政成果、引导热点话题的舆论导向，进而积极探索提升高校网络思政教育成效的新模式。

一、项目简介

习近平总书记在全国高校思想政治工作会议上指出："要运用新媒体新技术使工作活起来，推动思想政治工作传统优势同信息技术高度融合，增强时代感和吸引力。"互联网技术推动了高校思想政治教育创新，网络思想政治工作在高校也受到了前所未有的重视。但当前网络思想政治教育过程中仍存在一些亟待解决的问题。

(一) 网络次生舆论弱化思想政治教育效果

在自媒体广泛普及的网络空间中，网络次生舆论成为网络自媒体传播的重要内容，并深刻影响着青年一代的价值观念、政治信仰、思维方式等。首先，网络次生舆论容易以情绪化、极端化、个性化、自由化的观点和猜想为主要内容。在网络事件或热点事件发生后，网民们往往随心所欲地表达观点，发表自己对问题的看法。有些网友对事件主人公进行人身攻击，以谩骂式、挖苦式、嘲讽式、威胁式言语对事件发表观点和看法；有些网民则以无端猜想、散布谣言的方式传播网络信息。这些做法给当事人造成了巨大伤害。当代大学生正处于心理不够成熟、价值观尚未完全成熟的阶段，很容易受到各种极端观点、不良文化的负面影响。显然，网络次生舆论给青年学生思政教育带来许多负面影响，长此以往必将影响思政教育的有效性。

(二) 网络思想政治教育遭遇网络圈层化问题

随着网络社交的兴起，微信、微博、抖音、B站等成为网络信息传播的重要平台，网络生活圈层化现象日渐突出。在网络圈层中，人们往往只与价值观相近、兴趣爱好相同、网络生活相近的网友打交道，并且许多网络信息都只在圈内传播，这深刻影响着大学生的思维方式、价值观念等；在网络社交圈层化环境中，大学生的网络生活环境是相对固定、封闭的，他们往往在特定圈子内发表观点、转发评论等。思政教育者难以了解大学生的思想动态、心理倾向、兴趣爱好、思维方式等，只能以"大水漫灌"的方式开展思政教育，弱化了思政教育的精准性，在网络圈层化环境中，思政教育网站、公众号、官方媒体等对大学生的影响力不断减小，很难使大学生在情感上和思想上产生共振。

为了解决当前高校网络思想政治教育中存在的问题，全面提升高校网络思想政治教育成效，陕西科技大学以承建陕西高校网络思想政治工作平台建设为依托，运用数据挖掘等信息技术，积极构建多元、多向、多样的思政内容平台，以期聚合优秀思政成果、引导热点话题的舆论导向，进而在思想政治工作中占据话语权。

二、建设思路

随着互联网的迅猛发展和移动互联网技术的兴起，中国网民的数量和网站数量都在急剧增长，网络的社会影响日趋扩大。门户网站、社交网络、微博、微信每时每刻都在收集和发布信息，用户每天都在决定如何选择信息，尤其是新闻内容。因此，如何设计一个个性化新闻聚合系统，及时动态地将新闻热点、定制内容推送给用户，从而节省用户的搜索时间，成为当前研究的一个热点。本案例主要设计和研究个性化新闻抓取与聚合系统，为用户提供个性化的新闻服务。本案例中的系统主要利用了网络中海量信息抓取、基于 Web 的文本挖掘以及个性化推荐等技术。运用信息技术构建省级高校网络思想政治工作平台主要包括以下几个模块。

(一) 高校思政资讯智能抓取平台

在相关网络平台抓取思想政治工作相关信息并将其汇总、分发、转存至中心资讯平台，完成信息聚合。本案例中的网络平台包括人民网、新华网、光明网等党政主要媒体，《陕西日报》客户端、起点网等省内主流媒体，以及陕西省所有高校的校属微信公众账号、团属微信公众账号等。

(二) 高校思政资讯分类审核推送平台

结合智能信息抓取平台，将已经抓取的结构化网络新闻信息同步至信息分类审核平台，对来自官方媒体的信息实现自动审核，对来自互联网第三方非官方平台的信息实行人工审核。平台可以进行关键字审核、关键语句审核和关键语义审核，有效地提升了信息的准确性，能够实现定点分类、定点推送。

(三) 高校思政资讯融合展示平台

通过构建一套移动端中心资讯展示平台，综合展现全方位、多维度、高时效性的各类校园信息资讯。系统拥有"三端同步"，即电脑端、微信端、App 端，能够有效覆盖学生群体，供学生浏览学习。

(四) 高校思政资讯内容开放平台

构建丰富的咨询内容，对接使用较为广泛的网络平台，打造平台正能量意见领袖，做好思想引领。

通过以上思路，本案例将最终形成一个 B/S(Browser/Server)架构的个性化新闻推荐系统，高校学生可使用移动客户端和 Web 客户端查看新闻推荐的内容。结合该个性化新闻推荐系统，通过构建学生兴趣模型，并通过学习更新兴趣模型，根据学生的浏览历史，发现学生的兴趣变化，为学生精确推荐所关注的新闻，减少学生的浏览时间，以此实现精准化思政内容推送，最终达到精细化思政教育的目的。

三、实施方法和过程

(一) 构建高校思政资讯智能抓取平台

尽管校园信息化建设已取得一定成果，但机构烦冗、资讯分散、偏好失焦等问题依然存在。本案例从以下几个维度探索解决以上问题：一是从高校内部传统信息资讯平台中抓取信息。通过网络爬虫引擎，实时抓取各高校门户网站主页信息，并将其转化为结构化数据，实现对校内职能部门和二级单位等新闻信息的抓取。二是从高校外部的社会主流网络载体中抓取信息。例如，在"两微一端"、抖音、头条等平台中实现按词、按类、全量地抓取，搭建数据模型，高质、高效、高能地审核内容，将正能量、高质量、全方位的内容推送给学生。三是从相关官方主要网络平台中抓取信息，即权威性较高的平台，如教育部等政府相关部门官方平台所发布的信息等，将这些信息抓取、汇总、分发、转存至中心资讯平台，完成信息聚合。

(二) 构建高校思政资讯分类审核推送平台

管理者可在手机终端预先看到智能信息抓取平台获取的信息，阅读后对信息进行标签分类，判断是否可以发布至中心资讯平台，实现信息的精准分类、审核、发布与管理。同时，平台可以对接图书馆，各级管理人员通过对图书馆信息分类进行人工干预，进一步细分电子图书资源，实现电子图书标签多样化，与学生用户群体垂直结合。

(三) 构建高校思政资讯融合展示平台

一方面,信息推送是平台的主要功能。通过构建一套移动端中心资讯展示平台,综合展现全方位、多维度、高时效性的各类校园信息资讯。该平台可以较好地集成易班、微信公众号、校园门户网站等现有的已经广泛覆盖师生群体的载体平台,可实时、精准地获取信息。另一方面,数据分析是平台的重要支撑。系统可以依据用户习惯浏览的内容,建立个人兴趣数据模型;根据模型匹配中心数据库各类信息资讯并进行二次标记,实时反馈给中心数据库,进而实现"人—机—人"双重精准推送闭环,提高思政传播的精度与广度。

(四) 构建高校思政资讯内容开放平台

一是在内容类型上拓展。增加时政专题、校园摄影、校园问答等专题内容,如校园问答,在师生互动过程中,宣传社会主义核心价值观、思政理念等。二是在内容形态上扩展。对接抖音、快手、今日头条等目前在学生群体中使用较广的平台,将学生引流至中心资讯平台。三是打造"微校园"的思政 KOL。KOL 即关键意见领袖,指在校园中影响力较大的教师或学生。KOL 可引导发掘一批思想先进的群体,促使其进行内容传播,做到影响身边人、身边事。具体实现路径如下:一方面通过学生在中心资讯平台中丰富的内容浏览场景建立更加精准的用户画像;另一方面利用核心推荐引擎,将 KOL 创作的内容推送至广大用户,吸引更多用户参与思政教育,增强用户黏着度,构建更为稳固的互动关系。

四、主要成效和经验

(一) 建设现状

该平台自 2019 年 10 月上线以来,以陕西高校思想政治工作中心所依托的陕西科技大学为示范点,开展先行先用。随后,以陕西首批启动易班建设的 36 所高校为主要试点,用户群体覆盖近 10 万学生用户,为学生提供了精准可靠的信息化服务。该平台日均活跃人数超 5000 人,累计服务 200 多万人次,提供信息服务 800 多万次。该平台已成为学校乃至全省高校开展思想政治教育的重要途径。

(二) 未来规划

该平台的"融数据"为教育门户网站提供了优质的数据接口。目前,陕西高校网络思想政治工作中心的"新闻动态""高校联播""思政聚焦"等模块都直接或间接使用了该系统。

(二) 经验推广

自该平台上线至今,近 20 所兄弟院校、12 个省级思想政治工作中心(省易班发展中心)

来校学习交流建设经验，共同探讨网络思政教育的新思路和新方法。

五、改进计划

(一) 加强机制经费保障

提前做好顶层设计，从网络思想政治工作的机制制度建设入手，落实专人负责平台建设和管理，形成监管、监督和考评等系列机制制度，规范工作流程；划拨一定的业务经费，提升软硬件设备质量，为高校开展工作提供有力保障。

(二) 创新管理运行模式

立足实际，组建专门的机构，明确分工与职责；对平台发展的方向和定位进行宏观把控，保证平台健康、科学运行；形成一套完整的运营体系，保证线上和线下顺利运行。

(三) 精选推送的作品内容

平台推送的内容应充分考虑受众的特点，即青年学生的特点；善于用"网言网语"进行宣传，同时将社会主义核心价值体系融入作品内容，达到润物细无声的思政教育目的。

(四) 丰富平台布局架构

应结合学生日常学习生活和社会实践等多个方面进行平台的总体架构设计。

综上所述，构建省级高校思政资讯智能抓取平台、分类审核推送平台、融合展示平台、内容开放平台是顺应新形势的应时之举。学校将持续扩大平台发展空间，精准对接用户群体，生成差异传播、精准传播、科学传播的不同范式，以期助推高校网络思政教育更上新台阶。

构建"两域三级四维"网络思想政治教育新模式

崔澜夕   陈琰

(陕西理工大学)

习近平总书记在全国高校思想政治工作会议上指出:"要运用新媒体新技术使工作活起来,推动思想政治工作传统优势同信息技术高度融合,增强时代感和吸引力。"以学校团委新媒体中心工作实践为例,思想引领是高校共青团工作的基本职能。2017 年共青团中央、教育部印发了《关于加强和改进新形势下高校共青团思想政治工作的意见》,再次强调要始终将加强大学生思想政治引领和价值引领作为高校共青团的核心任务,同时要求高校共青团在"大思政"工作格局中发挥生力军作用,强化网络育人,大力创新推动网络思想政治工作,加强工作阵地平台建设、网络内容产品建设、网络舆论引导工作,落实立德树人根本任务,助力大学生成长成才,为国家培养社会主义合格建设者和可靠接班人贡献组织力量。

一、项目基本情况

新时期的大学生是在互联网环境下成长的一批大学生。把握网络文化的特征,有效发挥网络育人效果,不断提高网络育人水准,是当前加强和改进新形势下高校思想政治工作亟须解决的重点和难点问题。2020 年,陕西理工大学校团委致力于所属新媒体融合建设,将原有陕西理工大学研究生会、陕西理工大学学生会、陕西理工大学团委、陕西理工大学社联、陕西理工大学大学生艺术团 5 个公众号整合为以校团委、校学生会为主要平台的大学生新媒体中心,微信、微博、易班、QQ 空间、抖音各种新媒体平台齐聚发力,打造新媒体矩阵。通过多渠道调研和工作实践,紧扣当代大学生特点,有效利用大学生新媒体中心平台的开放性、共享性、便利性与安全性的网络优势,有效解决一般网络思政平台教育内容吸引力不足、针对性不强、新媒体技术运用落后、新媒体人才断层等现实问题。通过精简栏目、整合队伍等措施,着重建设思想引领、文化活动、学业发展、时事资讯等推送板块,形成团委主打思想教育引领、学生会主打校园活动资讯的内容模式,增设"学四史、明初心、担使命""团委书记讲团课""权益维护周报""一周团学快讯"等栏目,增强网络思想政治引领的精准性和可读性,使新媒体中心立足本位、特色鲜明,实现线上线下联动,增强对青年大学生群体的吸引力,凝聚力有效覆盖,突出共青团网络育人成效。

二、项目主题及思路

陕西理工大学校团委新媒体中心网络思政实践探索以新时代党的宣传思想工作为根本遵循，以共青团工作改革创新为目标，联动课堂内外"两个场域"教育内容，发掘线上线下育人资源，整合协同各项网络育人元素；构建全方位、立体化、多平台的"三全育人"新格局，以强化政治性，构建网络思政课堂；突出示范性，深化网络舆论引导；坚持创新性，打造网络文化精品项目；提升规范性，构建网络工作队伍"四个方面"的实践内容，探索"两域三级四维"的新时代大学生网络思想政治教育新途径，着力提升共青团网络育人工作质量和实效。

三、实施方法与过程

(一)"聚焦一个导向"：拔节育穗——立足思想政治教育导向

打造思想政治教育新板块，明确网络思政教育主目标。大学生新媒体中心深入贯彻习近平总书记在全国高校思想政治工作会议、全国教育大会、全国宣传思想工作会议上的重要讲话精神，始终坚持立德树人这一根本任务，坚持举旗帜、聚民心、育新人、兴文化、展形象，以全员育人、全方位育人、全过程育人的理念为指导，搭建广大师生参与校园文化建设的平台，构建思想政治教育多层次、全方位和立体化的网络育人体系。学习好、宣传好、贯彻好习近平新时代中国特色社会主义思想，习近平青年观，习近平在党史学习教育动员大会、全国脱贫攻坚总结表彰大会上的讲话等最新马克思主义中国化的理论观点。例如，校团委微信平台的"学四史、明初心、担使命""时事风向标"等栏目以青年学生话语体系和喜闻乐见的形式，成为思政融合、理论学研新平台，积极引导青年大学生树立正确的思想价值观，增强"四个意识"、坚定"四个自信"、做到"两个维护"，明确听党话、跟党走的决心。

(二)"贯通两个场域"：双向互动——发挥网络文化阵地优势

实现平台线上线下互动，构建网络思政教育新模式。以解决青年成长成才的实际问题以及与思政教育理论关切相结合的问题为落脚点，贯通课堂内外教育的"两个场域"，实现网络思政与公共课、专业课、实践课同向同行，全方位协同育人。聚合思政教育资源，挖掘育人元素，发挥"三全育人"协同作用，推动思想政治工作从线下一元单项向线上二元双向互动模式的转变。在新冠疫情防控期间，充分发挥网络学习平台的作用，传播志愿防疫、个人防护、居家学习、健康生活等内容，借助云课堂，开展云思政，充分发挥主流网络文化阵地的优势，围绕学生、服务学生、关照学生，引导学生知行合一，做心向祖国、服务大局、服务社会的社会主义好青年。

(三)"加强三级联动":全员育人——构建"大思政"工作格局

构建学校"大思政"工作体系,培育网络思政教育新力量。探索建立包括学生工作部(处)、教务处、校团委、马克思主义学院等单位在内的负责人职责体系,以此形成党委统一领导、校院两级负责、党政群齐抓共管、专兼职队伍紧密结合、全校教职员工通力合作的全员、全程、全方位育人长效机制,构建了全员参与、全过程跟踪、全方位发力的多维立体育人格局。例如,职能领导网上驻院蹲班、思政教师网文引导、博士网上答疑等,发挥微信、微博、易班、QQ空间、抖音 tffu 各种新媒体平台的作用,打造新媒体矩阵,增强全媒体平台的吸引力和影响力。同时,充分发挥班团一体化机制作用,实行"校团委—二级学院团总支—班级团支部"三级联动、有效互补的网络思政教育布网模式,建立思想引领、学业帮扶、心理疏导、生活服务等方面的网络育人体系,积极发挥新媒体学生团队朋辈教育作用和党员示范引领作用,形成自上而下的梯队管理,制定了一套行之有效的运营模式和管理办法,使网络成为师生互动的有效平台,成为观测学生思想动态和心理动态的有力手段。陕西科技大学校团委新媒体中心网络思想政治工作流程如图 4-1 所示。

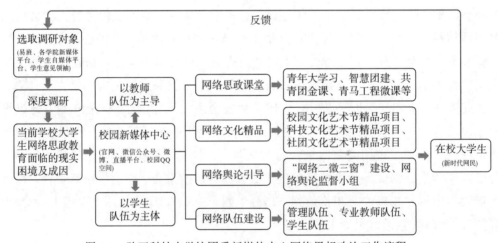

图 4-1 陕西科技大学校团委新媒体中心网络思想政治工作流程

(四)"着力四个维度":创新路径——提升网络思政育人实效

紧扣青年大学生特点,创新网络思政教育路径。从构建网络思政课堂、深化网络舆论引导、打造网络文化精品项目、建强网络工作队伍四个维度入手,着力提升网络思政育人实效;打造师生协同参与的"大学生讲思政课""团委书记讲团课""思想政治教育金课"等网络思政课堂;用大学生喜闻乐见的呈现方式和图、文、影、音全要素综合的融媒体手段,精心打磨网络思政教育内容;坚持正面宣传与舆论引导、风险防范与应急预控相结合,成立以校团委教师和学生干部为主的网络舆情安全小组,引导广大青年学生通过正规渠道表达合理诉求,维护自身正当权益;建立新媒体队伍的学习培训机制,严格每周例会制,并定期开展业务培训,培养采、编、播、报综合媒体实操能力,建设理想信念坚定、专业素质过硬、文化素质扎实的高水平新媒体队伍。

四、工作成效及经验

陕西理工大学校团委新媒体中心以"两域共进、三级并举、四维一体"的工作模式，以强化政治性，立足网络育人导向，突出示范性，优化网络文化品牌，坚持创新性，聚合网络育人力量，提升规范性，净化网络舆论空间为实践内容探索"融媒体+思政"的方法路径，扎实开展共青团网络育人工作。具体成效如下。

(一) 贴近新时代青年，构建共青团新媒体矩阵

2020年，校团委进一步整合和淘汰已有新媒体平台，集中优势力量，重点打造青年学生关注度高、参与面广的媒体平台，整合现有媒体资源，微信、微博、抖音、QQ 空间、网站等新媒体平台齐发力，累计浏览量达 25 万人次。先后推出"青年大学习""时政先锋""理工夜读""红色放映厅"等新兴栏目，全年共计推送 500 余期思想政治教育类作品，开展了网络红歌赛、各类评奖评优网络投票等学生便于参加的活动，实现了对青年大学生群体的吸引凝聚和有效覆盖。其中，我校学生会公众号两次获得全省高校微信公众号影响力排行榜第一名。同时，充分利用智慧团建、融媒体矩阵建设等平台，着力打造思想过硬、理论知识扎实、技能娴熟的网络宣传队伍。

(二) 结合时代特色，打造网络文化活动新品牌

陕西理工大学校团委新媒体中心时刻关注学生的真实需求，量身设计推送内容精准服务学生，提高学生的关注度与参与度。积极开展高雅艺术进校园和系列群众性文体活动，为充分发挥第二课堂育人功效，积极营造健康、向上、高雅的网络文化氛围，组织开展了以"小我融入大我·青春献给祖国"为主题的校园文化艺术节暨网络文化艺术节，举办形式新颖、内容丰富多彩，范围涵盖文艺、体育、科普等的 27 项活动，参与人数达 30 000人次，在活动中涌现出先进个人 60 名，获奖人数 500 余人。其中，在疫情防控期间，开展"抗疫"网络文化作品展播活动，摄影、音频、视频等形式作品浏览量 10 余万次，用好的作品感召人心，凝聚力量。

(三) 维护网络生态，畅通学生问题反映渠道

坚持正面宣传与舆论引导、风险防范与应急预控相结合，成立以校团委教师和学生干部为主的网络舆情安全小组，引导广大青年大学生通过正常渠道表达合理诉求，维护学生正当权益。通过设立权益接待日、开通权益心语信箱，积极开展意见建议收集反馈、失物招领、信件发放等工作，为学生生活提供方便。2020年，累计推送权益周刊 18 期、调查问卷 5 份，得到了广大青年学生的好评。同时，以新媒体干部为主的网络信息员队伍，从网络舆

情引导入手，检测舆情上百余次，及时上报、解决学生关心的问题，准确把握学生思想动态，进行线上线下沟通，保证群体性事件早预防、早发现、早研判、早控制。

（四）凝聚师生力量，培育网络文明新青年

积极响应国家、省市网络文明、网络安全建设等号召，组织各年级学生积极参与网络安全公开课学习并完成相应课时打卡，全校参与率达 99.8%。组织开展"提升网络素养 共享校园网络文明""网络文明树新风 网络安全靠大家"等主题班团日活动，培养大学生"不跟风、不信谣、不传谣"的网络文明素养和理性思辨能力。发布"节约粮食、光盘行动"文明用餐倡议书，利用线上 H5 签名和线下宣讲形式教育引导青年学生，2 万余名师生主动参与到维护网络文明、塑造校园新风的行动中来。同时，结合传统节假日，发布志愿服务集结信息，在广大青年学生中弘扬雷锋精神和奉献、友爱、互助、进步的志愿者精神，大力培育和践行社会主义核心价值观，彰显当代青年大学生的责任和担当。

五、案例启示

（一）学思践悟，引领思想价值

网络思想政治教育要紧跟时代发展步伐，服务国家发展大局，不忘立德树人之初心，牢记教育强国之使命，为党和国家培养可靠、可信、可为的社会主义事业建设者和接班人。网络思想政治教育要遵循思想政治工作规律，遵循教书育人规律，遵循学生成长规律，做到因事而化、因时而进、因势而新，帮助青年学生"扣好人生第一颗扣子"，用习近平新时代中国特色社会主义思想武装青年学生头脑，使青年学生在学思践悟中坚定理想信念、厚植家国情怀、牢记使命担当，让网络思想政治教育的内容打动人、方法吸引人、效果感染人。

（二）师生联动，注重育人实效

面对新形势、新要求，高校要充分发挥网络育人功能，运用好新媒体、新技术、新手段、新平台，正视网络对师生的影响，主动适应网络的发展要求，发挥好高校全员育人的积极作用，利用网络交互优势，促进师生紧密联系，扩大师生互动交流板块，主动面向大学生广开言路，进而准确把握大学生的思想动态，形成校际、师生群体之间的良性互动，使网络教育的主客体共享共建，畅通沟通交流、答疑解惑渠道，最终实现师生从"键对键"到"心连心"，提高网络育人的成效。

（三）对准需求，优化内容供给

既贴近学生思想实际又围绕学生切实所需，这是推动高校思想政治工作改革创新的基础。网络育人工作必须契合学生需求，丰富青年话语体系，用最前沿的网络育人载体和最鲜

活的育人方式，以学生喜闻乐见的形式开展思想政治教育，增强时代性、针对性，提升亲和力。以社会主义核心价值观为引领，打造一批政治性、传播性、复制性强的校园文化精品项目，充分发挥学生的自主性和创造性，以学生的身边人和身边事为教育内容创作素材，以情感人、以理服人，以内容优势、表现形式、参与方式、互动模式吸引师生，用有创意、接地气的文化艺术表现形式传播文明、引领风尚，浸润青年学生心灵，陶冶青年学生情操。

(四) 严守阵地，提升网络素养

互联网已经成为舆论斗争的主战场，互联网安全直接关系我国意识形态安全。把握新媒体的特点和优势，守住网络宣传阵地，建好用好管好校园网络媒体，发挥网络育人作用，加强网络道德建设，切实把网上舆论工作作为重中之重，积极营造风清气正的网络空间，及时清理校园网络可能出现的不良信息，严密防范和抑制网络意识形态渗透，为学生形成正确的世界观、人生观和价值观营造良好的网络育人环境，增强高校网络文化的传播力、引导力、影响力、凝聚力和公信力。

六、改进计划

(一) 加强领导，强化管理，打造品牌

对标"十四五"规划对高等教育的要求，以服务共青团改革发展为目标，加强顶层设计，完善制度建设，建立一套制度严密、管理弹性、氛围活跃的网络育人工作机制和管理办法。规划融媒体中心部室架构，打破固有专业主导划分小组模式，成立以兴趣为主导的文案、摄影、视频、运营小组，落实内容板块制作责任到人制度，构建一个具有吸引力、感染力、影响力的网络思政融媒体平台，提高网络育人实效。

(二) 提升技能，建强队伍，培养人才

结合新时代宣传媒体人培养要求，夯实队伍，突出特色，吸纳学校、企业专业教师入校培训，以"专业人指导专业事"，促进学生媒体队伍的专业化发展，提升学生的媒体运用、舆情处理、业务实操能力，建设融媒体中心师生队伍，形成学生"大一乐于学习，大二勇于实践，大三善于钻研，大四强于技能"的良好局面，以期培养政治强、情怀深、思维新、自律严、人格正的新媒体人才，助力学生成长发展。

(三) 注重调研，建立合作，学研结合

新媒体中心发展要紧跟互联网发展趋势，追踪学生思想动态，注重学生需求调研。通过问卷调查、网上座谈、问题反馈等方式建立"发现问题—分析问题—更新设计—效果反馈—完善升级"的创新机制。学研结合，在工作中研究，在研究中工作，用专业所学和技能知识研讨、解决新时代大学生网络思政教育问题，充分发挥融媒体中心在青年学生思想政治引

领、综合素质提升、创新意识培养等方面的作用。同时，积极寻求与高校、企业、社会有影响力的主流媒体合作的机会，激发创新发展活力，打造影响力大、宣传力强、辐射面广的发展型媒体平台。

文以载道，网润无声

李友治

(陕西工业职业技术学院)

习近平总书记在全国高校思想政治工作会议上指出："要运用新媒体新技术使工作活起来，推动思想政治工作传统优势同信息技术高度融合，增强时代感和吸引力。"如今的大学生是伴随着鼠标和键盘成长的一代，他们热衷于通过互联网获取信息、开展学习，也对网上"点赞""吐槽"乐此不疲，互联网的"双刃剑"效应日趋凸显。因此，"网络思政"在当前尤为重要，也是新时代高校思想政治工作的新阵地。

一、案例基本情况

以"陕西工院友治之声"微信公众号为例，平台以"互联网立德树人"为出发点，坚持以"关爱学生身心发展、陪伴学生成长成才"为宗旨，以打造有温度的网络思想政治教育平台为目标，以实现"互联网+思想引领""互联网+管理服务""互联网+能力提升"三大功能为着力点，不断完善功能、丰富内涵、挖掘资源，逐渐形成"点对面、面化点，点对点、点成面"的网络互动机制，实现互联互通，变被动为主动，同心同向，变"独动"为"联动"，提升网络育人实效，着力在"无时不有、无处不在"的网络世界中建立"时时可得、处处可及"的育人生态。

二、组织实施过程

坚持与时俱进、立德树人，以培育践行社会主义核心价值观为落脚点，立足学生实际，结合时代特点，积极拓展思想政治工作载体，充分发挥微信公众号在思想政治工作中的积极作用和影响力。

(一) 调整思路，拓展渠道，借助载体开展工作

习近平总书记在全国高校思想政治工作会议上指出，做好高校思想政治工作，要因事而化、因时而进、因势而新。面对具有新特点的学生群体，思想政治工作必须调整工作思路，结合学生特点创新工作方法，善于借力发力。微信公众号"陕西工院友治之声"的创建旨在通过推送专题网文加强对学生的政治领导、思想引导、情感疏导、学习辅导、行为教导、就业指导。

（二）聚焦问题，靶向输出，针对问题发出声音

坚持"聚焦问题、靶向输出"的思路，围绕学生关注的重点、热点和难点问题，重点打造具有广泛共鸣的原创鲜活内容，注重贴近学生生活实际，敏锐把握一些倾向性、群体性问题，进行有效舆论引导。截至目前，"陕西工院友治之声"微信公众号聚焦学生相关问题推送原创文章 86 篇，主题包括思想政治教育各个层面，共计近 10 万字。对于学生干部培养有《加入学生会到底能享受哪种福利》《如果遇见学生会干部……》，对于心理辅导有《心情不好的时候怎么办？》《真的爱自己就不要忽视心理健康！》，对于挫折教育有《现实不会理会你的脆弱！》《换一个角度看问题便少一些烦恼！》，等等。

（三）质量优先，有"回"必应，构建效果保障机制

为进一步发挥"陕西工院友治之声"微信公众号在网络育人中的作用，平台团队始终坚持质量优先原则，重点把控主题网文推送质量，力争做到标题新颖、内容充实。例如，针对学生宿舍问题和晚自习问题，推送了《听老司机给你说，宿舍里的那些"潜规则"》《让你上晚自习的背后"阴谋"》等能够吸引学生的标题网文。同时，平台团队充分利用微信公众号后台留言功能，对学生的后台留言基本做到有"回"必应。通过这种方式，可以收集很多难以通过常规途径了解的学生的相关问题和信息。

三、案例育人成效

（一）社会认可度较高

"陕西工院友治之声"微信公众号累计发表主题教育原创文章共 86 篇，多篇网文被全国高校思想政治工作网、中国大学生在线、高校辅导员在线、高校辅导员网络培训中心、高校辅导员网络学院等国家级媒体转载。在由中国大学生在线、高校辅导员网络培训中心联合开展的高校"十大育人"网络作品征集活动中，《从五个方面浅谈与学生的沟通之道》《谈心谈话高效进行的"三部曲"》这 2 篇原创网文分别荣获 2018 年度高校"十大育人"网络作品征集活动二等奖和三等奖。

（二）传播范围广泛

"陕西工院友治之声"微信公众号的创建得到了学院领导的高度肯定，也受到了诸多其他高校相关部门的广泛关注。截至目前，该微信公众号多篇原创网文被河南交通职业技术学院、宁夏建筑学院、上海师范大学天华学院、滁州学院生物与食品工程学院、长治医学院第二临床学院、宁夏警官职业学院、伊春职业学院、新疆科技学院、长春金融高等专科学校会计学院等 30 余所高校相关部门官微转载分享。

（三）师生反馈良好

"陕西工院友治之声"微信公众号自运营以来，根据不同的时间节点和学生关注的热点问题以及学生存在的问题，撰写了各种主题网文。关于励志教育的有《每个人都会经历一段独自摸索的时光》，关于新生入学的有《告新生书，请记住走进大学的初衷》等，这些网文都受到学院师生的广泛关注和转发，截至目前 86 篇原创网文累计阅读量达 2 万次以上。2019 年 5 月，微信公众号运营负责人受高校辅导员网络培训中心官微编辑邀请，以"做好学生工作从良好的沟通开始"为主题进行了直播，截至目前观看人数 1.3 万余人，很多学生反馈从相关推文中受到了积极的启发。

四、案例经验与启示

（一）顺势而为，创新工作载体

青年学生是微信公众号非常活跃的用户之一，这一特点要求思想政治工作者注重发挥微信公众号在网络育人中的重要作用。"陕西工院友治之声"微信公众号互动性、可持续性更强，一对多传播，便于分享，可随时随地提供信息和服务等优势，完全可以运用于思想政治工作，可以充分发挥其政治领导、思想引导、情感疏导、学习辅导、行为教导、就业指导等方面的积极作用。此外，其在创新思想政治工作途径的同时，对思想政治工作者工作效能的提升也具有积极的作用。

（二）精准供给，形成联动效应

把微信公众号打造成网络育人载体的关键在于建立"围绕学生、关照学生、服务学生"的学生导向创作机制，坚持微信公众平台作品的选题及相关推送从学生中来、到学生中去，以学生喜闻乐见的方式或者角度阐释学生所思所想，潜移默化地培养学生正确的"三观"，促进学生积极关注并广泛宣传，发挥学生影响学生的作用，从而形成联动效应。

（三）主动发声，加强价值引领

结合学生普遍存在的问题和微信公众号后台留言，了解学生需求，收集相关信息，根据学生喜好和需求，推送"对口味"的网络文化作品，并通过相关征集、互动活动等了解学生对热点事件的看法，关注舆情走向，坚持正向引导。同时，对需要注意的事项和关键节点，如网络素养、思想政治教育、校纪校规教育、宿舍安全卫生、校园贷等都可以通过微信公众号推文等进行价值引导。

五、改进计划

(一) 注重学习借鉴，提升载体育人效能

不断总结利用微信公众号进行网络育人的经验及不足，增强创新意识，加强运营团队建设，多参加专题培训和学习，交流学习网络育人的先进经验和技巧，因时因势而为，不断创新，切实提升微信公众号平台的引导力、传播力、影响力和育人能力。

(二) 坚持内涵建设，提高载体关注热度

重视策划，打造精品，坚持"内容为王""思想为王"，挖掘更加丰富的原创内容，努力推送学生喜闻乐见的原创精品，不断吸引学生自觉关注微信公众号，自觉学习和了解相关推送内容，从而对学生起到正确的引领和导向作用，实现全员育人、全过程育人、全方位育人的先进网络育人格局。

(三) 发挥团队优势，做强网络育人平台

以日常学生管理中的实际问题为导向，加强团队建设，吸收更多思政教师共同参与，注重集群工作、集体发声、合力育人。在此基础上，博采众长，对内容形式进行不断创新，采用视频、音频等多种新的、学生喜闻乐见的形式开展学生管理工作，不断做强网络育人平台，实现共建、共享的目标，并在后期准备凭借这一微信公众号平台申报辅导员工作室。

"公读共听"微信公众号网络思政教育工作案例

刘　楠

(西安建筑科技大学)

当今时代是全球互联网化的时代,"互联网+"作为互联网发展创新下的新业态,是知识社会创新推动下的互联网形态演进及其催生的经济社会发展新形态。本工作案例以"互联网+阅读"的形式,用声音传递正能量,致力于打造有态度、有厚度、有温度的网络文化育人体系。

一、项目主题和思路

做好高校思想政治工作,加强高校意识形态阵地建设,是一项战略工程、固本工程、铸魂工程。"00 后"成长于全新的互联网时代,已逐渐成为高校的主要组成部分,这就要求高校思想政治工作内涵更加丰富,网络思政教育的先进性、针对性与有效性更加深刻,创建契合新时代学风建设总要求、当代大学生喜闻乐见、符合大学生网络文化影响尺度的网络思政教育势在必行。沃尔夫冈·韦尔施在其《重构美学》中指出:"迄至今日的主要被视觉所主导的文化,正在转化成为听觉文化;这是……势所必然的。"目前,"互联网+阅读"已经成为大学生阅读的新方式,特别是读书方式从看纸质书本转变为听有声读物,读书在大学生的学习生活中无处不在。因此,微信公众号所具有的系统易操作、大学生喜爱、功能丰富等特点,已使其具备开展高校网络思政教育的条件。综合以上特点,基于全环境育人理念,以西安建筑科技大学公共管理学院学科特色为基础、以培育和弘扬社会主义核心价值观为主旨、以有声阅读为主题、以通过声音传递正能量为途径的网络思想政治教育微信公众"公读共听"号应运而生。

二、实施方法和过程

(一) 阵地建设创新

目前,高校网络思政宣传阵地主要包括校园官网、官方微信公众号、官方微博等,多以"文字+图片"形式呈现,少有以声音为主要载体的方式开展网络思政宣传教育。与此同时,在各高校书香校园的建设中,少有将读书落细落实到每一个学生的,忽视了学生个体参与读书活动的实效性。另外,现有有声阅读微信公众号大都为营利性质,充斥着不符合大学生成长成才的广告，大学生极易因辨别力与金钱观薄弱而产生不合理消费甚至被骗。有调查显示，现有情感咨询类文章是有声读物的微信公众号中阅读最多的类型，同质化现象明显，不仅浪费时间，而且内容上缺乏正能量。"公读共听"微信公众号基于立德树人根本任务，以读书为出发点，以大学生关注的内容和喜爱的方式培育和弘扬社会主义核心价值观，准确把握学生思想动态，创新网络思政教育方式，构建高校网络思政教育新阵地。

(二) 工作路径创新

根据学风建设新要求，阅读成为应有之义。在有声阅读 App 占据更大市场的前提下，买书听成为新的阅读模式，一定程度上降低了暂无经济来源大学生的读书热情。将有声读物借助微信公众号推出，其特点是不仅听书免费、时间灵活，只需要流量即可满足，且因无须下载 App 而减少了中间流程，自然而然地可将读书渗透到生活的方方面面，充分利用并填充大学生的碎片化时间。校园广播虽是高校思想政治工作的重要阵地，并开通了微信公众号，但是由于受播放时间、时长与途径的限制，难以确保内容传递的有效性，且其微信公众号很少将声音作为主要内容。"公读共听"微信公众号不仅听的时间与内容更灵活，而且学生参与面更广，强化了学生的主体性，成为社会主义核心价值观内化于心、外化于行的路径之一。与此同时，"公读共听"微信公众号不仅可以作为思想政治工作的阵地，还可以作为加强毕业校友与在校生、兄弟院校与在校生、在校生与在校生之间沟通交流的平台。例如，校友在"公读共听"微信公众号发表自己的原创有声内容，以"过来人"身份与在校生"云"交流；其他院校、学院、专业学生陆续加入"公读共听"团队，发挥自身优势……平台的搭建、阵地的坚守，成为开展思政教育的重要渠道。

(三) 网络思政创新

纷繁复杂的网络信息需要大学生在课堂之外花费更多的时间与精力辨别，因此"公读共听"微信公众号兼具资源整合的功能。特别地，"公读共听"微信公众号以激发大学生自我教育潜能作为网络思政教育创新发展的原动力。"公读共听"微信公众号未设立加学分的奖励机制，净化学生参加"公读共听"微信公众号的动机，充分调动与体现学生的参与感，每一篇推文均是学生自己朗读与制作，不仅让学生在大学期间主动锻炼并掌握了一项热门技能，且每一篇推文均可供大众使用，实现资源共享，不断积淀校园有声资源，丰富校园文化。

三、成效与应用探索

(一) 内容构成

"公读共听"微信公众号以"配乐音频+暖色图片+文字"的模式呈现，符合大学生主流审美。用户在打开初始页面后就可以看到并点击音频内容，将声音元素最大化；通过暖色图片的穿插，视觉效果上提高了用户好感度；搭配音频内容的文字版，方便收藏保存。目前，"公读共听"微信公众号共设计了有宣传语的三个栏目："书声""声夜食堂""时光胶囊"。具体运作方式如下。

1. 书声

宣传语：用声音温暖你。"书声"栏目的主要内容为大学生共读一本书，将停留在小时候朗诵课文时的稚嫩声音延长，提醒大学生有声阅读其实也可以陪伴自己一生。让声音隔离网络世界过多的喧嚣与嘈杂，让大学生用自己的声音体悟自己喜爱的书本。"书声"栏目会通过前期向大学生征集"影响自己最深刻、想再读一次的一本书"，由学生自主报名参加某一本书的阅读，根据每本书的核心思想精心挑选阅读配乐。目前完成的共读书目包括《追风筝的人》《解忧杂货店》《皮囊》《好吗好的》《人间最美是清欢》等，每本书平均有 30 人次作为朗读者完成，提高了学生的参与率，学生在参与过程中用自己的声音传递琅琅书声，拓展了学生展示自己风采的平台。"书声"栏目下设三个子栏目："书声""报名链接""战'疫'活动投稿"。"书声"子栏目可以帮助学生快速地找到自己喜爱的已发布的有声书籍。在自媒体环境下，用户既是内容的接收者，更是内容的生产者和发布者。报名链接的设置，可以有效地将用户主动转化为有声读物的制作者与参与者，进而不断地产生原创内容，扩大朗读者范围、增加朗者人数。同时，为了弘扬社会正能量，培育网络新青年，迎合当下热点问题开通了"战'疫'活动投稿"渠道，让大学生用自己的声音表达新时代的责任与担当，见证自己的青春岁月，主动发声。

2. 声夜食堂

宣传语：饿了吗？来一碗小确幸。结合青年人当下最关注的成长内容，"声夜食堂"栏目会不定期地发送问答征集。例如，高考前夕发布"高考期间发生过什么事至今令你印象深刻？"问答，制作了《声夜食堂　年少不惧岁月长》；父亲节前发布"最想对爸爸说的话"问答，制作了《声夜食堂　我的盖世英雄》；基于大学生在情感最为丰富的人生阶段的心理特点，发布"浮世三千，喜爱有千万种，那你的是哪种？"问答，从亲情、友情、爱情方面表达内心喜爱，制作了《声夜食堂　少年与爱永不老去》等。问答形式为由主播朗读，让大学生的参与感更加真实，记录大学生青年时代的观点与美好，达到以教师为主体转换为以学生为主体的强化高校主流思想舆论的效果。

3. 时光胶囊

宣传语：万家灯火与群星，人间值得有一刻。"时光胶囊"的初心是记录时光流逝中的声音，对话多年后的自己，用声音寄存现在的生活，见证在校大学生的成长。"公读共听"是一个可以让全体大学生参与的微信公众号，不仅可以传递正能量，传播当下的热点新闻，而且可以使大学生热爱阅读，帮助大学生记录生活、记录成长，使大学生获得热爱生命、热爱生活的感触。同时，"公读共听"微信公众号以声音传递正能量的方式一定程度上适用于各类网络思想政治工作领域。

（二）组织结构

根据"公读共听"微信公众号内容组成与高校大学生在校期间的学习特点，采取扁平化管理模式以提高工作效率，即笔者作为指导教师，学生工作人员按照每日的课程安排量分为周一组到周五组，每组设置一名组长作为整体统筹，每组分为主播组、文字编辑组、推送制作组、音频对接组，形成矩阵型扁平化管理组织结构。每一次推送由指导教师审核把关，加强网络宣传思想阵地管理，从而将每天的推送制作流水化、责任个体化。

四、改进计划

（一）完善线上交流，增加线下交流

目前，"公读共听"微信公众号线上交流方法仅局限于"公读共听"小管家QQ小助手，作为给"公读共听"文字投稿的唯一渠道，方式过于单一，且中间程序较多，会导致部分大学生放弃加入或参与，从而错失网络思想政治教育的机会。同时，应在丰富、精简线上交流的基础上，加强线下交流。线下读书活动既是对朗读的回归，也是知识交流的过程，更具有仪式感，在仪式中朗读者共同完成对内容的再创作，增强凝聚力与归属感，提高用户对平台的黏着度，将新时代优良学风建设的新内涵融入其中，使网络思想政治教育及价值引领与现实中的思政教育相结合，实现无缝对接与相互转化，提高思想政治教育的力量，不断壮大高校主流思想舆论。

（二）主播匹配读物，强化内容再造

现有朗读者的选择并没有根据读物的中心思想进行匹配。无论是传统的朗读还是现代的有声电台，受众很容易受其影响，声音的抑扬顿挫、快慢缓急是对文本材料的再加工。因此，应合理配备各种类型读物的主播，提升公众号运作的专业度，最大限度地发挥声音的魅力，强化对阅读内容的再造。

（三）丰富节目类型，壮大主流思想

现阶段有声读物的内容设计均过于被动，如"声夜食堂""时光胶囊"等若无学生主动投稿运作就会停滞，"书声"栏目在运作一段时间后，学生会进入疲乏期。因此，应该将被动尽快转变为主动，丰富节目类型，如推出广播剧，让学生愿意在碎片化时间里打开"公读共听"微信公众号，接收更多高质量的内容，从而在网络层面壮大校园主流思想。

做有温度的校园新媒体平台

薛超飞　柳雨

(西安培华学院)

西安培华学院用新媒体之"新"融入师生，用新媒体之"媒"彰显师生风采，用新媒体之"体"打造新媒体矩阵，传播正能量，繁荣校园文化，为学校发展提供有力的媒体支持和保障，打造有温度的校园新媒体平台，以人为本，彰显师生风采、繁荣校园文化建设。

随着现代科技的飞速发展，以互联网为代表的新媒体深刻地改变着人们的生活方式、思维方式和价值取向，尤其在当代大学生中产生了广泛的影响。为此，西安培华学院(以下简称"培华")在 2013 年先后开通官方微博"西安培华学院"，官方微信平台西安培华学院(服务号)、培华讯(订阅号)、培华抖音号、培华头条号、培华快手号等 20 余个自媒体账号，集思想性、知识性、教育性、趣味性、服务性于一体，采用生动活泼、简洁明快的形式，及时发布学校信息，成为广大师生、校友和社会各界了解学校与关注学校的重要平台，从而成为展示学校形象、加强对外交流与沟通的重要窗口。

一、工作目标与思路

《中国互联网络发展状况统计报告》显示，中国网络使用人群正在不断年轻化，而大学生则始终占据主导地位。这就表明网络对于大学生的思想引导很重要。因此，充分发挥网络文化育人的功能，正确引导大学生形成积极向上的生活态度，通过网络繁荣高校校园文化，丰富学生文化生活成为高校新媒体宣传的重中之重。

近年来，培华紧跟时代发展潮流，充分把握网络文化建设的主导权，提高网络文化建设的针对性和实效性，建立长效机制，以人为本，充分发挥网络新媒体作用，构建健康向上的校园网络文化。利用微博发布学校各类通知公告等，快速进行消息传播；定期开展培华互动话题讨论，了解学生思想动态以及学习生活需求，及时进行引导；将学校部分功能性端口搬上微信公众平台，使学生可以快速通过微信满足自己的需求。不定期开展各类线上线下活动，吸引学生广泛参与，使学生在参与活动的同时，学到更多的知识，这既繁荣了校园文化，又丰富了学生的课余文化生活，让学生的身心得到全面发展，形成了线上(网络)思想引导，线下(课堂)文化教育的格局。同时，积极推送与学生息息相关的信息，充分调动学生的积极性和主动性，激发了学生的参与热情，达到了信息畅通、师生互动、资源共享的目的，实现了全员育人、全程育人、全方位育人。

二、措施与方法

(一) 技术为王，占得先机——打造以新媒体技术为媒介的互动式宣传阵地

在校园文化建设中，新媒体发挥着积极作用，正确引导广大学子，首先就要建立一支专业、高效的管理团队。2015 年 9 月，新媒体工作室成立，这支队伍由学校各专业的学生组成，与广大学生保持紧密联系，24 小时通过微博、微信的后台，扮演客服角色，利用网络交流的非面对面性，倾听学生心底的真实声音，帮助学生解决学习生活中的实际问题。同时，引领学生定期参加各类新媒体培训，通过学习新媒体应用技术，提升学校新媒体建设的整体水平，加强信息和舆论监管，从源头抓起，杜绝新媒体中消极、不良信息的传播。

(二) 海纳百川，有容乃大——建设以新媒体技术为媒介的资源共享平台

作为微信公众号平台，无论是培华还是培华讯，都可实现查课表、查成绩、发布通知等功能，促进了资源整合和资源共享，让学生更为快捷地获取自己想要的信息。同时，内容更加全面，报道学校各个方面如 "什么样的课堂才是好课堂" 等内容，从教师、学生等不同的角度报道教学，从而调动学生上课的积极性和参与性，最终引发学生感情上的共鸣，给学生带来心智上的启迪。

(三) 线上活动，活跃文化——打造学校的精品活动

如今，各种工作和活动都提倡网络化，网络已经成为各种工作和活动中一个约定俗成、不可或缺的环节和系统，信息的流通、品牌的宣传、后期的监督问责都离不开新媒体技术的支持，新媒体是校园文化构建的先决条件和前提。培华重大活动，如招生季、校园之春文化节、毕业季、招聘会等活动通过视频、图片、文字等内容不断在各类新媒体平台上进行推广宣传，让更多人参与其中，推广的范围更广，受众更容易接受。同时，新媒体宣传改变了以往拉横幅、发传单及人力宣传的方式，让宣传更加环保，也更加高效。

(四) 正确定位，强化引导和服务功能——凸显新媒体的承载和桥梁作用

在中国共产党建党日通过问卷调查、有奖问答等形式，利用新媒体宣传党的思想，开展 "我为社会主义核心价值观代言" ""两学一做' 图片详解" 等活动，引导师生向党组织靠拢。通过新媒体平台，发布正能量信息，如报道学子奋发进取、教师兢兢业业工作等信息，从思想上引导师生积极向上。培华讯微信公众平台先后增加点歌台、二手交易市场、四六级成绩查询、快递收取等多个服务功能，以人性化服务受到师生的广泛赞誉。

(五) 整合资源，优化新媒体管理——推进校园文化建设

2015 年 9 月，根据学校文件规定，校内各部门使用的新媒体账号须备案登记，加强新媒体发布内容的监管。2016 年上半年，新媒体工作室发起建立培华新媒体圈，使校内各新

媒体之间实现互动、交流、资源共享、活动互推，力求各尽其能，设计不同层次、不同角度的栏目对培华大事小事进行特色报道，充分发挥先进人物、先进事迹的引导作用和激励作用，从而为培华的文化建设提供正确的思想指引和价值导向，建设健康文明、和谐有序的校园文化。

（六）线上互动，线下福利——增加用户与新媒体的黏性

在信息爆炸时代，学生更喜欢在网络上进行互动。比如，中秋节进行线上推广活动，免费给学生发月饼，体现对学生的人文关怀，也拉近了学生与新媒体平台的距离；在大学生绿植领养活动中，线上进行环保宣传，线下领取绿植，让学生参与到环保活动中；儿童节，通过小时候的游戏和零食让学生重返童年，找到快乐。各类线上互动与线下福利活动，让学生感受到一个真实的新媒体，增加了对新媒体的黏性。

（七）以人为本，"悦"得人心——挖掘师生喜闻乐见的信息素材

培华以人为本，新媒体发布的内容更加贴近学生，将传统的内容变得更加有娱乐性。比如发布图书馆 24 小时开放的通知，培华讯微信公众平台将通知内容做成生动的图片，吸引学生纷纷转发，信息传播速度更为快速。不定期推送学生的各类创意，展示学生的作品成果；把"培华的春天穿在身上""二次元培华""杯中培华"等创意消息深受师生喜爱。培华微博、微信平台均开通评论功能，可以实现信息的互动和交流，使得用户对于同一信息有了发表意见和获取认同的有效渠道与平台，这充分体现出平台的价值，也是人本思想的具体体现。同时，信息发布更为及时，对于校园重大活动，微博适时更新，微信当天推送内容，让受众更加快速地获取信息，并进行传播，对活跃校园文化具有巨大的推动作用和影响力。

三、工作成果与时效

培华通过网络新媒体的作用，从思想上引导师生积极向上，让师生充分感受到学校的人性化服务，促进学生身心全面发展。

"多数时候我们获得的信息都来自学校的官方微博或微信，它比辅导员传播得还要快速""学校官微定期开展各类有意思的活动，像我这种宅男都喜欢参加，而且会有各种福利发放，我们学生很喜欢"，在官微的满意度调查中，很多学生发出这样的感慨。学生从学校新媒体中感受到了学校的人性化服务，也从新媒体的各类活动及推送内容中树立了正确的人生观、价值观。

通过几年的努力，培华不断发挥新媒体的作用，推动校园文化的发展，并获得了许多荣誉：2016 年，荣登腾讯新媒体"西部明星榜"，荣获共青团陕西省委宣传部微博校园颁发的最具潜力高校新媒体奖，荣获陕西省教育厅颁发的陕西高校新媒体运营十佳奖，荣获

华商网授予的"陕西自媒体传播新典范"称号；2017 年，荣获陕西省教育厅颁发的陕西高校微信运营优秀奖；2018 年，荣获新浪微博校园授予的"新媒体优秀团队"称号；2019 年，荣获陕西省委教育工委颁发的新媒体运营优秀奖；2020 年，荣获陕西省委教育工委颁发的新媒体运营卓越奖，荣获新浪颁发的创新发展奖，新媒体策划、挖掘的新闻多次登上微博热搜。荣誉再多也只代表过去的成绩，而作为网络新媒体，培华新媒体要做的是不断传递正能量信息，引导师生积极向上，更好地服务师生，繁荣校园文化。

培华新媒体把弘扬社会主义核心价值观作为引领新媒体文化的发展方向，引导大学生积极向上。培华新媒体吸引着学生家长、社会媒体以及师生的普遍关注，对于学校热点事件，家长及社会人士在留言区进行评论，这是对学生思想再教育的体现，从而达到社会、家庭、学校对学生进行全员教育的目标。培华新媒体使大学生在参与各类活动的过程中受到深刻的教育，注重引导网络文化健康发展，利用网络、手机等媒体，提高大学生的热情和参与度，引导大学生寻找主流文化与自身理想和日常生活的契合点，把大学生真正吸引到大学文化建设的环境中来，从而达到全程育人和全方位育人的目标。在校园文化的构建中，培华新媒体树立平等意识、平等角度和观念，熟悉青年学生话语模式和语言习惯，善于迎合青年学生的爱好和思维，改变生硬刻板的校园文化内容，加入喜闻乐见的文化内容，强化文字吸引力，同时综合利用图片、视频等宣传元素，建立各类校园媒体的网络版，开拓校园信息传播的手机平台，使学生更加便捷地了解校园信息和活动，形成校园文化的共鸣和影响，从而成为大学校园文化建设不可或缺的力量。今后，培华新媒体将继续发挥育人功能，不断丰富校园文化建设，做有温度的校园媒体平台。

利用高校微信公众号，加强大学生思想政治教育

王英瑛　陈骁　王宁

(陕西交通职业技术学院)

习近平总书记在全国高校思想政治工作会议上强调："要运用新媒体新技术使工作活起来，推动思想政治工作传统优势同信息技术高度融合，增强时代感和吸引力。"陕西交通职业技术学院轨道交通学院紧扣铸魂育人主线，着眼新媒体效应，利用微信公众号的信息瞬时传播性、传播形式多元化、灵活互动等特点，积极利用网络阵地把思政元素日常化、生活化地融入校园生活，增强网络思政教育吸引力和影响力。

一、加强团队建设，吸引学生参与

通过高校微信公众号开展大学生思想政治教育的一项重要内容就是引导大学生自我管理，培育大学生自主选择、独立判断的能力。高校微信公众号管理运行团队应以学院辅导员、思政教师为指导教师，坚持以学生为主体，日常运作均由学生自主完成，指导教师负责审核把关。负责微信平台运作的学生进行校内校外采稿、选稿、用稿，使选题、推送内容贴近学生实际需求，符合青年学生实际，将热点时政、中华民族传统风俗、学生关心的问题及时有效地发布，充分调动和发挥大学生的自主性和积极性，因此提升了学生自我教育、自我管理、自我服务的能力。

二、贴近服务学生，传递校园正能量

微信公众号把理想信念教育放在首位，深入学习贯彻习近平新时代中国特色社会主义思想主题教育，大力宣传党的历史、中华优秀传统文化、革命文化和社会主义先进文化，弘扬社会主义主旋律，用青年学生喜闻乐见的方式讲述他们身边的好故事，提高影响力、感召力。微信公众号包括"学院指南""红色印记"和"青春剪影"三大板块，内容生动活泼，形式灵活多样，图文音影并茂，版式编排充分考虑学生的阅读习惯，通过积极正面的良性互动扩大影响力。

(一)"学院指南"

"学院指南"开设四个专题：

(1)"教务系统"，对接学生教学相关工作，及时为学生提供反馈渠道，便于学生了解

最新的教学动态。

(2) "学院简介"，主要发布"爱我交院"等内容，包括学院简介、学生风采展示、专升本和就业等方面的信息。

(3) "校园一角"，主要是学生用镜头实时记录下的校园四季变化的景色、不同时期学生的热门活动与学生风采的展示等。

(4) "联系我们"，给学生提供交流和展示风采的渠道，便于沟通交流。

(二)"红色印记"

"红色印记"开设五个专题：

(1) "知青岁月"。这个专题的主要形式是诵读，始于学习《习近平七年知青岁月》，旨在促进学生读原著、学原文、悟原理，在青年时期树立远大理想，能够做到心中有信仰、脚下有力量。目前为止，学院的党员教师和学生诵读的有 33 期内容，深受学生喜爱。

(2) "每周一学"。这个专题是进行思想政治教育的理论宣讲部分，分为两部分内容："党规党纪"和"时政"。2021 年已经发布 18 期内容。为了加强宣传效果，这个专题同时发布在陕西交通职业技术学院轨道学院官网的"党建工作"中。"每周一学"在两个网络平台同时发布，扩大了影响力，而且学习内容具有较强的时效性，使学生受益匪浅。

(3) "党建工作"。这个专题主要是及时发布轨道交通学院党总支、2 个教工党支部和 2 个学生党支部的相关党建工作和热点时政新闻。

(4) "团建工作"。这个专题主要是及时发布轨道交通学院的相关团建工作，有团会、大学生团体辅导、学生会精彩纷呈的活动等。

(5) "党员学习"。这个专题主要是按照党总支的年度学习计划、要求和学生党员学习安排内容，及时传递学习内容，供教职工和学生党员学习。

(三)"青春剪影"

"青春剪影"开设两个专题：

(1) "招聘信息"，这个专题主要是及时发布各类校内外招聘信息，也提供一些应聘知识和技巧。

(2) "岁月之交"，"交"取意为陕西交通职业技术学院，这个专题旨在在传递信息的过程中展示学院学生的风采。比如，在新冠疫情期间，展示了抗疫的一系列活动，深深鼓舞了学院师生。

三、工作探索和特色

(一) 学生自我管理

根据当代大学生的新特点，微信公众号让学生进行自我发掘和自我管理，使学生在教师的带领下，用自己最关心的视角和方式方法去挖掘和表达，达到学生引导、感染、带动学生的目的，既提高了学生的政治素养，又锻炼了学生的组织协调能力，更契合了学生学情，提高了教育实效。

（二）信息及时快捷

微信公众号不仅可以极大地调度和整合资源，而且可以以最快的速度传达信息。比如，文艺部、魔术社团、轮滑社、创新创业协会、心理部等部门的各项活动风采，都可以第一时间通过微信公众号进行传播，学生也可以第一时间知道并参与其中，共享荣誉感，增强凝聚力。

（三）学生积极参与

微信公众号的运转需要很多学生参与。只要学生愿意，团队都会提供机会。比如，某学生因失恋而萎靡不振，辅导员就建议他参与"知青岁月"的诵读活动，几期节目后，该同学转移了注意力，受作品内容的感染，整个人的状态也好起来了。团队还建议辅导员将近期需要鼓励的学生推荐过来，可以让其参与稿件的创作、编辑、拍摄等，这些都对消极的学生产生了积极的影响。

（四）网络文明养成

微信公众号上的正面风采和能力展示让学生备受鼓舞，从而产生正向作用，不仅有利于创新网络思想政治工作、提升学生网络素养、推进网络文明教育，更有助于利用网络开展学生工作、网络文化建设，营造清朗网络空间。

（五）形成良好团队

在微信公众号的运营中，学生不仅提升了能力，而且被肯定后会更加努力，更会带动宿舍和班级的同学参与进来。在这种良性循环下，微信公众号的潜能会被挖掘出来，微信公众号的运营会越来越好，学生的反馈也会越来越好。

（六）具有可复制性

微信公众号的运作具有非常强的可复制性，已形成一定的典型性经验，如"每日一学"专题，有固定工作平台、可靠条件、长效工作机制和明显育人实效，可示范、可复制、可推广。

四、改进计划

习近平总书记在全国高校思想政治工作会议上指出，做好高校思想政治工作，要因事而化、因时而进、因势而新。围绕高校立德树人的目标，对加强高校意识形态阵地建设，开展微信平台的运作具有重要意义。为了切实把网络舆论引导作为思想政治工作的重中之重，推动广大高校师生成为清朗网络空间构建的一支重要力量，引导高校网络文化健康发展，下一步将在以下几方面继续加强：

(一) 丰富宣传形式

通过更加丰富的音频、视频等方式，围绕文明养成、信念养成开展网上思想政治教育，努力将微信公众号打造成学院开展学生思想政治工作的重要阵地，使思想政治工作从现实走向网络，以贴近青年学生的新阵地、新方法潜移默化地观察和引导学生的思想动态。继续加强和兄弟院校的合作，坚持从走出去到引进来，将好的经验做法传递出去，同时学习其他公众号运营的宝贵经验，做到相互补充，共同成长。

(二) 扩充公众号内容

内容是公众号得以发展的重中之重。微信公众号采取点对点的推送方式。如果推送内容不吸引人或过于雷同，被取消关注的概率就会很高；如果推送内容不贴近学生的实际生活，即便学生关注，也不会浏览所推送的内容，从而起不到教育作用。因此，必须对所选主题进行深加工，确保传播信息的品质，增加可读性。高校学子身在校园，心系天下事，处在身心逐渐成熟的关键时期，具有强烈的好奇心和探索欲。及时了解学生的真实思想动态能够让学生获得更多被尊重和认可的机会，要贴近学生、服务学生，又能够对其进行思想政治教育，就必须依托公众号的内容支撑。杜威在《道德教育原理》中提道："所需要的信仰不能硬灌进去，所需要的态度不能粘贴上去。"选择高校微信公众号作为新形势下加强思想政治教育的工具，让高校思想政治教育更好地做到"入眼、入脑、入心"，内容选取必须经过深思熟虑。

(三) 增强思想政治教育导向性

我国已经步入"十四五"时期，21世纪中叶将达到现代化强国水平，那么为社会主义现代化建设培养优秀可靠的建设者和接班人就显得尤为重要。虽然公众号运营需要学生自我管理，但是审核把控最终必须依靠教师。微信公众号要紧密结合党中央文件精神，围绕立德树人的根本任务，从学院工作实际出发，遵循大学生心理和品德发展的一般规律，发挥隐性教育和文化育人的功能，强化思想引领、加强文化建设、完善多元服务，营造良好的网络环境和文化氛围，引导大学生成长成才。

创意互交型网络思想政治教育模式的探索与实践

张诚　邓萌

(陕西科技大学)

2022 年 8 月 31 日，中国互联网络信息中心(CNNIC)发布第 50 次《中国互联网络发展状况统计报告》。报告显示，截至 2022 年 6 月，我国网民规模为 10.51 亿。数据表明，现代社会已进入一个与网络高度融合、同步发展的时代。当代大学生都是互联网时代的原住民，他们接受信息速度快、范围广，停留在网络世界的时间长。网络信息技术已经融入学生生活娱乐、教育学习、生活服务等方面，已成为大学生各种活动的重要载体。显然传统的思想政治教育手段已经无法完全触及当代学生的日常思政教育，这就要求思想政治工作者运用全新的手段、全新的教育平台来实现思政教育的目的。

一、项目介绍

当代青年学生主体意识强烈，不喜欢被灌输说教，崇尚、追求自我展现。针对这一特点，创新网络思想政治教育必须秉承开放、共建、共享的理念，把学生作为建设主体，探索形成一套充分发挥大学生首创精神的创新驱动机制。

当前，网络思政教育处在信息瞬息万变的环境下，一定要重视教育思想的与时俱进和创新性，只有与社会的发展步伐保持一致，才能促进学生的健康发展，实现思政教育的目的。网络思政教育需要用全新的角度看待社会现象，用创新的方式解说党的政策方针。将思政教育与网络技术创新结合在一起，这样的方式能够收获更好的教育效果。

二、项目思路

互动式思政云平台通过创意互交型应用设计开发，将思想政治工作传统优势同信息技术高度融合，最终形成集价值观引领、新生适应教育、生涯教育、学风建设、毕业生离校教育等于一体的创意互交型学习专区，让思政教育"活起来""动起来"，让学生在互交中得启发，在沉浸中受教育。同时，该平台能够抓取优质的思政教育资源，根据资源类型进行分类，再通过推荐算法推送学生感兴趣、对学生成长有帮助的思政内容，以及有益于学生发展的资源，以期提升学生思政教育的成效。

(一) 让思政教育形式"活起来"

传播速度快、信息量大、知识范围广是互联网教育最显著的特点。在互联网教育背景下，教育者不受时间和位置限制，可以随时随地开展思政教育。传统的思想政治教育表现形式较为单一，内容繁杂，略显枯燥，同时，耳提面命的授课方式让学生失去了学习兴趣。陈宝生指出，要把握新形势下思想政治教育关联性、互动性强的特点，推进思想政治工作与互联网的有机融合，从"指尖"直抵"心间"，形成网上网下育人合力。通过互动式思政云平台开展思政教育，能够将书本内容立体化展现，通过长图、视频、H5、游戏等形式展现给学生，让学生能够以自身最容易接受的方式接收优质的思政教育资源。

互联网具有大量丰富且形式多样的信息资源，学生可根据自己的实际需求来收集所需要的资料，根据自己薄弱的部分做到查漏补缺，从而取得较好的学习效果。因此，大学生网络思政教育平台的运用，有效地拓宽了知识获取的渠道，丰富了学生的学习资源。

(二) 让思政教育内容有意思

传统的思想政治教育教学模式以说教式、灌输式为主，学生被动接受思政教育，获得感不强，长此以往，学生慢慢失去了学习思想政治的主动性。而互联网技术与传统思政教育相结合，有效地打破了传统思政教育的模式，让思政教育变得更有意思。同时，互联网技术赋能传统思政教育，让思政教育可以随时随地进行，学生只需在合适的时机打开思政云平台，就可以接受潜移默化的教育，成为思政教育的主体，培养良好的自主学习意识，让思政教育更直接、更高效。

(三) 让思政教育信息更丰富

该平台非教育信息的制造者，而是将优质的思政资源通过技术手段进行整合再投放。目前，该平台可在后台获取所有微信公众号的优质文章，并进行本地存储，通过算法进行二次分发，让互联网的优质资源源源不断地进入思政云平台，进而达到思政育人的目的。

目前，该平台已经上线 30 多个专题案例，涵盖爱国教育、荣校教育、传统文化教育等类别。该平台将传统的思想政治教育立体化、实例化、对象化，用更多的形式创造出更受学生喜爱的网络文化教育作品。该平台自上线以来，学习用户数已有 10 万余人，平台总点击量达 40 万人次。

三、实施方法

该平台在建设初期充分考虑如何运用新媒体新技术强化网上意识形态阵地建设工作的凝聚力和引领力，如何让高校网络思想政治工作"活起来""动起来""萌起来"，提升思政教育的感召力和影响力。

（一）建设内容

就目前而言，该平台内容分为三部分：一是爱党爱国的红色教育，二是爱校荣校的价值教育，三是经常更新的日常思政教育。通过这三部分内容，达到传播先进文化思想，传播马克思列宁主义、毛泽东思想、邓小平理论、"三个代表"重要思想、科学发展观和习近平新时代中国特色社会主义思想，树立科学之风，崇尚科学真理，弘扬爱国精神，引领正确的价值观念和理想信念的目的。

（二）表现形式

该平台主要有长图、短视频、H5 页面、思政游戏等表现形式，做到了内容与形式相统一。思政教育内容注重原创和新颖，整体呈现覆盖面广、学生关注度高、文章阅读量大等特点。

（三）创新实践

为了增强系统的可用性，该平台还把互联网上其他的热门形式，如支付宝能量种树、早起打卡，微信的漂流瓶、摇一摇等应用程序改头换面，与思政教育相融合，把商业互联网场景融入思政教育，建设形式活、内容新、信息全的思政教育微平台。

该平台分为易班 App 端、微信公众号端、抖音端，从产出平台和表现形式等方面进行了充分考虑，通过"键对键"的新型工作方式，紧紧跟随学生脚步，努力实现"学生在哪里，思想政治工作就做到哪里"。

四、实施过程

（一）工作机制

为保证思政云平台正常运营，陕西科技大学专门成立了"奇点"网络文化工作室，用于平台的运行和推广。目前，该工作室已经成立了文章编写组、信息收集组、信息处理组、技术维护组、美学设计组等。其中，文章编写组主要负责推送计划和内容撰写，按照平台的审核要求完成文章审核和发布工作，并且根据时事热点开发具有特色的思想政治教育资源；信息收集组通过收集网络上优质的思政教育资源，并将其整合到平台上，让优质的思政教育资源发挥教育作用；信息处理组主要负责将信息收集组收集的信息进行二次处理，通过形式的转化，用最合适的形式来展现思政教育资源；技术维护组主要负责思政云平台的设计和维护，优化平台的使用效果，保证平台的高效、稳定运行，同时负责大多数 H5页面的设计制作；美学设计组主要负责图文信息的编辑排版，以及协助信息处理组进行原创图片设计、短视频创作等工作。

（二）完善制度保障

为保证思政云平台稳定、有序、高效地运行，"奇点"网络文化工作室建立了完善的保障制度。工作室制定了《工作室管理考核办法》，涉及考勤、例会、评优等方面，让工作室运行得更加规范。在经费保障方面，学校在网络思政教育方面有专门的经费单独用于工作室的建设运行，基本满足了工作室日常服务器租赁费用的支出。

（三）规范工作职责

在工作职责方面，思政云平台对人员岗位职责进行了明确划分，并形成了有效的制度文件，以制度规范工作职责、规范人员职权。

（四）强化绩效考核

在绩效考核方面，"奇点"网络文化工作室根据学校资助金额，按照岗位人员所付出的时间精力、承受的压力、工作状况综合评价其工作数量和质量，确定考核等级，每月按照工作考核等级给予其不同的补助和奖励，以调动其工作积极性。

五、主要成效

思政云平台自 2019 年 10 月建设完成以来，产出优质的思政教育成果近 20 余篇。

（一）爱国爱党内容产出

爱党爱国内容有《2035，建设成这样的国家！》《中国 2020 人民至上铭记国殇，为 30 万无辜灵魂擦去泪水》《聚焦·学习十九届五中全会精神》《一图读懂丨月球的土能干吗？》《疯狂猜城市》《我为祖国升国旗》《青春表白我的国》《澳门回归 20 周年》《祝福澳门》等作品。

（二）爱校荣校内容产出

爱校荣校内容有《陕西科技大学 2020 新年贺词》《北国飘雪——最爱陕西科技大学》《港片格式的陕西科技大学》《诗情画意陕西科技大学》等作品。

（三）日常思政内容产出

日常思政内容有《我为宿舍贴春联》《新型冠状病毒知识问答》《谣言粉碎机》《电信诈骗套路多 真假骗局要识得》《天气变凉！谨防流行性感冒》《不带食物进教室的七条理由》《福老鼠闹新春》等作品，其中《新型冠状病毒知识问答》的全网转发量超 35 万人次。

六、改进计划

(一) 建设现状

在学校的大力支持之下，思政云平台从 2020 年运行至今，取得了一定的成绩，受到了学生的喜爱，在思想政治教育方面，对学生产生了潜移默化的影响。

(二) 后续思考

全国各个高校的学生管理方式方法不尽相同，思政教育方面的载体可能也不同，但是无论用什么样的平台，用什么样的教育模式，最终的目的都是以学生为中心，服务学生。同时，平台建设不是与学校的中心工作相割裂的，而是要围绕中心、服务中心，贴近学生所关注的热点和需求，始终要以优质的内容和丰富的资源来满足学生多元化的教育需求。

"网上重走长征路"互动学习平台
在网络思政教育中的应用实践

张诚　邓萌

(陕西科技大学)

在过去相当长一段时期，高校在传播长征精神方面取得了很大成效，但仍存在局限性。传统教学模式强调理论灌输，在思政教育工作中存在照本宣科现象，难以激发学生的兴趣，难以入脑入心，育人效果不尽如人意。此外，长征精神相关的书籍侧重学术研究或历史描绘，受众较少，当代大学生对长征的历史脉络了解更是少之又少。

随着科学技术的不断进步，网络已经成为无人不往的一片区域，将传统思政教育的优势同高度发展的信息技术相结合，可以达到思政育人的目的。本实践课题的主要内容就是构建传播长征精神的新媒体环境，充分利用新媒体传播长征精神，提高长征精神教育的针对性和实效性。

一、项目主题

80 多年前，中国工农红军为实现民族解放、人民幸福的崇高理想，毅然开始了全程两万五千里、历时两年的长途行军，书写了人类历史上的伟大史诗，铸就了不朽的长征文化。长征文化作为中国共产党的宝贵财富，不仅继承了中华民族的传统美德，而且随着时代的发展，不断被赋予新内涵，具有鲜明的时代特征。如今，长征虽然已经过去，但长征文化经过岁月的洗礼，依然历久弥新，散发着迷人魅力。与此同时，长征文化也因其厚重的历史底蕴和多样化的表现形式，成为高校尤其是革命老区高校开展大学生理想信念教育的宝贵资源。大学生作为民族的脊梁，是社会主义事业的建设者、接力者和后备军。大学生是否具有坚定而科学的理想信念，关系到国家的未来和民族的希望，关系到中国特色社会主义事业的长远发展，关系到中国梦的实现。大学生理想信念教育一直我国思想政治教育的核心内容，现阶段如何运用长征文化，提升思想政治教育的成效已成为一个常论常新的话题。

二、项目意义

长征精神是中国红色文化的典范，蕴含着坚定信念、实事求是、无所畏惧、精诚团结、甘于奉献等精神，将其融入中国特色社会主义高校建设，有助于当代大学生克服在不同程度上存在的理想信念缺失、价值观扭曲和理论素养缺乏等现象，树立坚定的理想信念，提升理论素养，增强"四个自信"。

此外，拥有丰富时代内涵的长征精神本是当代高校思想政治教育的重要内容。将长征精神深度融入当代高校思想政治工作，有利于长征精神在青年学生中的传承与发扬，有利于增强高校思想政治工作的针对性和亲和力，同时有利于创新高校思想政治工作的方法和形式，实现高校思想政治工作的目标。将长征精神融入高校思想政治工作的具体路径就是用长征精神充实优化思政教育内容，创新教育平台，抓好载体建设，利用网络技术学习红色精神。

三、项目思路

由教育部组织开展的"网上重走长征路"暨推动"四史"学习教育全国启动仪式在中央红军长征集结出发地江西省赣州市于都县举行。教育部党组成员、副部长翁铁慧出席活动并讲话。会议指出，此次"网上重走长征路"暨推动"四史"学习教育是坚定理想信念的铸魂之举、传承革命精神的培根之举、守正创新育人的实践之举。此次教育活动既沿着红军长征时期途径的省区前进，又以一对一"结对子"的方式携手其他省区并行，通过实地参观革命遗址、分站接龙竞答等方式，把育人小课堂与社会大课堂联动起来，引导全国高校师生同走长征之路、共上思政大课。学史明理，联通理论与实践，打造一批实景式、沉浸式、情境式课程，引导学生在具象教学中深化思想感悟。知史砺行，贯通历史与现实，大力培育师生致敬先贤、争做先进、扎根基层、建功立业的意识，引导师生把自己的理想和人生同国家民族的命运紧密联系在一起。明史布道，打通线上和线下，切实把线下的育人资源与线上的工作平台深度融合，把线上的技术优势与线下的传统做法相结合，全域营造浓厚的教育氛围。

会议要求，迅速掀起学习热潮，加强整体设计，力求协同推进，不断优化方案，共同上好"网上重走长征路"这堂行走的育人大课；加强资源挖掘，力求精彩荟萃，把红色资源挖掘与学习贯彻习近平总书记重要讲话精神和重要指示批示精神紧密结合，把校史资源挖掘同"四史"学习教育紧密结合，把实践资源的挖掘同落实立德树人根本任务紧密结合；加强成果展示，力求深入人心，采用动漫、说唱、微课、短视频等多种形式，持续创作一批体现"四史"特色的优秀网络文化作品。

为认真贯彻会议精神，创作一批优质的网络文化作品，陕西科技大学学生在指导教师的带领下，紧扣"网上重走长征路"的主题，开展实践活动，通过线上布景、VR 呈现、移动端展示等形式，践行"网上重走长征路"的要求。

(一) 创作方面

将红军长征的历史事件以图文、视频的形式展示给学生，利用互动式闯关地图，将红军长征中遇到的重大事件"关卡"化,让学生通过闯关的形式,完成一系列长征内容的学习。在互动闯关的过程中,学生学习长征历史、感受长征精神。在新媒体环境下传播长征精神有利于提升长征精神传播的实效性、增强高校学生理想信念教育的针对性,让高校学生广泛了解、接受并自觉践行长征精神,从而提升高校思想政治教育的成效。

(二)创作思路

通过对长征历史背景和整个历程的梳理,以及对往年长征相关报道的研究分析,以融媒体形态进行差异化表达,创新推出"网上重走长征路",让学生在网上身临其境地重走长征路,重温长征的艰难,弘扬长征精神。

关卡式设计、游戏式模式寓教于乐,让学生在指尖的互动中感受长征的不易。将长征的重要事件设置为网上的关卡,每个关卡都有"学习""体验""闯关"三大主题。只有这三个小关卡都通过了,学生对该重要事件了解了、熟知了,才能进入下一关卡的学习。同时,每个关卡都有不同的奖励积分,通过积分可以兑换有关红军长征的小文创。

(三)创新之处

1. 设计清晰,极具互动参与感

传统的思政教育对长征的介绍都是以点的形式进行,知识上没有系统性呈现,长征的历史脉络不清晰,学生容易混淆长征中重大事件的发生时间。

该作品巧妙使用地图,把长征中的各个重要地点、会议、战役进行了连接,让学生在学习过程中明确主线,同时,前后关卡呼应,让学生对事件的前因和后果有较为深刻的理解。该作品除了丰富的内容展示外,在"漫游长征路"模块中还设置了趣味性问答环节,让学生在互动中沿着红军长征的路线,了解红军在各地的动人故事,大大增强了长征精神的传播效果。

2. 设计感强,融媒形态丰富

该作品可以让学生一目了然地了解长征路线全貌,通过关卡式设计连接长征沿途各点,以高德(拟定,后面会根据三大地图提供商的地图样式来选择)卫星地图呈现长征过程中不同地区的地形特点。此外,该作品还整合文字、图片、视频、声音等多种媒体形式,借助其中一种或多种进行传播,带给学生身临其境的浏览体验,增强传播的故事性。

该作品全程融入互动、问答、视频、VR 影视剪辑等,让学生产生代入感,跟随漫游路线,感受长征强烈的历史感和红色精神。

四、实施方法

通过制作 Web 软件"网上重走长征路",该系统能接入微信、易班、校园门户等学生触手可及的场景。每个关卡都通过文字、图片、视频、声音等多种媒体形式对长征的重大

事件进行介绍。若条件成熟，还可以通过 VR 的形式来展示长征的有关场景，让学生获得沉浸式体验。

五、实施过程

(一) 资料收集，故事线归纳

在各大网站、论坛收集有关长征的历史资料，包括文字、图片、音频、视频等资料，并将资料按照不同时期、不同事件进行细分，梳理出红军长征的主要历史脉络。此外，联系在长征方面有研究的学者、专家进行审阅、校正。

(二) 软件设计，开发运维

根据前期收集的资料上进行软件的 UI(user interface，用户界面)设计、数据库设计并编写代码。

(三) 软件测试上线

编写完代码，即可进入测试上线阶段。首先在学院进行内部测试，测试完成后进入学校进行公开测试，在保证没有任何知识点错误和系统 bug(程序漏洞)后，开始上线预运行。

六、主要成效

该作品已于 2021 年 9 月上线，页面设计感强，融媒形态丰富。打开作品即可一目了然地了解长征路线全貌，通过点击长征路途点，即可进入不同城市或红色景点的学习。每个城市都设置了 VR 参观、经典革命电影学习、音频资料讲解、视频资料讲解等学习内容，让学生产生代入感，沿着长征路线，感受长征强烈的历史感和红色精神。

该作品模块设计清晰，极具互动参与感。除了丰富的内容展示外，在长征路模块中还设置了趣味性问答环节，让学生在互动中沿着红军长征的路线，了解红军在各地的动人故事，大大增强了长征精神的传播效果。

该作品多终端适配、多终端优化。PC 端产品全面、详细，以特效呈现，同时，根据移动端特点，对页面进行了优化处理，使得移动端阅读流畅。

该作品从设计到建立共耗时 1 个多月，制作成员结合专业特长，设计平台、设计界面、编写代码、系统调试，每一个环节都精益求精，力求用新技术、新媒体真实地还原长征史料，让广大青年学生通过平台的学习知史、爱史。该作品最终获得全国易班技术创新大赛一等奖。

（一）作品成效

该作品将红军长征的历史事件以图文、视频的形式展示给学生，利用互动式闯关地图，将红军长征中遇到的重大事件"关卡"化，让学生通过闯关的形式，完成一系列长征内容的学习。

（二）教育成效

软件自上线以来，已经有近万人使用，学生反馈良好，暂无技术上的问题。特别地，学生对 VR 参观模块有着浓厚的兴趣，身临其境地感受到长征之难、红军之艰。在互动闯关中，学生学习长征历史、感受长征精神。在新媒体环境下传播长征精神有利于提升长征精神传播实效性，增强高校学生理想信念教育的针对性，让高校学生广泛了解、接受并自觉践行长征精神，从而提升高校思想政治教育的成效。

七、改进计划

（一）不足之处

(1) 虽然该作品已经设计完成，但是系统的稳定性和可用性还需进一步加强和改进。

(2) 系统资源仍然偏少，资源的质量仍然不高，虽有互动性模块，但不够深入。

(3) 学生使用率和闯关的激励性仍然不足。

（二）后续发展

(1) 在学院层面，继续推进"网上重走长征路"平台的建设工作，进一步提升视频资料、影视资料的质量。

(2) 推出一系列交互式模块，利用 VR、AR 技术，重现长征路上的动人故事。

(3) 在答题闯关环节中，添加更多互动组件，激励学生多学多看，以此进一步提升网络思政教育的成效。

网络日常管理与服务

2016 年 4 月，习近平总书记在网络安全和信息化工作座谈会上的讲话中强调："让互联网成为我们同群众交流沟通的新平台，成为了解群众、贴近群众、为群众排忧解难的新途径，成为发扬人民民主、接受人民监督的新渠道。"伴随着云计算、物联网、大数据、人工智能等新兴技术的迅猛发展，教育领域信息化建设的不断推进，高校的日常管理服务模式发生了巨大的转变，智慧化校园建设逐步普及，在节约了人力、物力、财力的同时，也使高校的管理服务更加的方便、快捷、科学。促进新媒体、新技术在大学生日常管理服务中的深度应用，成为高校育人工作中的一项重要内容。目前，各高校通过将互联网信息技术融入高校的日常管理、教育、服务等各个方面，增强了思想政治工作的针对性和实效性，推动显性教育与隐性教育有机结合，实现了育人于行。本章重点收录了高校创新开展网络心理健康教育、网络资助育人等方面的 6 个典型案例，为更多高校开展网络日常管理与服务提供参考。

为"心"赋能、抗"疫"助学

网络心理健康教育工作案例

李凯乐

(陕西科技大学)

教育部印发的《高校思想政治工作质量提升工程实施纲要》中指出，心理育人是十大育人体系之一，担负着新时代高校心理健康教育的新使命。新冠疫情期间，学生的生活、学习受到极大影响，存在焦虑、学习动力不足等心理问题。为此，陕西科技大学轻工科学与工程学院开展为"心"赋能，抗"疫"助学系列心理健康教育活动，以期培养学生乐观积极的心理品质。

一、案例思路

随着当下"网抑云"的泛滥，以往以守护亚健康学生身心健康为主线的学生心理健康教育工作越来越跟不上社会发展步伐。因此，陕西科技大学轻工科学与工程学院形成"日常关注—动态反馈—特色活动—自我成长"的工作思路，不断优化"五级网络"团队建设，建立"倾心梦工厂"微信公众号、易班"树洞"等"云"互动通道，精心策划线上线下特色心理活动，多层次开展心理健康支持、引领工作，在疫情时期培养学生乐观积极的心理品质。为"心"赋能、抗"疫"助学案例思路如图5-1所示。

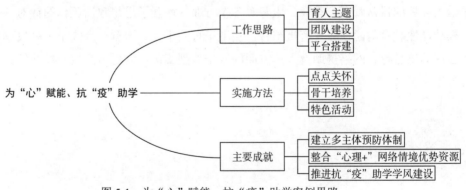

图5-1 为"心"赋能、抗"疫"助学案例思路

二、实施与过程

（一）线上多面援助，点点连接，关怀不断线

"解忧杂货铺"心理育人工作室成立以来，在疫情期间利用易班平台及时启动网络心理咨询服务，多点援助，变担心为关心，为有需要咨询的学生提供心理支持和帮助。结合学生日常情况与心理数据，分层分类进行线上点对点连接，有效解决学生居家期间就业、学业、人际关系等引发的个体问题 300 余例，进一步培育学生理性平和的健康心态。积极关注疫情严重地区学生身心状况与生活状况，通过线上沟通和推送的方式发送"心理能量包"，传递关怀。疫情后及时开展返校学生心理摸排与谈心谈话，录制"心情调适"主题心理课程，利用易班优课、快搭向学生推广，确保学生及时调整心理状态，恢复校园正常学习生活。

（二）转换工作网格，团队协作，提升不断线

学生心理骨干作为"五级网络"模式的枢纽，对学生心理健康教育工作起着至关重要的作用。依托学院学生心理工作组织"倾心"工作室，赋能学生骨干，年均线上线下开展学生骨干培训 7 次，如"倾心成长计划"学生心理干部专业技能学习，宿舍长、班级心理委员心理知识普及，心理协会骨干、班级心理委员疫情心理危机干预培训，"抗击疫情安心行动"网络培训课程、《陕西高校疫情防控班心委指导手册》学习，"倾心为你·一起成长"班级心理委员心理微课大赛。疫情期间，班级心理委员主动召开"居家抗疫·心理调适"线上主题班会，学生心理骨干服务能力迅速提升，为普及心理健康知识和营造班级良好氛围发挥了积极作用。同时，学院班级心理委员微课作品《拯救那些力所不能及的无力感》获得省级金杯奖的好成绩，还有 2 项班级心理委员微课作品获得校级第一名、校级优秀奖，一名同学获得省级"千名好舍友"的荣誉称号。

（三）推进特色活动，全员参与，互动不断线

学院为缓解疫情防控期间学生长期居家的学习压力，举办了"共战疫情、'疫'同成长"线上读书打卡活动，累计打卡 1000 余人，帮助学生培养攻坚克难、积极学习、自律自强的良好心态。在 3 月 25 日—5 月 25 日心理季开展"纸短情长·送给疫区医护人员的三行情书"、"善爱我"生命主题教育征文、"我爱我·最美的自己"笑脸图片征集等活动，组织 700 余名学生参加"倾心护航"心理知识竞赛，推选选手获得校级三等奖 1 项、优秀奖 2 项。返校后开展沉浸式实践体验活动，如"自我察觉·与你相伴"人际关系沙盘团辅、"规划自我·创想未来"职业生涯规划大赛、"三行情书·献礼百年""后疫情时代"心理健康教育讲座、"携手共进、一路倾心"新生适应主题班会等，让学生进行沉浸式体验，营造积极的育人氛围。开展学院心理育人作品——"手语操"比赛，推选作品《不放弃》获省级银奖 1 项，举办院级艺术教育心理活动，推选心理治愈系作品获省级金奖 1 项，推

选心理绘画育心作品获省级铜奖 1 项，心理征文作品获校级优秀奖 4 项，心理情景剧剧本获校级优秀奖 1 项。运营"倾心梦工厂"微信公众号，累计发文 300 篇，总浏览量超过 5 万人次。学院根据学生不同时期的心理特点，发送相关主题推文，引导学生关注心理健康，珍爱生命，保持良好的生活学习习惯，以积极乐观的精神面貌面对生活。

三、主要成效和经验

(一) 建立多主体合作心理健康教育预防体制

疫情常态化防控期间，部分学生感到焦虑或烦闷。学院在实践中总结发现，学生产生心理问题之前有迹可循，如果可以做到早发现、早诊断、早治疗，那么会在很大程度上减少有心理问题学生的数量。因此，学院构建了与学生关系紧密的多主体合作心理健康教育预防体制。第一，家长、辅导员及专业心理教师通过平日的谈心谈话、日常交往、走访宿舍发现大学生心理出现的异常情况，尽早发现问题，更快地进行心理健康疏导，解决学生在疫情防控期间出现的一些心理问题。第二，在思想政治教育方面，通过开展积极向上的活动及教学对学生进行心灵上的洗礼和正能量的传播。第三，朋辈帮扶，通过开展班级心理委员、二级学院心理协会等，密切关注学生动态，提供信息资源，营造积极氛围。

(二) 整合"心理+"网络情境优势资源

学院除了日常的思想政治教育外，还要加强心理健康的宣传，在学生经常出现的平台、经常上网的时间、经常关注的话题方面，及时引入专业心理健康教育资源，开展心理防护系列讲座、网络课程等，对学生进行健康防护、情绪调适、学习技能、职业规划等普及性教育，多方位整合"心理+"网络情境优势资源。同时，学院应结合大学生的自身特点、爱好兴趣及实际情况，举办线上特色活动，鼓励学生主动参与、展示自己、吐露心声、陶冶情操、感悟生活，塑造崭新的自我，引导学生保持积极乐观、理性平和的心态，充分利用网络资源和社交平台，掌握网络传播规律，科学运用网络优势，提升大学生心理恢复与调适的技能，将心理健康教育与心理防护科普化、通俗化、技能化。针对大学生普遍存在的心理问题分类进行个性化疏导，为学生提供及时、精准和专业的心理援助，将思想政治教育与心理健康教育有机结合起来，保证后疫情时代高等教育教学顺利健康开展。

(三) 推进学院抗"疫"助学学风建设工作

疫情暴发以来，学院围绕学生需求，通过网络媒介采取"关怀不断线、提升不断线、互动不断线"三项举措，在心理健康教育活动过程中，配套完成了评比、跟进、反馈等工作，保证了活动质量。学院学生心理相关作品累计获省级奖项 6 项、校级奖项 20 项，辅导员心理相关作品累计获奖 5 项，主持或参与省级心理项目立项 6 项，发表论文 5 篇。截至目前，学院无一起心理危机事件。最好的危机干预是没有危机。学院辅导员教师坚持久久为功，与学生构建了"无论何时学生都愿意找，无论何地学生都找得到"的双向奔赴关系，达到了育人、育心的目的，不断提升学生"心理免疫力"，助力学生安心完成学业。

四、改进计划

（一）拓展网络互动平台，提升心理健康教育及时性

疫情期间，学生在宿舍上网课时间居多，"网络常驻民"特点更为显著，他们对于网络使用的便捷性、及时性、广泛性、吸引力要求更高。目前学院心理健康教育活动的普及在网络平台互动的及时性、便捷性和吸引力方面有待提升，如何更有效地开展线上谈心，推出更有感染力的网络文章、视频等，及时解决学生心理困扰，拉近与学生心灵的距离，准确、及时、高效地开展心理健康教育，是学院心理健康教育下一步工作需要重点突破的问题。

（二）完善心理骨干工作网格，增强团队网络育人有效性

心理育人不是单靠心理课程教师、学校心理咨询师或辅导员就能完成的，学生心理骨干的朋辈帮扶往往可以起到四两拨千斤的效果。目前学院心理团队的主要问题在于心理专业技能还不能满足更广泛的学生需求，接下来要继续做好学生心理骨干的意识提升、专业能力培养工作，增强团队心理育人的有效性：一方面从学院辅导员教师心理专业知识与技能培训入手，另一方面从学院"倾心"工作室和班级心理委员的朋辈帮扶能力提升入手，提高学院心理团队的专业性。

（三）打造线上心理品牌活动，提高心理活动育人积极性

心理健康教育不仅仅是解决心理问题学生的安全问题，更重要的是从根源做起，营造积极氛围，提升所有学生的心理韧性和乐观精神。学院现有的如"最美新生""一路倾心"等的育人活动缺乏延续性与专业特色，需进一步分析学生心理特点，为学生量身定制活动内容，吸引更多学生主动参与，春风化雨般地提高心理活动育人作用。

"艺心坊"网络文化工作室生命教育探索与实践

吴艺璇　张易　周欣贤

(陕西科技大学)

2011 年 9 月，国务院印发的《国家中长期教育改革和发展规划纲要(2010—2020 年)》明确将生命教育作为教育的重要组成部分。党的十八大以来，习近平总书记发表了一系列关于保障人民健康安全的重要论述，提出"要倡导健康文明的生活方式，树立大卫生、大健康的观念，把以治病为中心转变为以人民健康为中心"。同时，2020 年 4 月中共中央印发的《"健康中国 2030"规划纲要》明确规定了要加大学校健康教育的力度，将健康教育纳入国民教育体系。然而现实中，一些恶性事件折射出部分大学生生命观念的淡薄；再者，近年来高校学生已经成为中国网民的主体人群，从网络直接获取的很多信息也不断影响着大学生的心理健康成长，可以说网络这把"双刃剑"在带来许多便利的同时也有很多"危险信息"存在和传播，有些学生对此不能够正确地加以辨别。因此，高校急需加强大学生生命教育。"艺心坊"网络文化工作室以自身为媒介，将网络安全教育与学生专业专长相结合，针对时政热点以创作微视频、心理舞台剧展演、系列条漫推送等原创方式，引导大学生挖掘自身积极潜能与积极品质，增强抵抗心理疾病的能力，提高大学生的心理健康素养，培养大学生自尊自信、理性平和、积极向上的阳光心态。

一、案例思路

"艺心坊"网络文化工作室通过短小、精练、诙谐的短视频和活泼有趣的动漫等形式开展"微"主题生命教育，将提高全体学生心理素质、增强学生抵抗心理疾病的能力、发挥艺术类学生学科优势聚合为学生生命教育工作 "最大红利"。

工作室加强团队建设，指导教师为心理中心张易老师及院负责心理专项工作辅导员吴艺璇老师，成员均为设计与艺术学院班级心理委员(以下简称"班心委")，曾系统接受心理知识培训，所学专业涵盖广播电视编导、动画、产品与工业设计等。在此基础上，结合微信号"洞听"与每周"心理晴雨表"了解学生心理动态，形成系列漫画及视频作品。创作过程由工作室成员(大二、大三班心委骨干)带动大一班心委共同参与，实现"传帮带"。

(一) 形成"三进三出"生命教育创作思路(保障)

(1) "三进"——三大来源。"三进"为创作主题来源，包含线上微信号"洞听"案例转化、线下学生每周"心理晴雨表"案例转化、重大时间节点与舆论事件案例转化。

(2)"三出"——三支队伍。"三出"为创作产出队伍，包含校与院指导教师的持续指导与创作产出，"艺心坊"朋辈帮扶团队产出，"传帮带"各年级班心委、宿舍长创作产出。

(二) 构建"三生三识"生命教育创作模式(内容)

(1)"三生"——"三生"教育。"三生"教育为生命教育、生存教育、生活教育，即以生命教育为核心，培养学生生存技能，培养爱自己、爱他人、爱世界的积极健康新人才，帮助学生实现与自我、他人、社会的和谐互动。

(2)"三识"——三种意识。"三识"教育为生命意识教育、忧患意识教育、和谐意识教育。引导大学生树立正确的生命观，帮助大学生学会应对生存危机和摆脱生存困境，挖掘大学生积极潜力与品质，使大学生热爱生活、幸福生活。

(三) 开展"三微三台"生命教育宣传形式(方式)

(1)"三微"——"三微"形式。"三微"为创作产出形式，每月包含 1 个微视频、1 个微条漫、2 个微音频。坚持育心与育德相融合，发挥学生优势与传帮带作用，产出微视频。同时，结合十二生肖原型，创作对话式微主题条漫，为微视频与微条漫搭配相应音频。

(2)"三台"——三大平台。三大平台为高校官方平台、易班优课平台以及微博、抖音、B 站等平台。以学校与学院平台为基础，主动投稿大学生在线等微信平台；在易班发布相关作品；通过微博、抖音、B 站等形式协力发布相关作品。工作室着重将艺术表达与心理育人相结合，逐渐形成一个形式多元、有知名度的普及大学生心理健康知识的服务平台。"三微三台"生命教育宣传形式如图 5-2 所示。

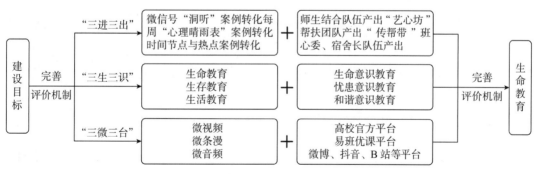

图 5-2 "三微三台"生命教育宣传形式

二、实施过程

（一）组建互助团队，凝聚学风建设合力，探索艺术类学生心理建设

工作室组织专职教师、辅导员和学生班团干部深入学生，通过多途径调研、了解学生在学业方面存在的问题及学习帮扶需求。在进行前期了解的基础上，对学生学业中存在的问题和需求进行分类整合，进而选拔组建相应的互助团队。在此基础上，整合专业教师、教学和学生管理干部等教师资源，为学生学业发展提供个性化咨询和深度辅导，设立了职业发展规划、考研经验分享等主题学习方式，搭建了师生互动、生生帮扶的平台，实现学业帮扶精细化，助推优良学风建设。

（二）完善"5S"网络创作模式，强化日常预警防控，建立心理育人工作团队

(1) 工作室通过艺术形式常态化心理育人，促进学生自我成长。以发展性心理健康教育与积极心理学理念为主导，以表达性艺术心理辅导为特色，完善微视频、微条漫、微音频作品产出阶段与步骤。通过贴近学生实际需求与当前热点问题，选取学生喜闻乐见的形式与类别开展创作，发挥"艺心坊"帮扶作用，联动班心委、宿舍长团队以及教师指导开展创作。结合艺术类大学生学科背景，开展微视频、微条漫、微音频创作。以高校官方平台为主，通过易班优课平台以及微博、抖音、B站等平台宣传作品。完善音频、视频、条漫效果评价和反馈机制，形成调查分析报告。"艺心坊"网络文化工作室生命教育内容产出"5S"阶段与步骤如图 5-3 所示。

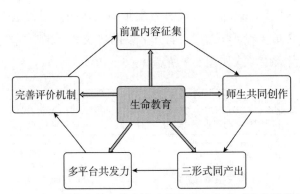

图 5-3 "艺心坊"网络文化工作室生命教育内容产出"5S"阶段与步骤

(2) 高效产出，每月以推出 1 篇漫画、1 部短视频为团队工作成效产出途径，从帮助新生适应大学环境入手，以人际关系、恋爱交友、学业规划等为主，结合指导教师及学院高低年级学生骨干意见、时间节点与时事热点开展 "微"主题心理知识教育。

(3) 工作室通过微信号"洞听"与每周"心理晴雨表"了解学生心理动态，及时干预，并结合时间节点与热点话题，形成了系列漫画及视频作品。例如，一名学生骨干在"洞听"了解到 A 同学心理诉求后，在不暴露自己身份的情况下，在线下成为 A 同学好友，与其共

同进步。通过特定有效的干预方式帮助心理异常的学生获得生理、心理上的安全感，恢复心理平衡状态，对自己近期的生活进行调整，并学习到应对心理异常的有效策略与健康的行为，增进心理健康。

（三）借助新媒体平台，立体化传播，视频作品结合表达性艺术疗法呈现

"艺心坊"网络文化工作室将艺术疗法立体化，呈现更贴近学生生活的原创新媒体作品。该工作室成员均来自设计与艺术学院班心委，所学专业涵盖广播电视编导、动画、产品与工业设计，将心理疗愈、专业特长、跨专业学习相结合，并产出朗读、手语操、心理舞台剧、微电影、舞蹈及短视频等多样化心理疗愈作品，如以朗读为主题的视频《寻》、手语操视频《夜空中最亮的星》、心理舞台剧视频《解忧交易铺》、微电影视频《遇见冬至》、心理疗愈与舞蹈结合的短视频《云端之上》《天空之城》《内心独白，小哥哥倾情献舞》、原创热点短视频《房间》、以容貌焦虑为主题的短剧《我没有质疑高白瘦，我质疑的是"一定"》。目前，心理舞台剧已经成为工作室一项独具特色的心理健康教育品牌活动，其多样化的呈现形式深受学生的喜爱，产生了良好的心理健康教育效果，相关活动被国内多家主流媒体报道。

（四）依托新媒体平台，故事化表达，漫画作品以单幅插画与条漫形式呈现

工作室着力打造、推广"生肖"系列心理健康教育服务品牌，不断完善大学生朋辈心理健康互助服务体系。随着"00后"大学生入校，艺术类学生多元化的个性呈现得更加明显，工作室通过改编学生所遇到的问题，助力学生提升自我情绪调节能力。

（五）往心里走，从工作室成员出发，以热爱与欢喜践行青春誓言

工作室成员蒋珊说："没有想到主演会在拍摄视频的过程中被治愈，因为他在拍摄过程中发现不仅自己面临着问题，大家也都有各自的问题，其实，想开了就好。这也坚定了我继续创作的决心。"

工作室成员杨一帆说："绘制漫画及整理案例的过程不仅让我提升了自己的绘画水平、文字撰写能力，也加深了我对心理知识的了解，简直太棒了！我希望会有更多人喜欢我们的作品。"

工作室加强团队建设，从团队成员入手，使网络思政育人和心理育人协同发力，促使学生在美育过程中陶冶情操、实现自我，开展生活教育，挖掘大学生积极潜力与品质，使学生健康成长、热爱生活、勤奋学习。

三、主要成效和经验

(一) 以艺术聚焦育心育德，多举措发力保障学生健康成长

工作室结合新生较为迷茫的心理状态、难以合理支配自我时间的问题，以条漫《"迷茫"向我挥了挥手说再见》引导新生思考如何平衡时间；从心理学的角度创作条漫《早安，科大人》，从侧面加深学生对于自律、自我管理的认识。通过改编学生所遇到的问题，助力学生提升自我情绪调节能力，创作《刚回宿舍准备"开黑"，姥姥给我打了一通电话》《凌晨 3:00，隔壁宿舍传来"敌军还有五秒钟到达战场"》《为什么只有情人眼里才会出西施呢？》……从 2020 年 11 月至今，"艺心坊"网络文化工作室以手语操、朗读、微电影、心理舞台剧、短视频等形式推出 13 条视频，以单幅插画、条漫等形式推出 12 期漫画作品，并结合国宝熊猫及 2021 年生肖牛创作固定动漫形象，形成系列主题条漫，并结合时间节点，在冬至当日推出爱情微视频《遇见冬至》等，引起学生热烈讨论，总浏览量超过 10 万人次。

(二) 以网媒整合心理教育资源，多矩阵育人社会反响热烈

1. 口袋视频

陕西高校网络思想政治工作中心、易班优课、陕西科技大学学工部推广系列微课"新人心语，暑期心理微课堂"，前置新生心理教育工作，确保在空档期提前灌输积极的心理育人理念。结合课程对新生心理品质进行初步筛查，并通过"大学生心理健康"课程，结合个性化心理自画像考查学生积极心理品质和心理健康状况，对标精准辅导，在我校新生群体中反响热烈。

2. 艺术育心

陕西省教育厅推送的由"艺心坊"网络文化工作室出品的视频作品《解忧交易铺》在陕西省高校第四届校园心理情景剧大赛中荣获一等奖；陕西省高校心理素质教育研究会推送了特等奖视频作品《寻》、原创漫画手册《陕西科技大学班心委疫情工作》；陕西科技大学官微推送了条漫作品《开学后，你会发现真相……》《超长抗疫漫画，SUSTer 的心情我们来守护》；陕西科技大学设计与艺术学院青年微信平台推送的视频《遇见冬至》、系列条漫《为心灵拭去尘灰》等作品反响强烈，引起学生热议。

(三) 所获荣誉

1. 心理健康教育课程系统化，多次获奖

项目负责人开展了陕西科技大学暑期"8+2+X"新生积极心理教育微课程，荣获陕西高校首届心理健康教育微课比赛一等奖、陕西高校第三届心理教案比赛一等奖。项目辅导员在网络心理微课制作、讲授等方面有丰富的经验，制作的心理健康微课荣获第五届陕西

省高校百家慕课心理微课特等奖 1 项、银奖 2 项。

2. 网络心理育人作品多样化，成果丰硕

项目负责人指导学生获得省教工委心理剧大赛一等奖、第五届陕西省高校百家慕课心理情景剧大赛特等奖、手语操大赛特等奖等，荣获评陕西省高校百家育心心语视频、绘画、词曲等艺术作品 13 项。同时，心理情景剧《解忧交易铺》获由陕西省教工委主办的陕西高校第四届校园心理情景剧一等奖，心理教案《幸福心理，朋辈关怀——积极人际关系》获陕西高校第三届心理健康教育优秀教案一等奖，心理案例《绘画疗法在抑郁情绪状态艺术生中的应用案例——我爱的绘画可以疗愈我吗？》获陕西高校第七届心理健康教育优秀咨询案例三等奖，等等。此外，我校依托"艺心坊"网络文化工作室，每月推出的短视频与条漫，使网络育心作品形式多样，传播广泛。

四、改进计划

(一) 实践理念创新——"融合"扎基础

工作室将继续注重整合系统性、整体性、实践性、协同性思维，以及习近平健康观、心理学、生命教育、思想政治教育等相关理论和方法，将"三生教育"综合应用于德育网络实践工作，开辟心理育人与思想政治教育深度融合的新途径，增强研究的科学性、创新性和实效性。

(二) 实践视角创新——"需求"为核心

工作室成员均为"00 后"艺术类专业的大学生，思维敏锐，对热点事件比较感兴趣。工作室将持续注入"新鲜血液"，吸纳学院各年级班心委骨干，深入学生内部，了解学生需求；结合每周班心委上报的"心理晴雨表"以及线上"洞听"微信公众号，及时掌握学生心理动态，继续以需求为导向开展创作。

(三) 工作实践创新——"三微"共发力

工作室依托我校大学生心理健康教育中心，具有先进的心理治疗仪器、心理测量软件和各类团辅教室。另外，工作室可实现视频剪辑、条漫设计、音频录制、视觉设计，以更好地促使网络作品贴近学生需求。工作室也将继续为学生群体提供便利，通过大学生喜闻乐见的微视频、微条漫、微音频等形式，开展生命教育，进一步落实立德树人根本任务，关注大学生生存需求，开展大学生生活教育，以期塑造大学生人格，促使大学生获得成长中的幸福感，提高高校生命教育实效性。

构建多媒体网络心理育人实践模式

张易　董雪　蓝璟　吴艺璇

(陕西科技大学)

随着高校思想政治工作方式和手段发展的日新月异，大学生对心理疏导的广度、深度、方式都有了更高的要求。在融媒体背景下，推动网络载体与心理育人深度融合创新工作路径，给高校心理健康教育带来了新的契机。本案例探索构建多媒体网络心理育人实践模式，主要从融合网络思政教育的表现形式和传播优势等角度出发，通过丰富线上内容资讯、优化传播手段、创新形式载体等方式，探索多媒体网络心理育人的实践模式，为优化心理健康教育路径提供现实参照。

一、案例思路

陕西科技大学历来高度重视大学生思想政治工作，以陕西高校网络思想政治工作中心、陕西省高校易班发展中心、陕西科技大学网络思想政治工作中心、陕西科技大学学生工作部为组织单位，积极推进心理健康教育传统优势与信息技术的高度融合，探索运用新模式新方法，建好用好校园网络媒体，充分发挥其育人作用，坚持围绕立德树人这一根本任务，以学生为本，以"全员育心、全程育心、全面育心"为工作理念，从机制保障、队伍建设、课程体系、网络文化、网络心理咨询等方面着力探讨心理育人与网络载体深度融合的创新工作路径。案例思路如图5-4所示。

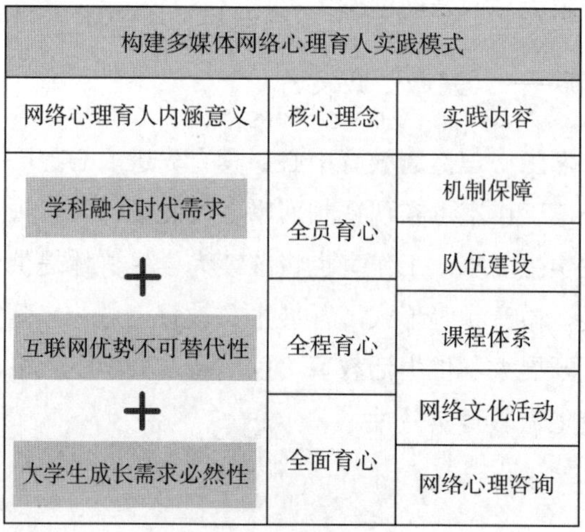

构建多媒体网络心理育人实践模式		
网络心理育人内涵意义	核心理念	实践内容
学科融合时代需求	全员育心	机制保障
		队伍建设
＋		
互联网优势不可替代性	全程育心	课程体系
＋		网络文化活动
大学生成长需求必然性	全面育心	网络心理咨询

图 5-4　案例思路

二、实施过程

(一) 建章立制，整合资源，夯实心理健康教育工作基础

1. 建立规章制度，明确心理工作理论研究与实践方向

我校深入学习贯彻习近平总书记关于教育的重要论述和全国教育大会精神，把学生心理健康工作摆在重要位置，探索打造特色化心理健康教育工作体系。结合学校实际情况，制定《陕西科技大学学生心理健康排查制度》《陕西科技大学学院重点学生心理排查个案跟踪记录单》《陕西科技大学学生心理普查约谈登记表》《陕西科技大学学生心理危机记录干预反馈表》等制度。疫情防控常态化期间，我校结合实际制定《陕西科技大学学生心理健康教育四级网络预警制度》。

2. 整合校内外资源，与校外精神卫生专业机构建立伙伴关系

建立"校心理健康教育与咨询机构—校医院—校外精神卫生专业机构—心理健康教育专家—思政课教师"多元联动机制。校心理健康教育与咨询机构、校医院和校外精神卫生专业机构建立长期合作伙伴关系，在心理健康体系完善、心理危机干预和转介、科普宣传和教育科研等领域深度合作，充分发挥各自优势协同创新、联合攻关，更好地服务于学生身心健康成长，如邀请西京医院身心健康科主任开展相关培训等，为实现全员、全方位、全过程的心理疏导奠定坚实的基础。

(二) 注重可持续，培训指导，形成协同型工作队伍

1. 管理指导，助推专兼职心理教师掌握临床核心技能

学校心理咨询中心共有 6 名全职心理咨询师和来自二级学院的长期从事心理工作的辅导员。为做好队伍建设，制定《陕西科技大学心理中心专职教师联系学院工作制度》《陕西科技大学心理咨询师管理办法》与《陕西科技大学朋辈心理帮扶团队建设制度》，通过"在线教学+云端论坛+团队学习+任务驱动"的网络培训机制，培训指导涵盖心理专兼职教师、思政教师、行政管理干部、辅导员、学生骨干等人员的育心队伍，每月为专业咨询师提供 1 次指导，且与心理学、精神医学、教育学等领域有影响力的专家学者进行交流。为提升辅导员与学生骨干专业水平，心理咨询中心与辅导员、学生骨干建立"一周一导"(每周班级晴雨表与心理问题学生追踪表)和"一案一议"机制。

2. 加强培训，注重教师与学生骨干专业水平的培训与提升

在教师层面，为教师开设"移动课堂"、业务能力研修班。通过线上方式邀请外校心理咨询专家、精神科医生进行心理健康知识交流和普及，如邀请长安大学心理中心主任做线上心理团辅相关培训等，并开展"培优计划"，选树在课程、科研、心理、就业等诸多育人环节中结合网络开展隐性教育的典型案例。在学生层面，为学生提供"大学生网络素养提升训练营""班心委技能""专家零距离"等培训活动，并通过系列团辅、学生慕课优

秀课程着力培养班心委与宿舍长，如音乐心理治疗、绘画心理治疗、素质拓展等，切实提升育心队伍在面对突发公共卫生事件时的心理健康维护能力、心理问题调节能力和心理危机应对能力。学校心理咨询中心编写了《疫情期间班心委心理工作指导手册》，发放到全校16个公寓抗疫工作专管师生手中，针对性地指导学生骨干在疫情背景下开展心理服务工作，助力学生增强心理"免疫力"。

（三）强基固本，融合思政，建立网络心理健康教育课程体系

1. 融合思政教育，开展线上心理健康教育微课程

学校积极发挥网络思想政治教育的积极作用，依托陕西高校网络思想政治工作中心和陕西省易班发展中心，面向学生推出心理微课"新人心语"，融入思政元素与积极心理理念，前置新生心理健康教育，如《幸福心理的含义》《自我认识——我就是我，独一无二的烟火》《大学新生适应性教育》《调适你的情绪小怪兽》《积极学习，成就未来》《你来我往——构建大学"朋友圈"》《积极心理品质与大学生健康成长》《生命教育——风雨兼程 向阳而生》，在易班网深受学生喜爱，并获得由陕西省高校心理素质教育研究会主办的第五届陕西省高校百家慕课心理育人作品大赛8项奖项。同时，学校与各学院加强协作，共同开展"学霸讲堂""班心委开课啦"等活动；瞄准学生所需，用好网络直播室，不断提高用户黏着度；开设"家长课堂"，录制家校协同心理育人课程，提高学生家长的心理健康素养，家校共同助力学生心理健康成长，该课程在易班优课上点击量达2万人次。

2. 融合思政教育，开展线上心理育人团辅课程

学校心理课程注重学生的自主发展和合作参与，结合学生日常应激源，集中解决学生的心理问题，逐步将线上团体心理辅导课程纳入学生教学体系，不断扩大心理团体辅导课程的覆盖面。课程主题涵盖人际交往、情绪调节、自我认识、时间管理、恋爱关系、心理适应、学业发展、人格完善等方面，通过角色扮演、小组讨论等方式让学生在课程中实际运用心理学理论与知识，提升知识转化效果，改善人际关系，增加自我体验，习得同理心，增强团队凝聚力，形成教与学的共振，促进学生形成积极的心理素养。三年来，学校共有5000多名学生参加了团体心理辅导，如给大三学生做"与一年后的自己对话"主题团辅、给一直关注班级同学的班心委做"彩绘面具 释放压力"主题团辅等，有效激发学生潜能，使学生以积极健康心态投入大学生活。

（四）把握关键节点，细化网络宣传，多措并举防患于未然

1. 增强咨询便捷性，为师生提供及时有效的心理援助

学校在疫情暴发之后组建了16人的专兼职心理咨询团队，及时开通心理援助QQ、电话、微信等咨询热线，并借助易班平台，开设易班"帮帮通"，同时联合陕西省教育系统心理援助平台，为有需求的师生提供及时、专业、贴心的抗疫情绪疏导和心理支持服务，

成为抗疫期间师生不同情绪的倾听者与疏导者，学生可以进行线上咨询、线上预约、线上留言、线上学习、线上互动、线上心理健康知识宣传等。此外，心理咨询团队还重点关注校外实习、住宿学生的心理服务需求。疫情暴发以来，累计咨询辅导学生 200 余人次，面向全校各类需重点关注的学生开展心理访谈 800 多次。

2. 整合网络矩阵，以特色活动营造积极心理疏导氛围

在疫情防控关键时期，为缓解学生焦虑、不安、恐慌等负面情绪，学校心理咨询中心教师面向全校师生做了涵盖"心理弹性""认识焦虑""调适情绪""探寻生命意义"等主题的系列网络心理讲座，推出 8 期"阳光心态、积极抗疫"系列心理调适网文，云端科普理念，精准解答困惑。学院开展"疫起向阳，春暖花开"线上主题班会，调研学生心理状态，做好追踪帮扶工作，并持续开展"十四封信"活动，如"以艺战疫，有画想说""声传递，心相连""215 舞出老虎，吓走病毒喜迎新年""EMO 怎么办""玩转色卡"等。同时，团队成员在了解学生所思所想、所需所求的基础上，针对重点问题，创作"为心灵拭去尘灰"系列条漫作品，如《考试延迟？小问题，拒绝放弃式复习》《别让他人的言语影响你的食欲》《跟孤独无聊的日子说再见》等来回答学生疑问，营造积极抗疫氛围。面向学生主体开设以提升用户黏着度为目标的"小中树洞"栏目。这些特色活动在易班点击量达 5 万人次。

三、主要成效和经验

（一）主要成效

1. 提升了学生心理健康素养

面对疫情这一特殊情况，2020 年上半年我校开通陕西科技大学心理咨询线上平台，实行 24 小时咨询服务，为产生焦虑、压抑等心理问题的学生提供线上帮扶，加强对特殊群体的重点支持，对有需要的学生及时给予心理帮扶。在疫情防控常态化下，学生可以登录易班、学工部官微等随时随地学习心理健康知识，进行心理预约，享受精准化服务。这些都切实提高了心理咨询中心的知名度、吸引力和影响力。

我校运用新媒体平台累计培训 8000 多名心理骨干，共计 200 余名学生荣获"优秀班级心理委员"称号，其中，5 人荣获"2020 年陕西省高校心理委员年度人物""年度百佳心理委员"称号。疫情期间，我校心理健康教育中心共进行了 25 场宿舍长"校园心理危机排查及朋辈助人能力提升"的专题培训，分阶段、分层次开展了 16 场班级心理委员培训。加强 12 支学生心理帮扶团队建设，举办了 2021 年陕西科技大学班级心理委员评选暨第六届百家慕课心理育人作品大赛，充分调动了学生的积极性，提高了学生的心理自助意识和能力。我校作品《解忧交易铺》获得陕西省第四届校园心理情景剧一等奖，《红色马甲，心桥》获得二等奖。我校学生团队获得陕西高校第五届大学生心理健康科普知识竞赛。3 人被推荐为省百佳心理委员、全国百佳心理委员，最终有 1 人获得全国百佳心理委员，2 人

获得全国百佳心理委员提名奖。

2. 提升了教师网络信息素养、网络思想政治育人能力

我校心理健康专职教师评聘职称被纳入大学生思想政治教育教师队伍序列，实行指标单列，3 名专职教师已被评为副教授。其中，1 人赴耶鲁大学精神健康研究中心做访问学者，1 人获得注册系统心理师(X-20-140)资质，1 人获得注册系统助理心理师(ZX-20-051)资质。在保证国家二级心理咨询师资质的基础上，6 人获得了陕西省团体心理辅导师资格认证。2020 年，1 人被评为 2016—2020 年度陕西普通高校心理健康教育优秀工作者，2 人获评陕西省高校心理素质教育研究会心理育人先进个人。1 人取得第二届陕西高校学生心理健康教育课程教学大赛第一名的好成绩。心理咨询中心教师先后在省内外高校和行业协会学术会议上做专题报告和经验交流 10 余次；先后参加省内外高校专题调研 20 余次；学校入选陕西省高校心理素质教育研究会常务理事单位，6 人担任常务理事，1 人担任陕西心理卫生协会大学生心理咨询专业委员会理事。

我校心理健康教师张易、王慧芳参加了 2020—2022 年陕西省教育系统疫情心理援助志愿者工作，为面向全省师生和人民群众开展疫情相关的心理援助和网络支持工作，被陕西省委教育工委评为陕西教育系统疫情心理援助平台优秀志愿者。2018 年至今，我校心理教师带领学生组建社会实践团队，为留守儿童开展系列心理援助。

3. 学校心理育人工作成效显著，网络育人模式具有一定的示范引领作用

为更好地提升心理健康教育的针对性和实效性，学校把学生心理健康工作研究纳入思想政治工作队伍科研体系，不断提升心理健康教育科学化水平。自 2018 年以来，心理咨询中心获得省级教学成果奖特等奖 1 项、校级教学成果奖一等奖 1 项；获批陕西省哲学社会科学项目等省部级课题 13 项，发表学术论文 12 篇。学校获得心理课程、教案、案例、论文、知识竞赛、情景剧等省级比赛奖项共计 35 项，连续 5 年在陕西省委教育工委举办的高校心理健康教育优秀教案评比中荣获一等奖，获评首届陕西高校学生心理健康微课比赛先进单位、两届陕西高校学生心理健康教育课程教学大赛先进单位。2018 年，我校被中国心理卫生协会大学生心理咨询专业委员会评为大学生心理健康教育工作优秀机构，并获评陕西省心理健康示范中心等，1 人被评为全国大学生心理健康工作先进个人，2 人被评为陕西省抗疫育心危机防控先进个人。2020 年被陕西省委教育工委评为 2016—2020 年陕西省高校心理健康教育先进单位。学校心理健康教育氛围浓厚，学生心理健康意识不断增强，身心健康素养得到逐步提升。

(二) 主要经验

1. 做好早期预警和预防教育，构建心理疏导长效机制

针对实际工作中发现的短板和瓶颈进行改进和优化，以突发公共卫生事件前、中、后为时间线，整合高校育人力量，主动占领网络心理健康教育新阵地，通过落实心理健康知

识宣讲、危机意识培养、课程思政建设、构建心理危机干预体系、显性疏导和隐性疏导相结合等全方位育人机制，明确高校心理疏导工作实效性的具体原则、方法与路径，构建心理疏导长效机制，健全高校的危机干预体系。由此，学生心理健康素养不断提升，心理求助意识逐步增强，同时，培养了一支思想素质过硬、专业能力稳步提升、心理育人成效显著的师资队伍。

2. 增强吸引力和感染力，创新开展网络心理育人活动

学校遵循"人在环境"的方法论理念，将心理疏导融入校园文化建设，为学生创建"充分性、持久性、营养性"环境，形成"环境+体验+行动"的多元活动模式。

(1) 体验活动：运用网络媒介交互性和方便性的特点，通过积极团体心理辅导、音乐冥想放松、绘画心理分析等体验活动，激发大学生的参与兴趣，增强心理疏导效果。

(2) 行动教育：通过线下校园定向活动、行为训练、心理情景剧、社会心理服务实践等互动形式，让学生积极体验，达到认知、情感和行为的和谐统一。

四、改进计划

(一) 培养学生积极品质，做好心理疏导

通过丰富线上内容资讯、优化传播手段、创新形式载体的方式，将网络积极心理培育作为"大思政"的重要一环，优化实施路径，在当下大学生抑郁、焦虑情绪严重，"内卷躺平""网抑云""emo"等现象层出不穷的情况下，践行行动方法论，做好高校网络心理疏导。

(二) 育心育德，融合网络思政教育的表现形式和传播优势

结合表达性艺术疗法开展绘画、摄影、心理情景剧、心理微电影、治愈视频音频等活动，开展"微"主题心理健康教育，增强趣味性。艺术疗法可以创设轻松和谐的气氛，综合协调组织情绪、情感等非智力因素，以情育人、以情感人，提升全体大学生在关键成长时期的心理健康意识，培养其积极心理素养，从而增强大学生思想政治工作的实效性。

(三) 借助多学科背景，科学研究分析网络心理疏导工作

结合思想政治教育学、心理学、社会学等学科基础理论，遵循"理论研究—现实研究—个案考察—对策建议"的研究逻辑，围绕"活动感知—思想内化—践知于行"的研究主线，以文献研究、系统分析、融合研究、实地调研为方法，持续做好网络心理疏导工作，优化大学生心理健康教育工作。

"云端+"视野下的农村家庭经济困难学生资助育人实践

王 斌

(陕西科技大学)

作为在互联网环境下成长起来的"00 后",其信息接受与行为方式带有明显的互联网特点。本案例围绕互联网环境下成长起来的农村家庭经济困难学生的日常表现与现实需求，在坚持传统资助育人工作模式的基础上，从线上的大数据、心理、学业、励志、素质拓展入手，促进农村家庭经济困难学生全方位发展。

一、案例思路

做好高校家庭经济困难学生的资助育人工作，是"十大"育人体系的题中之意，也是做好大学生思想政治工作的重要一环。其中，如何帮助家族经济困难学生解决现实问题、顺利完成学业，是高校资助育人工作的关键。现阶段，国家在高等教育本专科阶段建立了国家奖学金、国家励志奖学金、国家助学金、国家助学贷款等多种形式有机结合的高校学生资助政策体系，取得了巨大成就。在传统的资助政策体系之外，如何适应在互联网环境下成长起来的"00 后"，更好地发挥互联网在资助育人过程中的作用？本案例结合工作实际进行了有益的探索。

(一) 总体思路

笔者结合本人工作以来对资助育人工作的经验与体会，对"云端+"资助育人工作进行阐述，在坚持传统资助育人工作模式的基础上，通过渗透"云端+"理念，开展资、育两方面工作，解决农村家庭经济困难学生的现实问题，开创资助育人工作新局面。

(二) 框架结构

"云端+"资助育人工作框架如图 5-5 所示。

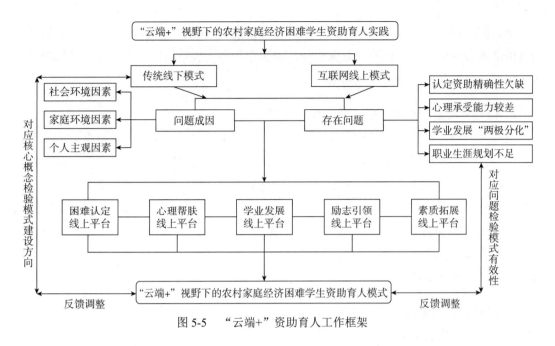

图 5-5　"云端+"资助育人工作框架

(三) 预期效果

以"云端+"资助育人为内容，通过融合政策体系平台、感恩教育平台、学业发展平台、励志育人平台、能力提升平台，帮助农村家庭经济困难学生认识自我，提升其适应社会的能力，真正达到资助育人的目的。

二、实施过程

（一）对家庭经济困难大学生的界定

家庭经济困难大学生是指学生本人及其家庭所能提供的月生活费难以支付其在大学期间的学习和生活基本费用。其中，农村家庭经济困难大学生占多数，由于长期受到经济生活方面的压力以及成长环境的影响，农村家庭经济困难学生在受资助程度、学业学习情况、心理状况等方面与城市家庭经济困难学生有所差别。

（二）分析当前农村家庭经济困难学生资助育人工作中存在的问题

1. 家庭经济困难认定及资助欠缺精确性

各高校在落实省相关文件的基础上，根据各自的实际情况，制定了符合自己校情的家庭经济困难学生认定方法。一般来说，家庭经济困难学生的认定程序如下：首先，由学生本人提出申请，并提供户籍所在地乡镇政府或者民政局出具的贫困证明；其次，由学生所在班级民主评议小组和班主任共同根据其平时表现和生活情况进行综合考察，并由全班学生进行民主评议，确定后再报学生所在学院学生工作部门进行最终评议；最后，确定人选并公示。整个评议过程看似民主，但全国各地区发展不均衡贫困认定标准有差异、相关部门贫困证明开具标准不一以及部分家庭经济困难学生个人性格内向、有意回避等因素导致民主评议结果以及资助金额欠缺精确性。

2. 心理承受能力相对较差，活动参与度低

进入大学后，由于经济条件的欠缺与生活环境的反差以及中小学阶段心理健康教育的缺失，部分农村家庭经济困难学生存在自卑、怯懦等消极心理。在点对点或者面对面的传统育人活动中，这些学生往往逃避参与、消极应对，无法将消极情绪宣泄出来，从而降低了活动参与的积极性与主动性。同时，在校园社交及集体生活过程中，由于学生成长环境、家庭环境间存在差异，部分家庭经济困难学生由于经济条件的限制及个人成长经历的制约，不愿意或者无法参加集体活动或者兴趣特长活动，致使其内心更加疏离，形成"小群体"或者产生潜在的心理问题。

3. 学业发展上呈现"两极分化"趋势

在学业上，农村家庭经济困难学生积极、主动、努力，但在长期的应试教育模式下，农村学生相较于城市学生对于"管束"下的教育模式更加依赖，面对独立自主、强调自觉性的大学学习模式，部分学生因为无法适应而学习退步，同时由于自卑心理同教师、同学之间的沟通和交流极少，导致成绩不理想，甚至出现留级、退学的情况。

4. 大学生涯及职业发展欠缺规划性

受原生家庭影响，农村家庭经济困难学生对未来发展的目的性较强(深造或者工作)，但由于家庭环境、成长环境等的限制，相较于非农村家庭经济困难学生，其对目标的实现途径考虑不足，即缺乏对自己学业、职业生涯的合理规划。同时，由于家庭成长环境影响、社会资源缺乏、就业信息渠道狭窄、社会实践经验欠缺等，农村家庭经济困难学生在就业的质量与水平上要低于其他学生。

(三) 探析农村家庭经济困难学生资助育人工作中存在的问题的成因

1. 社会环境因素

一方面，环境的改变带来的不适应。农村家庭经济困难学生长期生活在农村，来到城市求学后，生活环境、人际交流方式的变化，使得一些适应能力弱的学生无法很好地适应新环境、新生活。另一方面，在大学，学习成绩不是衡量一个学生是否优秀的唯一标准，大学更注重德智体美等综合素质的发展。但对于农村家庭经济困难学生来说，在农村读书，缺乏音乐、美术等的学习环境，长期以来文化课的考试分数就是唯一的衡量标准，所以考量指标的变化也使得农村家庭经济困难学生无所适从。

2. 家庭环境因素

父母是孩子的第一任老师。对于成长于农村的学生，特别是对于家庭经济困难的学生

来讲，原生家庭的影响往往较大。在成长过程中，由于经济条件的限制，很多学生的父母常年外出打工，原生家庭只能满足学生的常规教育诉求(义务教育、基于课本本身的教育)，在学生兴趣点培养、素养提升、视野发展方面，无法满足学生多层次的需要。同时，相较于城市学生的多重选择与多种支持系统，对于农村家庭经济困难学生来说，在面对家庭经济压力的同时，缺乏其他社会力量的帮扶，需要独自一个人承受家庭的负担。此外，对于农村家庭经济困难学生来讲，读大学不单是一种荣耀，更意味着一种摆脱苦难的使命，这种"使命意识"成了一把双刃剑，在促使农村家庭经济困难学生奋发向上的同时，也成为他们的负担，使他们遭遇挫折时心理更为脆弱。

3. 个人主观因素

农村家庭经济困难学生有理想又渴望成才。但在进入大学后，面对丰富的校园生活，成长环境的局限、经济状况的差距、视野知识的局限，部分学生内心敏感、自卑、内向，不愿与周围同学沟通交流，对于集体活动存在排斥心理，对于教师则有意回避或者疏远。同时，大学的教学方式与评价体系不同于初高中，使得习惯于农村教育方式的家庭经济困难学生无所适从，成为学业上的"沉默少数"。

伴随互联网的发展，其时效性、效率性、传播性优势日益凸显。学校通过"云端+资助"形成智慧资助，做好传统资助育人工作的基础上，运用互联网思维模式，借助"云端+"新平台，调动农村家庭经济困难学生的积极性与主动性，精准帮扶，结合线下资助工作的开展，共同促进农村家庭经济困难学生更好地成长成才。

三、主要成效和经验

通过"云端+"资助育人工作模式的开展，近年来，在学校认定的农村家庭经济困难学生中，先后涌现出一批省级优秀毕业生、省级优秀学生干部、校级优秀共产党员，半数以上农村家庭经济困难学生在校院两级学生组织中担任学生干部；农村家庭经济困难学生积极参加国家级、省级、校级"互联网+"、挑战杯、创青春等各类学科竞赛。农村家庭经济困难学生在获得学业发展的同时，德、体、美、劳等方面也得到了相应提升，"扶困"与"扶智"、"扶困"与"扶志"的效果初步显现！

(一) 建立大数据视野下的家庭经济困难学生认定体系

在传统家庭经济困难学生认定体系下，着力构建大数据资助平台。根据学校实际情况，建立以节俭指数、经济管理能力、消费频次、一般社交关系、贫困社会关系、饮食丰富指数、健康指数、时间管理能力为核心指标的科学模型，用数据说话、用数据决策、用数据管理、用数据创新，做好"精准画像"，实时掌握学生各项情况，动态调整资助育人策略，精准、全面资助，促进家庭经济困难学生身心健康、全面协调发展。

（二）搭建线上心理帮扶平台

首先，将学生的心理健康作为其自立成才的过程目标，利用 QQ、微信、微博等新媒体，针对农村家庭经济困难学生成长的不同阶段，设计不同的辅导内容，在相关奖助工作开展前后有针对性地设计不同的辅导内容，满足学生不同成长阶段的心理需求。其次，建立线上反馈机制。根据资助对象的成长变化及线上留言反馈，调整心理辅导的具体方法和资助内容。宣传心理健康知识，设置线上宣泄室、线上沟通室，打开农村家庭经济困难学生的心结，结合线下活动，促进其心理需求的满足。

（三）建设线上学业发展平台

利用直播平台、慕课等媒介，根据不同学科特点就某一知识点、某一章节开展"学霸讲堂""教师说"等有针对性的线上教育教学互动活动，减少家庭经济困难学生在课堂上不敢问的现象，使其真正参与到课程学习中来，激发其内在潜能。同时，在完善线上教育教学的基础上，通过线上互动与线下教学相结合，调动农村家庭经济困难学生学习的积极性，提高其参与度。

（四）构筑线上励志引领平台

利用新媒体平台，充分发挥朋辈励志引领作用。首先，借助重大时间节点，运用文字、视频、微电影、图片展播等多种形式，在线上进行励志人物、励志事迹展播活动，树立积极向上的学习风尚；其次，根据农村家庭经济困难学生所处的不同学习阶段，进行不同模块、不同形式的线上宣传，引导农村家庭经济困难学生有针对性地选择符合自身现状的成长路径；最后，根据受助学生所处的成长阶段开展育人工作，使资助的内容契合学生成长成才的实际需要，如大一阶段开展感恩意识教育，大二阶段开展诚信教育，大三阶段开展成才教育，大四阶段开展责任教育，使得学生在大学四年逐步树立起感恩社会的意识。

（五）打造线上素质拓展平台

资助育人工作最终的落脚点是拓展学生素质，进而实现受助学生内心世界与外部环境的和谐发展。相较于其他学生，农村家庭经济困难学生对于综合素质提升的需求最为迫切。首先，在线上微社区开展班集体建设活动，提升农村家庭经济困难学生班级活动的参与度，重塑学生自信心，增强学生班级融入感，营造"比学赶帮超"的线上氛围；其次，在线上平台定期发布就业信息，促进家庭经济困难学生更好地就业；最后，将线上系统开发、平台管理的权限赋予农村家庭经济困难学生，并给予一定补助，使农村家庭经济困难学生通过这些平台开阔眼界，完善知识结构，积累为人处世的经验，特别是参加一些与技术研发、管理服务相联系的工作，使他们在获取勤工助学报酬的同时，变"输血"为"造血"，打造学生自我管理、自我服务的线上平台，真正让农村家庭经济困难学生得到收获与提升。

四、改进计划

（一）持续加强"五位一体""云端"育人平台的构建

在"云端+"农村家庭经济困难学生资助育人工作开展的过程中，坚持育人导向，以扶困、扶智、扶志为目的，以"云端+"资助为内容，通过融合政策体系平台、感恩教育平台、学业发展平台、励志育人平台、能力提升平台，构建物质帮助、道德浸润、能力拓展、精神激励有效融合的长效机制，以学生喜闻乐见的线上形式开展特色活动。

（二）不断改进线上线下"两端"育人实践

伴随互联网的发展，其时效性、效率性、传播性优势日益凸显，通过"云端+资助"形成智慧资助，结合当下学生"网络原住民"的成长特点，在做好传统资助育人工作的基础上，运用云端思维模式，借助"云端+"新平台，调动农村家庭经济困难学生的积极性与主动性，精准帮扶，结合线下资助工作的开展，共同促进农村家庭经济困难学生更好地成长成才。

（三）形成"助人自助""三全育人"的良性循环

遵循"助人自助"的原则，帮助农村家庭经济困难学生认识自我，提升适应社会的能力，激发学生的潜能，促进学生德智体美劳全面发展，努力形成"解困—育人—成才—回馈"的良性循环。

构建网络过程化资助育人模式

严 青

(陕西科技大学)

自《高校思想政治工作质量提升工程实施纲要》(教党(2017)62号)和《教育部等八部门关于加快构建高校思想政治工作体系的意见》(教思政〔2020〕1号)提出"资助育人"以来，高校努力坚持把促进家庭经济困难学生成长成才作为学生资助工作的出发点和落脚点，在巩固"保障型"资助的同时，推动学生资助向"发展型"拓展。随着脱贫攻坚的全面胜利，资助工作更加突出育人方向的转变。资助工作不能只停留在物质保障的层面，更要向发展性帮扶育人层面发展。资助只是手段，育人才是目的。随着新媒体的快速发展和通信技术的不断更新，新媒体对大学生的学习、生活和思维模式产生了深刻的影响，如何充分利用新媒体快速、便捷、多样的特点和优势挖掘新媒体的育人内涵，推动高校资助体系朝着更好、更健全的方向发展，成为高校资助育人工作满足学生个体成长需要、实现人才培养目标和促进教育公平的必然要求。针对资助工作政策性强、事务庞杂、细节繁多的特点，对学生尤其是受助学生的教育具有较强的时效性，如何在资助过程中融入育人要素成为关键。陕西科技大学充分发挥新媒体育人功能，探索"网络+资助"工作模式，通过构建网络过程化资助育人模式，引导教育广大学生，尤其是受助学生自立自强、成长成才。

一、案例思路

陕西科技大学以问题为导向，以引导家庭经济困难学生自立自强为目标，深挖各类奖助评审过程中的育人要素，依托微信公众平台，利用网文、视频和网络文化活动，细化对家庭经济困难学生的思想教育引导、精神鼓励辅导和个体发展指导，构建网络过程化资助育人模式，做好对家庭经济困难学生的励志、感恩和诚信教育，切实把大量的奖助评审环节通过新媒体手段转变为育人要素的融入过程，提升资助育人实效。

在微信公众号"食光驿站"开设"资助伴行""榜样说"专栏，发挥网络平台优势，在各类奖助评审工作环节及时进行精准网文推送、榜样视频发布和诚信、励志、感恩网络文化活动。组建网络工作团队，为班级配备带班资助网络宣传大使，开展网上"我是资助代言人"资助政策宣传，线上进行随时随地的资助工作答疑解惑，使资助帮扶与教育细致化、精准化，达到"营造一种氛围，形成一个品牌，建设一支队伍"的工作成效，培养学生的拼搏精神和感恩意识，塑造学生良好的意志品质。案例思路如图5-6所示。

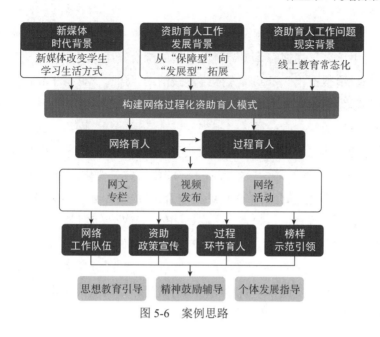

图 5-6　案例思路

二、实施过程

（一）组建网络工作团队，壮大队伍力量

组建"大学生资助服务中心—资助宣传大使—年级资助干事—班级生活委员"四级网络工作梯队，细化网络文化活动策划、典型挖掘、问题反馈、素材整理、网文构思、视频拍摄、政策宣传和骨干培训等各工作环节责任人。开展网络宣传系列培训和素质拓展，开展网文大赛、视频剪辑训练营活动，评选最佳网络活动策划，提升网络工作团队工作技能。团队成员大多来自受助学生，这些工作一方面可以培养学生的感恩意识、锻炼学生的能力，另一方面可以使这些学生更加了解资助政策和工作的意义，成为新媒体过程化资助育人工作的坚实力量。

（二）开展网上政策宣传，营造优良学风

在国家奖学金和国家励志奖学金获得者中，精选能力突出者担任资助网络宣传大使，给每个班级配备带班资助网络宣传大使。同时，线上进行随时随地的资助工作答疑解惑，并利用网文和视频，以网文问答式、视频 PPT 讲解式等方式开展资助政策宣传。例如，开展"最美网络资助人"评选活动，培养受助学生的感恩精神；制作《资助政策知多少》政策宣传视频，一方面，让更多学生了解资助政策，为更多学生解决实际问题，另一方面以各类奖助政策引导学生积极进取，努力学习，营造优良的学风。

（三）把握网络工作环节，强化过程育人

在国家奖学金评审环节培养学生追求卓越、勇攀高峰的意志品质，在国家励志奖学金、

国家助学金、生源地贷款等奖助评审环节融入励志、感恩和诚信教育，在学校德智体美劳各类奖学金评审中培养学生德智体美劳全面发展的综合素质。对标各类奖助阶段和环节，开展"奋斗不息，追梦不止"资助育人网络实践活动：通过"诚信于心，文明伴行"网络主题活动，引导学生做诚实守信的崇尚者；通过"成才你我，励志同行"网络主题活动，激励学生做积极进取的行动者；通过"担当奉献，感恩前行"网络主题活动，引导学生做知恩感恩的践行者；建立学生网络"成长档案"，开展线上"成长计划"，帮助学生提升综合素质。其中，"成长档案"记录学生大学 4 年的学习成长变化，通过每学期更新"滚动"和代表"亮晒"，督促学生学会自教、自助与自育；"成长计划"为家庭经济困难学生开展线上学霸讲堂、能力训练营、主题班会、心理团辅、就业沙龙，帮助他们改善学业、增强信心、提升素质。同时，紧扣各工作环节，精准推送《你离国家奖学金只差三步！》《跳出舒适区，遇见更好的自己》《同学，你申请奖学金了吗？》等学生喜爱的网文，强化网络过程化资助育人，提升对受助学生引导教育的时效性，切实把大量资助评审环节转变为育人要素的融入过程。

(四) 开设微信育人专栏，突出榜样示范

在微信公众号"食光驿站"开设"资助伴行"专栏，开展精准资助政策宣传和业务答疑，并在栏目下开设"成才说""励志说""感恩说"三个系列。"榜样说"子栏目和"达人 Show"子栏目分别在国家奖学金获得者、"至诚至博"全优奖学金获得者、国家励志奖学金获得者、优秀宿舍、国家助学金获得者、优秀班集体中选树典型，对应栏目进行优秀事迹宣传，突出朋辈榜样引领作用。推送网文《成才说：志之所趋，无远弗届》《励志说：山不过来，我就过去》《感恩说：感念给予，不负所望，乘风破浪》和榜样视频《逆着风飞翔》《行动的力量》《我的宿舍》《以梦为马，不负韶华》，在学生中引起强烈反响，进一步凸显了榜样引领示范效应。

三、主要成效和经验

(一) 主要成效

1. 营造感恩励志的奋斗学习氛围

网络过程化资助育人模式的构建和实施直接影响了几千名学生。例如，网文《你离国家奖学金只差三步！》《跳出舒适区，遇见更好的自己》《同学，你申请奖学金了吗？》《成才说：志之所趋，无远弗届》《励志说：山不过来，我就过去》《感恩说：感念给予，不负所望，乘风破浪》受到学生的喜爱和大量转发，让更多学生备受鼓舞。"奋斗不息，追梦不止"资助育人网络实践活动学生踊跃参与，在活动中培养感恩意识、树立励志信心、坚定奋斗精神，并形成传帮带、追赶超越的浓厚学习氛围。2021 年，学生平均学分绩点上升，学业预警和毕业预警大幅度下降，仅大二年级学生发明专利、发表核心论文的数量相比往

年就翻了 2 倍，学生学术科研氛围浓厚，考研率上升至 55.5%。

2. 形成了"资助伴行"网络过程化育人品牌

通过"资助伴行"专栏，将各类奖助学金的评审业务工作和资助育人的诚信感恩励志教育工作有效融合，充分挖掘网络资助育人工作各环节的功能，把握资助育人工作要素，逐渐形成"解困—育人—成才—回馈"的良性循环，形成了包含"我是资助代言人""榜样说""达人 Show"等在内的"资助伴行"网络活动品牌。通过网络品牌活动，激发了学生的奋斗意志，培养了学生的感恩意识，挖掘和宣传了学生身边的朋辈典型的优秀事迹，发挥了榜样的辐射带动作用。例如，榜样视频《逆着风飞翔》《行动的力量》《我的宿舍》《以梦为马，不负韶华》在学生中引起强烈反响，激发了学生群体对标争优的内生动力，优秀典型不断涌现。学生获得"互联网+"国赛铜奖、挑战杯省级银奖、志交会全国赛铜奖，获评陕西省优秀毕业生、优秀学生干部等。

3. 建设一支"四级"网络工作团队

通过系列资助政策和业务的培训宣传，网文撰写、视频拍摄和网络文化活动的实践，"四级"网络工作团队的素质和能力进一步增强，工作积极性提高，成为网络资助育人的骨干力量，并成立了"资助育人"网络工作室，该工作室成员通过调研、梳理、总结提出的《关于推进高校资助育人工作的提案》获得学校模拟政协提案最佳作品奖，团队成员 80%获得优秀干部奖学金和先进工作个人等荣誉，指导教师参加全国高校资助管理和高校资助育人体系建设专题研讨会、陕西省首届高校学生资助育人工作论坛，获评学校资助育人先进个人。

（二）主要经验

1. 建立协同机制，汇聚新媒体在资助工作中的育人合力

目前，资助工作要在以前以物质资助为主的保障性资助工作的基础上，向发展型资助育人转变，不仅要给予家庭经济困难学生经济帮扶，还要给予其学业、心理、就业等多方面发展型资助，这就需要多方面协同育人，这也是当下高校"三全育人"的内在要求。另外，网络过程化资助育人是一个长期综合性的工程，必须有一批优秀的资助工作队伍和平台资源，应建立汇聚网络技术人才、思政教师、团委干部和资助骨干的各级资助工作队伍。

2. 强化过程育人，运用新媒体在资助工作环节发挥育人功能

高校学生资助项目多、程序环节多，资助工作者需要深挖各类资助工作环节的育人要素，利用新媒体宣传各类奖助学金设立的初衷与目的，在奖助评审过程中融入励志感恩、诚信奉献教育，让学生在获奖受助的过程中受教育、长才干。

四、改进计划

(一) 运用新媒体创新高校资助宣传内容与形式

当前，新媒体已形成了一个多元的体系，有着丰富的信息资源和多样的传播形式，我们要充分利用新媒体技术，将文字、视频、音频、图画融为一体，形象生动地展现资助政策和资助工作动态，通过资助系统、资助网站、微信公众号、QQ 群、微信群及短视频 App 等载体快捷传播，扩大宣传面及影响力。同时，注重宣传教育功能，充分运用新媒体平台，有针对性地推送国家政策纲领、扶贫时事、中华优秀文化、生活趣事等，通过丰富有趣的内容、多种参与形式和多样化的传播方式，激发学生阅读和参与的兴趣，让学生潜移默化地受到影响，激励学生勤奋学习、积极进取、自立自强、立志成才，全面提升资助宣传效果。

(二) 注重新媒体在资助工作中的服务功能

利用微信平台、短视频、QQ 等新媒体平台，设立资助政策、事务通知、在线问答、活动集锦等板块，大力宣传资助政策、展示资助工作动态，让学生、家长和社会全面了解学校资助工作，推动资助工作的开展；利用新媒体平台为学生答疑解惑，提高平台黏性。

"点心成长营"——辅导员开展大学生心理健康教育的新探索

胡亚华　董雪　张易

(陕西科技大学)

学生心理健康教育是一项科学性与实效性要求很高的教育实践活动，需要根据其内在规律科学进行。对提升辅导员心理育人素养进行理论和实践研究，是心理理论在思想政治教育中的一次实践探索。陕西科技大学历来高度重视大学生思想政治工作，尤其是大学生心理健康教育，探索运用新模式、新方法，充分发挥心理育人作用，坚持围绕立德树人这一根本任务，以学生为本，以"全员育心、全程育心、全面育心"为工作理念，有效开展大学生心理健康教育工作。本案例落实了国家对辅导员职业能力的标准要求，探索出了一套辅导员开展大学生心理健康教育的新途径，以日常工作为载体，紧扣学生心理需求，结合学生心理特点，坚持小处着眼、大处着手、实处发力。

一、案例思路

"点心成长营"以"点点心意，助人自助，携君成长"为宗旨，以"点心成长营——心理健康教育助人自助"为主题，通过心理教育"小学堂""自助、互助、他助""幸福家"等心育方式，为学生提供形式生动、覆盖广泛、及时自然的心理成长平台，以小见大、润物无声地实现了师生心理健康协同发展的目标，实现了辅导员和学生心理素养提升的双驱联动发展。"点心成长营"具有接纳度高、说服力强、覆盖面广、及时自然等特点，已经成为学校心理健康教育专业团队的有力补充与维护校园和谐稳定的重要辅助。

二、主要做法

(一) "点心·贴心"——"小学堂"指向精准，促进学生身心健康发展

"点心成长营"开设"小学堂"，结合传统教学模式和现代教学理论，重视认知过程与情感过程的统一，设计"理论教学+体验教学"的内容和体系，目前已开设 900 余课时，营造了系统规划下的自由环境，温馨的氛围、灵活的形式、鲜活的话题受到学生的普遍欢迎与认可，促进了学生身心发展。

1. 发挥学生主体作用，形成"理论教学+体验教学+行动参与"的多元教学模式

根据布卢姆的教育目标分类理论，分别从认知领域、情感领域和动作技能领域进行教学模式探索。

(1) 理论教学：科学化、规范化教学内容，组织编写大学生心理健康教育示范教材，融入普通心理学、社会心理学、人格心理学等专业理论知识。

(2) 体验教学：通过阅读心理疗法、音乐疗法、绘画心理分析等体验活动，激发大学生学习兴趣，提升课堂教学效果。

(3) 行动参与：通过体验活动、行为训练、心理讲座、心理情景剧等参与互动的形式，让学生切身感知、领悟知识，并在实践中应用。其中6项心理授课作品被选入陕西省易班优课心理课程库。

2. 开设"十分钟点心"心理微课，采用线上和线下相结合的心育形式

根据建构主义理论，依托线上课堂，以问题解决式、探究式的专题学习为内容，产生更加聚焦的学习体验，让学生学到应用知识解决问题的方法。具体方式：线上借助学校官微平台，发挥互联网传播心理文化的前沿阵地作用，对学生精神生活进行积极的引导。显著特点：时间微(8～10分钟)、内容微(按照"提出一个问题和现象，分享一个案例，讲清一个事实问题，提出几个解决方案，引发学生思考共鸣"的原则设计)、着力点微(着力于"大学生心理问题产生点""大学生心理发展敏感期""特殊学生心理特点"三个关键课题)。共录制精品心理微课30余期，形成了完善的心理微课课程库。

3. 探索"点心微体验"团体心理辅导，解决学生群体困扰

以"团体活动、相互作用、情感体验、点君之心"四个要素为主线，根据群体动力学理论，设计体验式团体内容，强化学生积极体验，促进个体的动机需求与团体目标紧密结合，达到认知、情感和行为的统一。"点心成长营"成立以来共开展了500多期团体心理辅导活动，打造了"点心成长营"最强团体心理辅导品牌，涉及"人际关系、情绪管理、时间管理、恋爱及自我认识与发展"等多个主题，有效地解决了学生遇到的问题，提升了学生的心理品质。

(二)"点心·暖心"——"自助、互助、他助"模式，提升学生心理能力

"点心成长营"秉承积极分享、启迪智慧的理念，构建了"自助、互助、他助"的学生心理育人模式，优化学生心理能力，提升学生心理素养。

1. 构建"155制"学生心理自助实践体系，提升学生自助意识

将积极心理学框架下"心理成长论"的心理自助观点作为心理健康教育的最终目标，旨在提升学生心理健康的自生性能力。项目探索实施"1个自助体系、5个路径探索、5种心理自助能力"的"155制"学生心理自助实践体系(图5-7)，主动寻求心理咨询的学生人

数逐年增加，自我求助意识明显提升。

"1"是1个自助体系：通过构建5个心理自助路径，激发学生5种心理自助能力，培养学生心理健康自助意识与能力。

第一个"5"是5种心理自助路径：①完善网络求助反馈机制，开通网络心育宣传公众号，引进网络咨询预约与测评系统，及时查看与反馈学生的心理留言与咨询预约情况；②建立心理自助保障体系，以"点心成长营"为中心，建立12支朋辈帮扶队伍，畅通心理咨询、朋辈团辅等自助互助渠道，落实心理自助保障体系；③锻炼学生心理自助技能，在朋辈心理微课大赛、心理班会等实践与展示活动中，提升学生能力；④激发学生心理自助潜能，通过贴近学生的心育活动和宣传教育，提升其自助意识；⑤营造优良心理文化环境，在3月25日至5月25日心理育人宣传季活动中形成关注心理健康的积极氛围。

第二个"5"是5种心理自助能力：通过5个自助路径的实践，培养学生心理探究、心理训练、心理辅导、心理暗示、心理激励的能力，在和谐积极的心理健康教育氛围中培养学生自我心理关注、心理调节、主动求助、保持积极心态等良好心理品质。

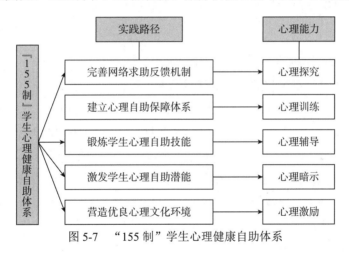

图5-7　"155制"学生心理健康自助体系

2. 采用"332制"分级建设模式，提升学生心理互助能力

"点心成长营"加强分级分层建设，建立健全系统的选拔、培训、考核机制，提升了学生心理互助能力。"332制"分级建设模式，即三级选拔、三级培训和二级考核。

(1) 三级选拔，即学生申请、学院筛选、心理中心评议。学生根据自我意愿与对心理骨干岗位的理解，自愿报名参与申请；学院根据学生心理骨干需要的心理健康素质和岗位胜任力，对申请学生进行投票与筛选；校心理中心再次把关、评议，最终确定心理骨干，实现任职匹配。

(2) 三级培训，即初级心理基础知识、中级危机识别技能、高级心理互助技巧培训。针对不同年级的学生心理骨干，分层分级开展适应学生发展的心理专题培训，使学生逐步掌握朋辈互助技能。

(3) 二级考核，即学院考核和心理中心考核。学院根据学生心理骨干在院级层面的实际学习与工作情况进行评议,校心理中心根据校级层面学生的互助情况进行考核,结合校院两级信息,全面了解学生心理骨干助人与互助工作。

(三)"点心·甜心"——"幸福家"助力专业,提升辅导员能力

教育者必先受教育。从辅导员能力的角度出发,建立教师学习共同体,构筑"幸福家",汇聚辅导员,组建辅导员心理研究工作室,积极探索"点心"心理工作实践平台,出版了30余万字的学生成长案例。

1. 组建辅导员心理研究工作室

为提升辅导员心理健康素养和心理工作技能,2019年学校组建了"助学成长"省级辅导员心理研究工作室,聚焦学风建设,关注学生因学业问题产生的心理危机、学业困难、学习倦怠等问题。2021年组建了心理健康教育辅导员研究工作室,工作室自成立以来累计开展了30次心理工作坊活动,进行系列学习与督导。"点心成长营"构筑了助力成长"幸福家",吸引了一批辅导员骨干积极参与申请课题与发表论文,促进了辅导员心理素养及专业能力的提升。

2. 提升辅导员心理教育专业化和职业化水平

辅导员心理辅导与咨询的能力逐步强化,大多数辅导员能对一般心理问题、心理障碍和精神疾病进行初步识别,以及了解转介到心理咨询中心或精神卫生医院的适用条件和相关程序,近3年共接待了749例心理咨询,转介113例。自2009年起全校开展了心理师资专项培训,年培训60人次。今后将不断激励辅导员总结实践工作经验,深入研究把握心理健康教育的规律,促进辅导员成为心理健康教育的专家。辅导员助力心理帮扶团队建设,学校选聘优秀辅导员任指导教师,以"点心成长营"为平台,每年组织开展活动60余次,覆盖全校60%的学生,人均参与时长20小时/年。辅导员和学生共同获得助人自助的幸福感和成就感,实现了快乐成长、互助关爱、幸福提升。

3. 搭建辅导员心理育人研究实践平台

(1)网络心育平台。网络心育平台是进行大学生心理健康教育的重要渠道和载体,致力于增强学生的心理自助互助意识。学校遵循"人在环境"的方法论理念,将心理健康教育融入校园文化建设,为学生创建"充分性、持久性、营养性"环境,开展心理知识宣传活动,建设了集思想性、知识性、趣味性、服务性于一体的新媒体平台,实现了心理健康教育与学生动态发展的同频共振。学校开设了"陕科大心灵之海"等11个心理宣传微信公众号,引入大学生在线心理测评系统、大学生网络心理咨询预约管理系统等网络心育平台,实现了心理咨询预约、心理健康测试、心理困惑留言、心理文章阅读,树立微理念,打造微平台,运用微话语,提升微素养。

(2)实践心育平台。心理健康教育实践活动是大学生心理健康教育的有效途径,要在

实践中提升学生心理素养。学校开展了共计 15 届"3.25 善爱我""5.25 我爱我""新生心理健康宣传月""班级心理委员讲心理课竞赛""最强团辅"等心理健康主题周/月等品牌活动累计千余项，将心理知识与技能内化为心理健康素养。组织学生参加陶冶情操、磨炼意志的课外文体活动，提高学生心理健康水平；发挥学生主体作用，支持指导学生心理健康教育社团及帮扶团队，积极进行心理健康自助互助，将心理素养融入学生内在稳定的心理品质，培养了学生关注自我与他人心理健康的意识。

三、主要成效

（一）实践探索的学术成果转化

以"点心成长营"为载体，完成了"大学生完善发展微体验式心理健康课程的探索""大学生发展性团体心理辅导课程"等 9 个相关课题的研究，发表相关论文 9 篇，出版了 30 余万字的学生成长案例集，积累心理健康课程讲义40 万字。"点心成长营"特色品牌——最强团体心理辅导获陕西科技大学"一院一品"项目立项，录制了一系列的心理微课，其中 3 部作品荣获陕西高校心理健康教育优秀微课三等奖。项目的实践探索充分实现了实践和理论的结合，项目主持人先后在西安石油大学、陕西省朋辈心理建设学术会议上和第十三届全国高校心理委员工作研讨会暨朋辈心理辅导论坛等省内外学术会议上做经验交流。

（二）学生的积极心理品质得到优化

1. 辐射效应显著

"点心成长营"注重以点带面，从最早一个二级学院试点发展为全校推行，各学院积极汲取经验，结合本学院学生特点成立了 11 个效果显著的心理成长营，其辐射作用显著。8000多名学生受益，达到了助人自助的心育效果。

2. 学生对"点心成长营"满意度高

"点心成长营"针对性的工作指向、互动性的实施过程、实效性的开展结果受到了学校师生的普遍好评。

《陕西科技大学"点心成长营"心理帮扶工作满意度调查问卷》调研结果(部分)如图 5-8所示。"点心成长营"所开展的各类贴合学生日常生活学习的活动，为大学生个人和集体的发展提供了积极的帮扶，实现了助人与自助的良好效果。"点心成长营"充分提高了学生心理教育的参与度，使得作为主体的教育者充分顺应作为客体的被教育者，在小活动中实现了大改变。通过实施个性化的心理指导教育，结合各类教育活动开展专题教育，以更开放、参与式与体验式的教育手段提升学生的素质和能力。

3. 学生心理素养显著提升

学生心理骨干是心理健康教育四级网络预警体系的基础环节，近几年，涌现了一批优秀的学生心理骨干，班级心理委员推荐学生前往校心理咨询中心进行专业心理咨询、识别心理危机事件 80 余例，50 多名学生被评为校级优秀心理工作干部，11 名学生先后被评为全国百佳班心委和省级最美班心委、百佳班心委。学生心理求助意识逐年增强，积极的心理品质提升显著。

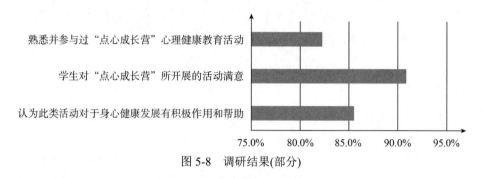

图 5-8　调研结果(部分)

(三) 辅导员心理育人专业化、职业化水平提升

学生对辅导员心理育人工作满意度提升。通过一系列举措，辅导员和学生之间的情感融洽，达成了辅导员和学生之间的有效沟通，触发了辅导员与学生的同感共情，实现了辅导员与学生的共同发展，增强了辅导员的职业自信心和职业归属感。培育了 9 名优秀心理骨干辅导员，20 余名辅导员被评为心理教育活动优秀指导教师，强有力地支撑了辅导员职业能力发展。项目骨干辅导员参与录制的微课"新人心语"入选教育部易班共建优质课程资源库，辅导员团辅作品《走进书疗小屋——阅读疗法在大一新生抑郁情绪干预中的应用》荣获陕西高校第二届心理健康教育优秀团体辅导一等奖。

通过《陕西科技大学关于对辅导员心理工作满意度调查问卷》对学校帮扶团队指导教师进行访谈调查，共调查了 300 余名学生，发放有效问卷 300 份。问卷采用百分制，得分基本都高于 90 分，说明学生对于辅导员的心理育人工作非常满意。其中，85.5%的学生遇到心理难题时，在自己尝试解决不了的情况下，会主动寻求辅导员的帮助和咨询疏导；78.6%的学生参与过学校组织的心理团体辅导，并认为团体辅导对自己的人际交往等产生了积极的帮助效果。

(四) 形成了成熟有效的工作格局，固化了系统科学的工作制度

学校不断加强对学生心理健康教育工作的统一领导和统筹规划，将心理健康教育纳入学校改革发展整体规划。学校建立了校级(学生心理健康教育与咨询中心)、院(系)(12 个心理辅导站)、班级心理委员、生活园区(大学生心理协会、爱心舍长、楼管服务)四级心理健康教育工作网络，形成了"人人参与、部门协作、校院互动"的工作格局。建立健全相关文件制度，制定了《陕西科技大学学生心理健康教育四级网络预警制度》《陕西科技大学朋辈心理帮扶团队建设制度》等制度 15 项，制作了《心理助人辅导手册》等学生心理成长

手册 3 部。

四、改进计划

（一）明晰专业化发展路径，提升驻营辅导员专业能力

本项目拟在后期为辅导员进一步提供展示自我的平台，提升辅导员引领能力，加强心理自助教师团队的业务指导和督导，鼓励辅导员考取专业的团体心理辅导等资格证书，提高心理辅导素质和技能，增强心理教育的时代性和针对性。构建全国高校共享的专业心理资源，打造有高度影响力的青年心理教育与支持平台，让更多大学生自由地享受这个平台的资源，帮助学生建立良好的心理自助系统。

（二）凝练"点心"文化，推广成长经验

"点心成长营"是一线辅导员探索积极心理健康教育的一次勇敢尝试，如何整合现有平台形成优势互补，凝练"点心"文化，培育"点心"性格，打造"点心"品牌？通过以下三个方面深化"点心成长营"的文化建设：

（1）推广"点心成长营"心理教育模式。

（2）探索辅导员心理素养提升路径。

（3）重视学生心理自助能力提升。

参考文献

[1] 张耀灿. 思想政治教育学原理[M]. 武汉：华中师范大学出版社，1988.

[2] 郑永廷. 思想政治教育方法论[M]. 北京：高等教育出版社，2010.

[3] 张耀灿. 中国共产党思想政治工作史论[M]. 北京：高等教育出版社，1999.

[4] 张再兴. 网络思想政治教育研究[M]. 北京：经济科学出版社，2009.

[5] 周文静，胡树祥. 网络思想政治教育主客体研究的回溯与展望——基于 CiteSpace 的可视化分析[J]. 学校党建与思想教育，2022(7):76-82.

[6] 汤力峰，王学川. 自媒体环境下高校思想政治工作的创新[J]. 中国青年研究，2012(3)：10-14.

[7] 刘淑慧. "互联网+课程思政"模式建构的理论研究[J]. 中国高等教育，2017(15)：15-17.

[8] 吴满意，王丽鸽. 从精准到智慧：思想政治教育创新发展的根本态势分析[J]. 马克思主义与现实，2019(4)：198-204.

[9] 赵宏. 自媒体时代大学生思想政治教育面临的挑战与对策[J]. 学术论坛，2013，36(5)：213-217.

[10] 孙伟. 浅析高校网络舆情视域下网络思想政治教育创新[J]. 思想理论教育导刊，2015(1)：107-109，113.

[11] 骆郁廷，余杰. 疫情防控背景下网络舆论的特点及其引导[J]. 学校党建与思想教育，2020(9)：18-21.

[12] 卢岚，贾钢涛. 从互联网的技术之维到社会之维——思想政治教育理论迭代升级的纵深逻辑[J]. 湖北社会科学，2022(10)：146-153.

[13] 宫丽. 高校思想政治理论课混合式教学模式探析[J]. 学校党建与思想教育，2016(9)：35-37.

[14] 孙伟，胡颖. 借助媒体融合增强大学生思想政治教育实效性的对策思考[J]. 思想理论教育导刊，2017(11)：134-137.

[15] 孙兆延. 新媒体环境下大学生思政教育传播模式的创新——推荐《新媒体时代思想政治教育传播学创新研究》[J]. 新闻记者，2022(1)：封3.

[16] 唐良虎，吴满意. 高校数据思政的内涵、类型与功能彰显[J]. 黑龙江高教研究，2022，40(9)：136-142.

[17] 卢岚. 社会转型与研究范式：思想政治教育范式转换及其运作逻辑[J]. 学校党建与思想教育，2021(7)：14-20.

[18] 李晓培，胡树祥. 新时代高校课程思政的话语表达与当代意义[J]. 思想教育研究，2021(1)：100-104.

[19] 翟中杰. 新时代网络思想政治工作的五个着力点[J]. 人民论坛，2020(25)：100-101.

[20] 骆郁廷，王巧. 大学生网络社交圈层化及其思想传播的空间分布[J]. 学校党建与思想教育，2021(5)：30-33.

[21] 何希. 开辟网络思政新阵地[J]. 人民论坛，2018(19)：114-115.

[22] 张江艺."十四五"时期高校网络思想政治工作的时代内涵和发展逻辑[J]. 国家教育行政学院学报，2021，282(6)：66-72.

[23] 卢岚. 网络思想政治教育：从概念建构到关联性议题审视[J]. 理论与改革，2018(6)：112-121.

[24] 卢岚，徐志远，曾蔚.网络思想政治教育：思想政治教育学的重要范畴[J]. 学术论坛，2006(10)：178-181.

[25] 邓宇，王立仁.传统与现代的融合：新时代高校网络思想政治教育发展审思[J]. 延边大学学报(社会科学版)，2019，52(5)：132-139，144.

[26] 王学俭，冯东东. 大学生网络思想政治教育：价值·挑战·保障[J]. 思想教育研究，2017(5)：90-93.

[27] 骆郁廷. 新形势下高校网络思想政治教育长效机制的构建[J]. 高校理论战线，2008(10)：30-33.

[28] 骆郁廷. 吸引、判断、选择：网络思想政治教育的关键词[J]. 马克思主义研究，2016(11)：120-131，160.

[29] 骆郁廷. 论网络思想政治教育的主体与客体[J]. 马克思主义与现实，2016(2)：1-7.